U0871988

同济世博足迹

主编　吴为民

同濟大學出版社
TONGJI UNIVERSITY PRESS

图书在版编目(CIP)数据

同济世博足迹 / 吴为民主编. -- 上海：同济大学出版社，2010.9
ISBN 978-7-5608-4419-0

Ⅰ.①同… Ⅱ.①吴… Ⅲ.①报告文学—作品集—中国—当代 Ⅳ.①I25

中国版本图书馆 CIP 数据核字(2010)第 171230 号

同济世博足迹

主　　编　吴为民

责任编辑　刘　芳　赵泽毓　　责任校对　张德胜　　封面设计　陈益平

出版发行　同济大学出版社　　www.tongjipress.com.cn
（地址：上海市四平路 1239 号　邮编：200092　电话：021-65985622）
经　　销　全国各地新华书店
印　　刷　同济大学印刷厂
开　　本　787mm×1092mm　1/16
印　　张　17.25
字　　数　331 000
版　　次　2010 年 9 月第 1 版　2010 年 10 月第 2 次印刷
书　　号　ISBN 978-7-5608-4419-0

定　　价　48.00 元

总　策　划：姜富明　徐迪民

主　　　编：吴为民

副　主　编：吕六平　周宏武

编委会成员：（按笔画排序）

马　宁　马惠琪　王伯瑛　孔德懿

冯　如　吕六平　华开颜　江　平

祁凌云　苏运升　李　涵　李　霞

吴为民　张荣国　陈　迅　陈　婷

周宏武　周春玲　赵卫星　咸峻峰

姜锡祥　黄艾娇　章颖颉　喻　娟

程国政

让大学的智慧之光点亮世博

（序　一）

周家伦

一所大学有一所大学的性格。这样的个性形成，源于历史传承和人文积淀，历史愈悠久，积淀就愈深厚，个性也愈鲜明。百年中国高等教育史，在世界大学历史上虽然只是年轻的生命，纵然年轻的生命，也拥有了历经千年辉煌与沧桑的承载。

世界上第一批大学于12世纪中叶在欧洲诞生以后，在很长一段时间里，被人们比作象牙塔。这不仅是因为其研究的学问高深，更因为这些学问远离了普通百姓。现代大学之所以越来越为人期待，根本原因在于科学技术与人民生活的联系日益紧密。特别是当今知识经济时代，人类社会的进步越来越离不开科技创新的推动，科技在提升人们生活质量的同时，也不断增强人们对知识的渴望、亲近科学的愿望。帮助一切有志者实现这样的愿望，成为新知识、新技术走近大众的倡导者和实践者，大学责无旁贷。

城市孕育了大学，大学滋养着城市。即将走过103年办学历程的同济大学，在城市建设相关学科领域有着深厚的历史积淀和鲜明的办学特色，并始终把对接国家重大需求，服务经济社会发展作为自己当仁不让的使命和责任。3年前，同济大学举办百年校庆之际，在对大学使命与责任思考基础上，时任校长万钢以“百年同济，大学对社会的承诺”为题，向国家和社会作出“培养创新型人才”、“服务经济社会发展”等郑重承诺。以“城市，让生活更美好”为主题的2010年世博会在上海举办，既为同济大学实现科学发展提供了重要机遇，更为实现承诺提供了难得的平台。服务世博、支持世博，就是同济人践行承诺的具体行动。

如今，中国2010年上海世博会即将掀开最后一层神秘面纱。此时此刻，回望世博会从申办到筹建的过程，梳理同济人在其中已经和仍在作出的重要贡献，我们可以自豪地说，同济无愧于自己的诺言。

当然，对于同济大学来说，智力支援世博不惟付出，我们由此得到的收获更多。

在此过程中，“同舟共济、自强不息”的精神内涵得以进一步丰富，“同心同德同舟楫，济人济事济天下”的情怀得以进一步体现，学科链与产业链紧密结合的办学理念得以彰显，学科建设水平和科研团队力量不断提升，人才培养得到实践锻炼的机会，办学质量和学术成果接受了检验，学校声誉获得了社会广泛认同。

实际上，作为百年同济的郑重承诺之一——服务经济社会发展，绝不仅限于世博会，不仅限于上海，也不仅限于国内。立足上海，苏州河治理、黄浦江大桥自主设计建造以及洋山深水港等重大工程建设，都曾留下了同济人闪光的智慧，同济与相关城区共同探索的大学校区、科技园区、公共社区“三区融合、联动发展”模式，共同建设的“环同济知识经济圈”，也已经成为国家火炬计划特色产业基地；服务全国，西藏日喀则桑珠孜宗堡修复、北京奥运会乒乓球馆建设、奥运会鸟巢结构试验等，都凝聚着同济师生的心血，学校还与苏州、丽水、昆明等地深入合作，先后建立了科技研究院、中药研究院等，为当地发展方式转型和产业结构调整发挥科技支撑作用；放眼世界，俄罗斯圣彼得堡波罗的海明珠整体规划，已经建成的加纳共和国国家体育场、特多国家现代表演艺术中心以及即将建成的非盟地标性建筑——“非盟会议中心”等项目，也都是同济师生的代表性作品……

当前，世博举办在即，世博筹办进入最后冲刺阶段。同济人在奉献世博、服务世博过程中对上海世博会产生了很深的情感，开展迎世博工作马不停蹄、紧锣密鼓，已有5 000余名师生参与到世博会志愿者工作之中，全校上下也正为“平安世博”落实相关措施，后世博场馆利用等课题，也早早纳入同济相关学科领域专家、教授的研究范畴，进行深入探索。同济大学将一如既往，为举办一届成功、精彩、难忘的世博会作出自己的最大努力。

（作者为中共同济大学党委书记，原载《中国教育报》，2010年4月21日）

大学是城市生命的大脑

（序　二）

裴钢

“一切始于世博会”。作为推动人类文明进程的重要方式，世博会踏着人类进步的脚印一路走来。一百五十多年来，世博会不断把有助于人类发展的新观点、新概念及新技术奉献给世人，它凝聚着各个国家与民族的热情和智慧，呈现着不同地域的思维方式与文化特征，极大促进了世界文明交流、交汇与交融。

2010 年上海世博会，创造性地将“城市”作为主题，通过对全球城市发展与创新的集中展示，探索创造人类未来美好生活的智慧。五大主题馆，更创造性地构建与传播了“城市人”、“城市生命”、“城市星球”、“城市文明”以及“城市未来”的全新理念与全维度视角。将城市人视作城市生命的基本分子，将城市视作地球母亲生命体的有机组成部分，这不只是停留在理念世界的美好遐想，更体现为城市文化变革和科技创新。

站在人类文明的角度上，如何实现“城市让生活更美好”的主题，不禁让人浮想联翩——人如何来到城市？城市又如何进化并传承其独特性？城市与人如何共生发展？城市的兴衰又是如何影响着地球生命的变迁……这些问题，让我这个从俯视显微镜的分子生物学研究者转而仰望星空，重新启发着我对生命概念的本质思考。从分子生物学角度而言，生命现象本质是相通的，我们研究生命科学的终极意义在于为了人类更好地生活。这一价值认同，是生命科学发展的基础，也可以帮助我们更加深刻理解城市生命的源流变化。虽然新的信息技术、材料科学与能源模式不断影响着未来城市的模样，但无法改变城市生命的本质。全球化时代的今天，被城市化洪流所挟裹的我们，能否清醒面对能源、环境、资源等各种挑战，创造理想中的美好家园，就取决于对城市生命本质的深刻认识。

在增强人类对城市生命本质的认识方面，同济大学做出了重要成绩。城市孕育了大学，同济因上海的开埠而创建；大学也滋养着城市，多年来，同济鼎力支持国家发展战略，主动融入国家科技创新体系，积极服务区域经济社会发展，为我国的城市建设和发展，做出了有目共睹的贡献。从这个意义上来讲，大学就如同城市生命体的“大脑”，是城市发展的“思想库”和“智慧谷”。未来，我们将更加关注拔尖创新人才培养工作，按照“工程基础、科学精神、人文修养、社会栋梁”的理念，培养具有创新精神、创造能力和创业素质的拔尖创新人才。这样的人才置身于领域之巅而能纵观全局，徜徉于专业之林而能融会贯通，可以在激烈的国际竞争中占据科学前沿、把握重大的科技发展方向，获得更多的开创性成果。我们将进一步发挥工程教育的优良传统，积极探索具有国际水平的工程教育模式和工程人才培养模式，培养基础知识扎实、解决实际问题能力强、综合素质高、具有国际视野的创新型卓越工程师。他们是城市建设的核心力量，是城市发展的“脊梁”。

正是因为有了这样的追求和志向，同济大学把2010年上海世博会当成了自己的分内事，整合各学科力量，服务世博，支持世博，义不容辞，全力以赴。2010年上海世博会主题演绎顾问、世博会园区总规划师、城市最佳实践区总策划师等重要职务皆由同济教授担当；2010年上海世博会主题馆、未来馆等一批标志性工程的规划设计和世博工程总体项目管理任务，也由同济承担。此外，同济大学还承担了大量与世博有关的科研、咨询项目。同济青年学子也积极行动起来，通过志愿服务等形式，宣讲世博、服务世博。2010年上海世博会，既是同济大学实现科学发展的重大机遇，也是检验学校办学质量和学术成果的国际性评估。我和全体同济人一道，以激动的心情企盼世博会的开幕，满怀信心迎接挑战和评估。

潮平两岸阔，风正一帆悬。希望2010年上海世博会能够全面展示人类的城市理想，高扬人类、城市与自然和谐发展的旗帜，为上海的城市发展注入新的活力，为人类文明的进步贡献独特的“中华智慧”，从而成为中华民族伟大复兴历史进程中的一段华彩乐章。

（作者为同济大学校长，原载《文汇报》，2010年3月26日，系“世界百位名人谈上海世博专栏”特邀文章）

同济，为世博添光彩

（代前言）

城市孕育了大学，大学滋养着城市。中国2010年上海世博会，把同济大学与世博会紧紧联结在一起。全体同济人以积极争取的实际行动，践行着百年同济对社会的承诺，更以追求卓越的感恩情怀，回馈社会各方给予的服务和奉献的机会。

一

同济大学与中国2010年上海世博会有着深厚的渊源。

早在上个世纪80年代，时任上海市市长汪道涵委托同济大学就上海能不能承办世博会进行可行性研究。

1999年底，上海正式提出申办2010年世博会以后，同济师生更是以满腔的热情，通过各种方式积极参与有关工作。郑时龄院士、唐子来教授、彭运鹗教授作为城市规划和投融资方面的专家，从不同方面为上海市政府提供决策咨询。2002年3月，国际展览局官员到上海实地考察时，郑时龄全程陪同系统讲解上海的优势所在，唐子来、彭运鹗则担当起陈述人重任。

2002年7月开始，李梅、姚明等7位在外语方面有专长的同济师生，先后参与申博第一线有关工作，为申博成功发挥了积极作用。

二

2002年12月3日，上海申博成功，举国欢腾。

同济人更是快速作出反应，仅仅13天以后，“同济大学上海世博会研究中心”便宣告成立，立志举全校之力，以实际行动支持世博、参与世博、服务世博、奉献世博。

在世博会研究中心组织、协调下，校内各学科领域的专家积极开展世博会相关问题研究，短短一个多月，便向上海市有关部门提出了100多项世博相关研究课题。此后，又接受上海市委托，编制完成了《2010年上海世博会重大科技专项建议书》，获得科技部批准立项。

2003年11月19日，“同济大学上海世博会研究中心”被上海市政府指定为上海世博会专门的决策咨询机构，成为上海仅有的两家机构之一。

粗略统计，为了世博筹建，前前后后参加的同济专家近2 000人，先后承担科技部和上海市世博科技专项等研究课题179项，完成各类规划、设计任务90项，并承担起8个领域的总负责重任，其中包括：世博会主题演绎总策划师郑时龄；世博会园区总规划师吴志强；世博会城市最佳实践区总策划师唐子来；世博会工程建设总体项目管理总负责人乐云；世博村总体规划及设计总协调人丁洁民；世博标志性建筑主题馆总设计师曾群；世博园区夜景照明总体策划负责人郝洛西；世博交通规划总策划团队负责人杨东援、陈小鸿。

三

在世博会筹备过程中，“同济规划”显示了强劲实力。在园区规划方案国际竞标中，同济规划团队与40多家国际著名机构同场竞技，并以“世界眼”的独特创意最终胜出，成为与美国和英国团队并列的“三甲”方案之一，团队负责人吴志强被委以世博会园区总规划师重任。

“城市最佳实践区”作为世博会的历史性创举和本届世博会的最大亮点，唐子来及其团队在创意形成、方案拟定及案例顺利“移居”过程中，发挥了举足轻重的作用。

此外，世博会交通规划、世博村建设规划、园区地下空间开发与利用、世博园区环境规划等方面，同济专家组成的团队也是贡献卓著。

建筑设计方面，同济大学同样留下了浓墨重彩的笔画：除了主持设计主题馆之外，据不完全统计，同济专家主持设计了6个联合馆、29个租赁馆以及城市未来馆、世博博物馆、城市足迹馆、综艺大厅等单体建筑，合作设计了英国馆、西班牙馆、法国馆等9个外国国家馆。

建设过程中，经济与管理学院乐云领衔的团队，承担了世博工程建设总体项目管理任务，为世博会园区建设项目如期、顺利推进发挥了积极作用。

同济大学下属企业还承担了通信信息馆的工程建设，以及西班牙馆、韩国馆等12个项目的建设监理任务。

四

“低碳”是本届世博会理念倡导的重点。同济师生为此不懈努力，并且贡献卓著：

世博会举办期间示范运行的总共1 000多辆各类新能源汽车中，有173辆为同济大学汽车团队研发完成的燃料电池车；

在同济专家的积极呼吁和多方努力下，世博园区3.28平方公里核心区域内，有25万平方米为原有工业遗存，创下了世博会举办以来保护利用历史建筑规模之最，也是世博会历史上旧城改建的一次创举；

据测算，因为采用了新技术、新措施，世博园区建筑和照明二氧化碳排放减少30%，园区内雨污水收集处理率达到100%，工程废弃物和垃圾100%回收利用。同济专家对此功不可没。

由此追溯世博筹建过程中的科技支撑，“同济作为”同样可圈可点——

同济大学结构工程领域的相关专家，先后完成了世博轴及地下综合体抗风、世博轴超大跨度结构关键科学技术等研究，为世博轴及世博会场馆大空间结构的施工、建设及安全运行提供了保障；

围绕世博轴这一目前中国第一索膜结构，同济专家攻克了诸多结构、抗风和安全等方面的科技难点，并完成了针对世博中心、中国馆、主题馆和文化中心等四大核心场馆的结构抗火安全评估与设计；

同济大学环境学科领域专家完成的“世博园区景观水体生物生态修复技术研究与示范应用”项目，使白莲泾和后滩公园水生态改造顺利实施。

五

世博园核心区按照地理空间划分为A、B、C、D、E五个片区。A、B、C三个片区位于浦东，由东到西分布，D、E两个片区覆盖整个浦西园区，由西到东分部。A片区主要包括一轴四馆中的中国馆和部分外国国家馆；B片区集纳了一轴四馆中除中国馆外的建筑以及大洋洲国家馆、国际组织馆等；C片区主要包括欧洲、美洲、非洲国家馆、国际组织馆及租赁馆、联合馆、大型游乐场等。浦西部分的D片区内设置了部分企业馆、博物馆、综艺大厅和城市足迹馆；作为本届世博会最大创举之一的城市最佳实践区和部分企业馆则构成了E片区的主体。

五大片区主体项目一一历数，同济“智”造的痕迹随处可见。

同济人在世博，或以个人的名义，或以团队的名义。归根结底，同济人在世博项目上的成功，凭借的是团队的力量，是“同舟共济”精神的又一次集中闪光。

六

为了世博，勇于担当。正是因为全体同济人持续多年甘于奉献、积极参与，使得2010年上海世博会成为展示同济大学最新办学成果、学科人才综合实力的大机遇、大舞台。

学科链与产业链紧密结合，积极融入社会服务国家和地方，是同济大学在长期办学过程中凝炼形成的办学理念。“同济作为”在世博筹建过程中令人印象深刻，既是服务社会办学理念在新时期的又一次彰显，也是学校主要领导以及学校方方面面在服务世博的具体行动始终给予高度关注、鼎力支持的结晶。

如果不是时任校长吴启迪的极力敦促，“同济大学上海世博会研究中心”就不会在申博成功之后仅仅13天便宣告成立。如果没有以校党委书记周家伦为代表的学校领导班子全体成员，持续不断给予同济人世博行动的高度关注、竭力推进，师生参与世博的热情就不会如此持续高涨。

“同济大学上海世博会研究中心”从2002年12月创立到2010年5月1日完成历史使命，8年中，同济大学校长经历了两次更迭，从吴启迪到万钢再到裴钢，3任校长先后出任主任，从而也使得“同济大学上海世博会研究中心”在校内一直具有强大的协调、号召能力。

校内的院士们同样对世博会倾注了高度热情。郑时龄院士作为上海市的专家，从上海提出申博伊始到世博会筹建及举办，自始至终深度参与其中，我校其他院士也为学校服务世博、奉献世博的行动做出了应有的贡献。

“同济大学上海世博会研究中心”成立以后，学校专门成立了全部由院士组成的顾问专家组，郑时龄为组长，成员包括项海帆、戴复东、范立础、沈祖炎和郭重庆等。他们在世博会研究中心工作开展过程中，给予了积极指导，特别是在世博科研顶层设计相关的“世博科技专项行动计划”策划、编制过程中，在世博会永久性场馆投标方案的指导决策等方面发挥了重要作用。

七

除了专家、教授之外，同济学子同样奋勇争先。

世博筹备过程中，同济学子不仅积极深入社区，宣传世博、传播世博知识，还通过创意设计、创新实践等为世博建设作出了直接贡献：世博轴的街具设计出自同济学生之手，世博中心用上了同济学子的抗震技术，为世博交通“量身定做”的应急方案凝结着同济学子的智慧，中国馆内独一无二的“世博同心号”场馆电动车也出自同济学子之手。

5 月 1 日，世博会正式运行。同济近 6 000 名青年志愿者以最为充分的准备和饱满的热情，在世博园区、城市站点和特殊岗位提供各类志愿服务。无论参与志愿服务的人数还是延续的时间长度，均位列上海高校极少数“最”字行列。

……

本书的撰写、出版，记录的是同济大学缘定世博、牵手社会的一段历程，诠释的是全体同济人践行百年校庆庄严“承诺”的不懈努力。

本书截稿之时，中国 2010 年上海世博会 184 天的历程刚刚走过六分之一。

同济与世博，故事还在延续。

编委会

2010 年 5 月 31 日

目录

第三辑

第一辑

全面参与申博

——同济大学与中国2010年上海世博会的结缘

· 吴为民 ·

2002年12月3日。历史在这一刻定格。

正在摩纳哥蒙特卡洛举行的国际展览局第132次大会，选举产生了2010年世界博览会承办城市：中国上海。结果一公布，蒙特卡洛格林马迪会议中心立刻为中国人的欢呼声所震动，而与之相隔千山万水的中国大地也为沸腾的欢笑声所包围。

2010年世博会将在中国上海举行，是全体中国人的荣耀，也标志着具有150年历史的世博会翻开了新的一页：上海成为举办世博会的第一个发展中国家城市。

欢庆申博成功

这一刻，同济大学师生与全国人民一起，整个校园沉浸在一片欢乐的海洋当中。而在同样的欢呼、庆祝中，同济人对于世博又有着别样的情怀：上海申博成功，也饱含着同济人的智慧和贡献。

作为同济师生的代表，郑时龄院士、唐子来教授、彭运鹗教授、吴志强教授、林家阳教授、李梅博士、姚明副教授、阮刚良副教授、汤若星博士，以及陈迅、寿月娴、包莉莉同学等先后参与到申博工作第一线，发扬“同舟共济，自强不息”的精神，在不同岗位为申博作出了应有的贡献。

同济大学与中国2010年上海世博会的历史渊源非常深厚。早在20世纪80年代，同济大学建筑与城市规划学院的科研人员就开始接受上海市人民政府委托，尝试进行上海承办世博会的可行性研究。1999年底，上海正式提出申办2010年世博会以后，全校师生更是以满腔热情通过各种方式积极参与到世博相关工作当中。

2000年，同济大学建筑与城市规划学院与上海市城市规划管理局、市规划设计研究院、法国欧洲城市规划设计大学夏日工作室、上海世博会申办工作领导小组一起，合作举办了以“2010上海世博会”为主题的城市规划设计大赛暨研讨会，正是在这次规划设计大赛中，首次提出了上海世博会沿黄浦江布局的特别创意。2001年，同济大学承办了“首届世界规划院校大会”，根据上海世博会申办的主题——城市，让生活更美好，将此次全球规划院校大会的主题确定为“规划21世纪的城市：机遇与挑战”，从内容上积极呼应上海世博会的主题。2002年7月至11月，同济大学传播与艺术学院联合其他几家单位发起了全国大学生视觉设计大赛，2010年上海世博会的主题“城市，让生活更美好”是选题之一。短短三个多月中，共收到来自国内外299所高校大学生的4 927件视觉设计作品，从中精选出来的100幅招贴画还被印刷成册，并由中国申博代表团在申办会场内分发500册，为中国申博成功添了一把火。

建筑与城市规划学院郑时龄院士、唐子来教授，以及世界银行特约顾问、同济大学世界银行研究中心主任彭运鹗教授等，分别作为城市规划和投资方面的高级专家，凭借深厚的专业、学识积累，从不同方面为上海市政府提供决策咨询。2002年3月，国际展览局有关官员到上海考察时，郑时龄全程陪同，全面讲解上海的优势所在，唐子来与彭运鹗作为上海“申博办”的代表，担当起陈述人的重任，详细介绍了上海世博会在选址、规划、后续利用、交通组织以及上海的国际投资环境等方面的准备情况。

2002年7月开始直到上海申博成功，李梅、姚明等7位在外语方面有专长的师生，分两批加入到申博过程中并发挥了重要作用。

上海申博成功之后仅仅13天，2002年12月16日，同济大学率先成立了上海世博会研究中心。时任上海市常务副市长蒋以任应邀出席并为研究中心揭牌。“共青团同济大学上海世博会志愿者服务队”同时宣布成立。

时任校长吴启迪在成立大会上指出，世博会的申办成功，为高校的发展带来诸多新的机遇与挑战，世博会是我们走向世界的窗口，更是我们施展才华的舞台。成立同济大学上海世博会研究中心，就是要紧紧围绕2010年上海世博会“城市，让生活更美好”这一主题，结合国家全面建设小康社会的伟大目标，以及把上海建成世界一流城市作为研究中心的根本任务，在中共上海市委员会、上海市人民政府的领导下，在世博会工作委员会的指挥下，努力参加工作，为举办一届成功、精彩、难忘的世界博览会搭建一个全新的工作、研究、协调和交流平台。她进一步表示，发挥同济大学可持续发展研究、规划、建筑、土木、经济、管理、文法、旅游、语言等学科优势，不仅可以为上海城市建设贡献力量、为提升市民文化素质提供软件支持，同时对学校的学科建设也大有裨益。

同济大学上海世博会研究中心揭牌

同济大学上海世博会研究中心的成立，标志着同济大学与中国2010年上海世博会必将结缘更加深厚、联系更加紧密，并在牵手合作中共同创造更大的辉煌。

郑时龄：利用一切机会宣传上海申博

从发起主办以世博会为主题的国际性规划设计大赛到利用一切机会为上海申博做宣传，作为规划方面的决策咨询者，建筑与城市规划学院郑时龄院士做了大量工作。

2000年11月，在筹备将近一年之后，建筑与城市规划学院、上海市城市规划管理局与法国欧洲城市规划设计大学夏日工作室等联合举办国际性的大学生规划设计大赛。最初组委会提供了两个选题：一个是针对海港新城20平方公里的规划设计，另一个是以世博会为主题进行规划设计。在郑时龄等专家的倡议下，最后的主题确定为世博会。来自14个国家28所大学的38名学生递交了规划概念设计作品，其中有两个方案提出上海世博会应沿黄浦江布展。这个创意引起了大赛评审委员会的高度兴趣，法国方面的专家更是对此赞赏有加。而在此之前，上海市初步确定的会址，是中外环沿线位于南汇的黄楼。

2001年3月以后，郑时龄开始全面参与上海申博的有关活动。并于当年9月随时任上海市副市长蒋以任出席国际展览局在巴黎召开的2010年世博会研讨会。当时除中国上海之外，还有韩国和墨西哥两个国家正式宣布申办2010年世博会。郑时龄在会议上就上海世博会的规划问题作了陈述。也就是在那次会议上，上海正式提出世博会场馆的位置，并阐述上海所具有的优势。随后在2001年9月至10月，上海市城市规划管理局与上海世博会申办办公室组织了世博会会址概念性规划，郑时龄

郑时龄院士向国际展览局考察团介绍上海市总体规划

任评审委员。国外7家著名建筑师事务所、国内的邢同和建筑创作室和我校建筑与城市规划学院王伯伟、李京生等参加了规划设计。

在申办报告准备过程中，规划以及其中的文字内容一直在调整，郑时龄始终参与其中，包括对英文稿的审查。此项工作一直延续到上海市代表团赴蒙特卡洛参加国际展览局132次会议作最后陈述前几天。

2002年3月23日至26日，国际展览局组织领导及工作人员到上海考察，郑时龄全程陪同有关官员参观，并详细介绍上海世博会规划以及其他准备情况。当年9月，同济大学、上海市规划管理局与加拿大总领事馆一起举办了温哥华世博会后续利用的研讨会，邀请多位加拿大高级官员出席。郑时龄在其中起到了关键作用。

上海申博过程中，无论是在国外参加国际学术会议，还是在国内接受有关新闻单位采访，郑时龄总是利用一切机会广泛宣传。2001年9月在柏林召开的亚太建筑论坛和2002年6月在德国汉诺威召开的世界大城市研讨会两次国际会议上，郑时龄均对上海申博的有关情况作了详细介绍。在上海申博进入最后冲刺阶段，媒体对世博会的有关报道也形成了高潮，郑时龄或撰文，或接受采访，先后通过报纸以及电视台，介绍上海申博的意义。

彭运鹗：多重身份参与申博

彭运鹗，同济大学世界银行研究中心主任、中美商务研究中心主任、政协上海市经济委员会委员、上海市外国投资促进中心高级顾问、世界银行特约顾问、美国哈佛大学ARIES研究院、加拿大不列颠哥伦比亚大学客座教授。正如他身上拥有的这么多不同一般的头衔，彭运鹗教授在上海三年的申博过程中，同样扮演着不同的重要角色，发挥了多重作用。

“最后，作为世界银行的特约顾问，我可以充满信心地告诉大家，上海在大型项目的建设过程中，具有极强的能力。这一点已经为上海从世行融资建设的大量项目所证实。”2002 年 3 月 25 日，当彭运鹗教授作为第三组财务、场馆利用、旅游等相关内容的陈述人之一，面对挑剔的国际展览局考察团官员，以此结束“2010 年上海世博会投融资计划”部分内容的陈述时，设想中一连串棘手的诘问没有出现，迎来的是一阵长时间响亮的掌声。

陈述无疑是成功的。不仅彭运鹗感到释然，作为第三小组陈述总负责人的时任上海市常务副市长蒋以任同样感到一阵轻松。

这是彭运鹗教授作为上海申博陈述人的经历。也是一般人对彭教授在上海申博过程中所承担任务的最初了解。

其实，彭运鹗所发挥的作用远不止此。早在 1999 年初，上海酝酿申办 2010 年世博会的最初阶段，彭教授就应邀参与，为上海申博工作领导小组提供决策咨询，并参与 2000 年德国汉诺威世博会上海馆的布置；为普及推广世博会知识，彭运鹗曾作为特邀嘉宾，在“上广 792 千赫周日作文”节目中，对中小学生申博口号征集活动中的有关作品进行点评、指导双语书写申办口号；他曾参与上海世博会申办口号和申办海报的评审，并作为上海外文学会副会长，组织有关专家把宣传口号翻译成英文；他还曾带队到世界银行总部参加相关培训，多次出国考察并介绍上海的筹办情况，并参与“上海世博会投融资计划报告”的准备……

彭运鹗教授在申博陈述会上与时任上海市常务副市长蒋以任及国际展览局领导卡曼女士合影

彭运鹗有过一个广为人称道的创意。作为一个正在向“世界城市”目标快速迈进、朝气蓬勃的大都市，“上海——SHANGHAI”，有什么具体的含义？彭运鹗对此作出了解释，并最终被上海市最高决策层采纳，确定为 2000 年汉诺威世博会“21 世纪上海的展望”上海馆布展的主线。彭教授将 SHANGHAI 八个英文字母拆开来，给出了“上海”的完整解释，即 Service（服务），Hi-tech（高科技），Arts（艺术），Nature（自然），Globalization（全球化），Health（健康），Aspiration（毅力）和 Information（信息）。进而借助于高科技的表现手法，向世人展示了上海是一个服务业繁荣、崇尚高科技，集艺术、自然和全球化特征于一体，人民健康、有毅力，同时也是一个信息化程度发达的国际性大都市形象。

唐子来：规划组陈述人

建筑与城规学院唐子来教授是从接受一项重要任务开始申博工作的：2002 年 1 月，他接到上海市申博办的指令，希望他能担当规划组主要陈述人。

按照申博进程，2002 年 3 月 23 日至 26 日，国际展览局将对上海进行集体考察。此次上海之行是在当年 12 月 3 日最终投票决定 2010 年世博会举办城市之前，最重要的一次活动。唐子来承担的任务，就是要向考察团官员介绍上海世博会规划方面的内容，并接受当场提问。

唐子来教授拜访巴黎工商总会

申博团队部分人员合影

唐教授深知该项工作的重要性。因此当他考虑再三接受任务之后，即开始了紧张的准备。虽然当时已经有了现成的材料，但仍需进行大量的修改和完善。陈述必须用英语进行，从合乎英语规范和表达习惯而言，完全根据中文材料直译显然不够。为此，唐子来直接用英文撰写陈述文字稿。为了使陈述活动万无一失，在正式陈述之前，唐教授先后修改了 9 稿，参加了 7 次模拟陈述。

3 月 24 日陈述当场，唐子来无疑是全场的主角。陈述 25 分钟，回答提问 50 分钟，内容涉及世博会的选址、规划、交通组织及后续利用等诸多方面，身后坐着的是来自相关委、办、局的 12 位后援专家，一起接受考察团的提问。

最终，唐子来出色完成了任务，赢得了国际展览局有关官员的高度评价，认为这是一次“非常全面、非常专业、非常成功”的陈述。

完成陈述后，唐子来又多次参加了申博相关的工作。8月份，唐教授作为规划专家，应邀在加拿大驻沪总领事馆和上海市规划管理局联合举办的申博研讨会上作专题报告；9月，作为上海申博代表团的规划专家，出席国际展览局在西班牙塞维利亚举办的“首届世博会主办城市会议”，参与布展和宣传工作，并实地考察了西班牙塞维利亚和葡萄牙里斯本，借鉴两个城市世博会后续利用的经验；此后一个时期，唐子来教授以规划系教授的身份，致力于世博会后续利用的系统研究和方案拟订。

唐子来教授参加世博会参展方会议

申博成功后，彭运鹗教授与部分陈述人合影

[附]　细节·平等·未来

——世博会中的女性参与

·陈　迅·

这些年来，我从公共管理的角度对世博会的管理问题做了一些研究工作。这些都属于理性思考的部分。但同时，作为一名女性，可能是由于曾亲身参与世博会申办工作的缘故，总是对世博会怀有一种很亲切的感情，从内心里期盼着世博会的举行。这种期盼的感觉就像年幼时的孩童，怀揣着诸多念想期盼过节一样。

申博团队成员合影

自从 2002 年 12 月 3 日申博成功以后，每年的这个日子便成了申博办“战友们”的固定聚会日。2009 年的 12 月，当我们再次来到世博园区，望着井然有序的施工现场，看着那么多充满着智慧和生命的建筑时，我们禁不住对着母亲河大喊：“我们回家了！”

伴随着黄浦江的流淌，思绪回到了 2002 年那段弥足珍贵的申博时光里。当我们几个当时的“小妹妹”（在申博办，由于我们都是学生，年龄比较小，被叫小妹妹）“忆往昔”、“叹今朝”时，我们忽然意识到学校派出的居然是一支“学生娘子军”。当时的学生会主席包莉莉、硕士研究生寿月娴、博士研究生陈迅，全都是女同胞。哎？我们忽然想到，是不是可以从女性的角度来思考一下世博会对我们的影响呢。以往做研究工作，是不分男女的，抹杀了人类性别的差异性，这回偏偏要从性别差异的角度重新诠释世博会，就让我们用女性的眼睛看看这个世界吧。

申博的日子里，到底谁是最后的赢家，这充满了悬念和火药味，负责国别研究的工作人员需要细致地分析有投票权国家的投票倾向并跟踪变化，同时需要接待和配合各国驻国际展览局相关人员的来访。在接待工作中，女性的亲切和细腻便成了一种优势。寿月娴和包莉莉曾接待孟加拉国商业国务部长代表团。她们一周跨越三地，从北京到杭州，再到上海。两个从未出差的上海女生不仅要妥善安排整个代表团的交通、食宿、参观游览，还要担当传播中国文化与传统，宣传中国世博理论的责任。她们细心周到的日程安排，深入浅出的游览讲解，使代表团对中国悠久的历史文化、迅速的经济发展留下了深刻的印象，更为重要的是坚定了孟加拉国支持中国申办世博会的决心。

在申办成功后的很长一段时间内，寿月娴和包莉莉还保持着与来访者的邮件沟通。女性会表现外事活动细腻感性的一面，外事活动不仅是文化的交流，更是友情的传递。现在，寿月娴成为了经济与管理学院的一名外事工作者，她觉得申博时期的外事工作带给了她自信和快乐，同时也使她明白“细节决定成败”这句话在外事工作中的真正意味。

申博难，难就难在它是高手之间的对抗，而且充满着变数，不到投票的最后时刻，每个投票国都有可能发生变化。因此，对已经明确表态会支持上海的国家，要不断地巩固和强化成果；对还没有明确投票倾向的国家要分析态度，加大宣传，要让其支持上海；而对于那些明确表态会支持其他国家城市的投票国，则更要采取合适的策略，让其转变态度支持上海。作为一项“说服性”的外事活动，沟通的过程是关键的。如果女性能够调动自己的优势，谁还会说“女子不如男”呢。

“城市，让生活更美好”，一个美好的生活模式应该是两性和谐的，一个能充分激发不同性别个体特质和优势的文明才能让人类生活得更美好。上海世博会的主题预示着人类对城市美好生活方式的期盼，也预示着城市文明中将包含着更多的尊重女性，促进两性平等的因子。从城市的空间到城市的生活模式到城市中的家庭，女性的地位更加凸现，发展空间更为广阔，两性关系更为和谐。

从世博会的起源来看，其浓郁的公共色彩蕴涵着交流、平等、共享的理念，不同国家、不同文化、不同社会制度的人们共聚一堂，通过展览、对话的互动方式来探讨、诠释、反思人类的行为和发展路径。平等、交流的理念囊括了性别平等的内涵。在这个理念倡导下，2000年汉诺威世博会的召开前夕，汉诺威就曾特意举办了一个为期一年半的“女性世博会”研讨班。来自各个年龄阶层的400余位妇女参加，就妇女与社会、妇女与政治等问题展开研讨，让女性在与外国友人的交流中，相互学习，增进共识，合作共赢。上海世博事务协调局副局长黄耀诚也曾表示，女性问题是世博会中必须讨论的问题。在2010年世博会中将设320个展示点，其中不少是针对家庭等女性关注的问题，届时还会有专门的论坛讨论女性问题，展示上海女性的风采。

从我们参与世博会申办的亲身经历来讲，尽管实际工作的时间只有短短的两三个月，但是从中所感受到的世博会对女性的影响来看，世博会的确给女性交流和成才提供了很好的舞台。从历届世博会上，从政府官员到设计者到参与者到观众，处处都有女性的身影，展现了现代女性的风采。女性可以在各个领域发挥自己的所长，创造新的财富，发展先进文化。“城市，让生活更美好”更是离不开女性的声音、女性的智慧和女性的才能。为了筹备上海世博会论坛，我曾被借调到上海世博局办公室工作，当我草拟的发言稿受到肯定的时候，我非常兴奋。作为一名女性知识分子，作为一名管理科学的研究者，当你的管理思想得到认同的时候，这种价值感是很强烈的，充分肯定了女性对于世博的价值。

当我在撰写此文的时候，2010 年已经来到了。如果我们追寻一下世博会的历史，不难发现，世博会的主题已经从展示成果、彰显实力过渡到对人类发展的思考和反思。我们将何去何从？无论是历史建筑的保护更新再利用，还是绿色建筑、低碳建筑的展示，世博会似乎越来越表现为一种哲学思考，从表现外在走向对人性本质的思考。世博园中的规划、设计和建筑处处彰显着人类对过去、现在，但更多是关乎未来的诸多思考。

谈到未来，女性似乎又有很多话题。是的，女性对人类的未来无疑具有独特的发言权。因为女性承载着孕育未来的神圣使命，在哺育我们下一代的伟大职责中，女性的地位和作用是无法替代的。既然，世博会的畅想面向着未来，那么女性更应该参与其中，用先进的理念在感化自身的同时，对下一代也起着教导的作用。我们身边的很多女性表示，去参观世博会的时候，一定会带上自己的孩子，要让孩子开眼界，长知识。

从 2002 年参与申办世博会到 2010 年上海世博会的举办，8 年时间也感觉是弹指一挥而已。2002 年申办世博会时的种种场景还在眼前像幻灯片一样地放映着，真实而亲切。“你们呀，要常回家看看！”当上海世博局的领导面对着申博办的“老人们”发出如此感叹时，我们知道，2010 上海世博会，已经成为我们每个人人生中的一个印记、一种念想、一场永不落幕的盛会。

（2002 年 7 月至 12 月，作者以在读博士研究生身份参与上海申博有关工作，现为同济大学经济与管理学院教师。）

为了更美好的城市

——记中国2010年上海世博会主题演绎总策划师郑时龄

· 王伯瑛 ·

"世界博览会是一场汇聚着人类物质文明与精神文明成果的全球性盛会，她的每一次举办，都会对社会的进步、科技的创新、城市的发展、理念的更新产生广泛的积极的意义，带来无比的动力，提出了世界发展的方向。"郑时龄院士对世博会意义的阐述高度概括，展现了学者的严谨和理性，而他对普通观众"真切品味上海世博会，你们应该做一个梦，在梦中找寻心中最理想的未来城市"的感言，则足见诗人的浪漫和感性。

正是这种学者与诗人的合一、严谨与浪漫的融和、感性与理性的交融，使得郑时龄院士十几年对世博会的研究充满了激情，并且硕果累累：出版了《上海，世界大都市》、《世博会规划设计研究》《世博园及世博场馆建筑与规划设计研究》、《和谐城市的探索——上海世博会主题演绎及规划设计研究》、《世博与建筑》等有关世博的专著；在上海世博会申办和筹备阶段，作为主要陈述人接待国际展览局考察团；在世博会规划、建设阶段，先后担任上海世博会主题演绎总策划师、上海世博会组委会主题演绎顾问、上海世博会中国馆专家组组长等职务。

郑时龄

郑时龄为世博会的成功举办呕心沥血，并且乐在其中。"能那么深那么广地参与上海世博会的工作，对我来说是一份幸运，也是我人生中精彩、成功、难忘的一段经历。"

世博缘深

早在1999年，郑时龄院士就参与了上海世博会的筹备工作。欧洲的很多大学，为了充分发挥学生的想象力和创造力，给学生提供一个自主规划设计的平台，每年都会组织一批师生做一些前瞻性的题目，在郑时龄院士的提议下，法国欧洲城市规划设计大学夏日工作室决定来上海做项目。筹备将近一年之后，2000 年 11 月，同济大学建筑与城市规划学院、上海市城市规划管理局与法国欧洲城市规划设计大学夏日工作室等联合举办国际性的大学生规划设计大赛。

最初有两个选题，一个是针对占地 20 平方公里的海港新城进行规划设计，另一个就是以世博会为主题进行规划设计。当时上海市刚刚提出申办 2010 年世博会，因此在郑时龄院士等人的积极主张下，最后大赛的主题确定为世博会。来自 14 个国家 28 所大学的 38 名学生递交了规划概念设计作品，其中有个方案提出上海世博会沿黄浦江布展，而此前上海市初步选定的 2010 年世博会会址是规划中外环线沿线位于南汇的黄楼。这个创意引起了大赛评审委员会的高度兴趣，郑时龄院士对此更是赞赏有加，并且建议大赛评审委员会破例颁发给那组学生特别创意奖。

郑时龄院士在国际研讨会上做上海世博会主题报告

2001 年 3 月以后，郑时龄院士开始全面参与到上海申博活动中，研究世博会开展以来 150 多年的历史，收集相关资料，为申博报告的起草作充分准备。当年 9 月，他随上海市常务副市长蒋以任出席国际展览局在巴黎召开的 2010 年世博会研讨会。当时除中国之外，还有韩国和墨西哥两个国家正式宣布申办 2010 年世博会。郑时龄院士在会议上就上海世博会的规划问题做了系统全面的陈述。也就是在这次会议上，上海正式提出了世博会场馆的位置，并阐述上海申办世博会所具有的优势。随后在 2001 年 9 月至 10 月，上海市城市规划管理局与上海世博会申办办公室组织了世博会会址概念性规划，国外 7 家著名建筑师事务所、国内的邢同和建筑创作室和我校建筑与城市规划学院王伯伟、李京生等参加了规划设计。郑时龄院士任评审委员，对各种规划方案进行了分析研究和评议。

中国是第一次申办世博会，申办报告的重要性自不待言，各级领导都十分重视，一些规划也在不断调整之中，申办报告需要随之不断的充实和完善，文字的表述力求准确精到，特别是英文表述，更是要求精准而优美、贴切而流畅。郑时龄院士是准备申办报告的主要成员之一，他不厌其烦，追求完美，对英文稿的审查更是一丝不苟。郑时龄院士说，申办报告的准备工作一直在延续，直到上海代表团动身赴蒙特卡洛参加国际展览局132次会议做最后陈述前的那一刻。

2002年3月23日至26日，国际展览局官员到上海考察，郑时龄院士全程陪同有关官员参观世博会选址现场，并详细介绍上海世博会的规划以及其他准备情况。因为有了对世博会的深入研究并参与了大量实际工作，对现状了如指掌，对规划烂熟于心，对未来成竹在胸，他的介绍获得了国际展览局官员的一致好评。

郑时龄院士陪同国际展览局考察团考察上海市总体规划

在上海申博过程中，郑时龄院士无论是在国外参加国际学术会议，还是在国内应有关新闻媒体邀请时，总是利用一切机会宣传上海世博会。参加2001年9月在柏林召开的亚太建筑论坛和2002年6月在汉诺威召开的世界大城市研讨会两次国际会议，郑时龄均对上海申博的有关情况作了详细介绍。2002年9月，郑时龄院士积极促成同济大学、上海市规划管理局与加拿大总领事馆联合举办了温哥华世博会后续利用研讨会，邀请多位加拿大高级官员出席。在上海申博进入最后冲刺阶段，媒体对世博会的有关报道也形成了高潮，郑时龄院士或撰文，或接受采访，先后在报纸、杂志以及电视台多方面介绍了上海申博的意义。

2002年12月3日，中国申博成功之后，郑时龄院士即刻投入到世博规划方案的策划和研究讨论中。2004年7月世博规划方案投标揭晓，“同济方案”入围投标规划方案前三甲。接着，作为评审专家，郑时龄院士参与了方案调整、总体规划、分区场地规划等工作。2005年，郑时龄院士等四人被聘为上海世博会主题演绎总策划师，对“城市，让生活更美好”的主题进行系统深入的研究，参与撰写了将近600个有关报告。同时还连续承担了三项上海市科委关于世博行动计划的重点研究课题，其中包括对主题、场馆的研究，历时四年，研究成果结集成为三部专著。2007年，郑时龄院士与全国十七位专家被上海世博会组委会聘任为主题演绎顾问，参与包括主题馆、中国馆的策划和规划设计工作。

2008年，东方出版中心邀请郑时龄院士撰写一部有关世博建筑的专著，以引导参观者了解建筑，提高建筑美学素养，从而提高对城市和城市建筑的认识。刚接到东方出版中心的委托时，郑时龄院士并没有太多的犹豫，因为他觉得自1999年以来自己已经参与了申办世博会以及有关世博会规划和建筑的许多实际工作，还承担了一些研究课题，培养的研究生也都以世博会作为研究课题，多年来自己也多方留意收集有关世博会的书籍，原以为只要将资料予以系统地整理就能完成该书。真到动手写作的时候，才发现手头的资料远远不够翔实，大部分文献都是描述世博会，而非世博会建筑。世博会建筑的历史几乎已经变成无形的历史，绝大部分建筑早已拆毁，而建筑史书所关注的也多半是作为实体存在的建筑，即使对十分重要的世博会建筑也基本是一笔带过，更不可能有详细的论述。无奈，郑时龄院士与他的团队只能进行更广泛的阅读，从许多专著中寻找散落的有关素材，追寻蛛丝马迹，不放弃一切可能的线索，甚至从一些电影、海报、新闻报道中寻得一鳞半爪，因而写作的时间远远超过了预计的时间，花费的精力更是成倍增加，当然最后成书的《世博与建筑》，也成了至今为止资料最为翔实、丰富、完整的论述世博建筑的一部书。

世博选址

英国建筑师理查德·罗杰斯曾在《小行星上的城市》（*Cities for a Small Planet*，1997）一书中提出了关于“可持续发展城市”的内涵，他认为：一座可持续发展的城市就是一座公平的城市，一座美丽的城市，一座创新的城市，一座生态适宜的城市，一座易于交往的城市，一座具有多样性的城市。

郑时龄院士认为，城市的形成取决于地理条件、地缘政治因素、生产方式和生活方式，城市始终在重组和重构，不断地变换新的发展方向。上海是一个不断发展日渐强盛的城市，是我国最大的商业、金融中心，也是西太平洋地区重要的国际港口城市，其内外联系广泛，交通、通讯比较发达，正在吸引着越来越多注意的目光。

作为一位建筑规划大师，郑时龄院士一直关注城市发展和城市规划、城市建筑的关系，特别是对上海的城市发展和城市规划、建筑，既有理论研究，又有创作实践，出版了《上海近代建筑风格》等专著，主持设计了上海南京路步行街城市设计等，他提出的以黄浦江和苏州河滨水空间作为城市空间的核心的思想，已被上海市政府采纳，并有力地带动了城市建设的发展。

说到举办以城市为主题的2010年上海世博会对上海具有的特殊意义，郑时龄院士这样分析：一方面，上海是现代中国城市化水平最高的城市，是世界大都市之一，在中国乃至世界城市发展史上都具有典型性；另一方面，无论是在历史上或是现实中，上海都是城市发展的一个极好的展示场所。同时，举办以城市为主题的世博会可以为参观者提供两个舞台：一个是世博会现场的场馆舞台，世界各国可以在这里展示各个有代表性的城市，它们的历史、现状与未来。另一个是上海及周边城市群的现实舞台，参观者可以考察和体验这个世界城市群的独特魅力。借助这两个舞台，探讨城市的有关问题，创造城市未来发展的模式。也可以推广先进的理念：绿色城市、生态城市、数字化城市、园林城市、共生城市、信息化城市和智能化城市。通过不同视角和各个学科的交流，丰富城市发展的新理念，推动世界各国的城市化进程，完善并提升城市功能，改善人类社会的空间环境。

那么，上海世博会为何选址位于黄浦江两岸、卢浦大桥与南浦大桥之间的滨水区？2000 年至 2001 年，上海市城市规划管理局组织了黄浦江两岸的概念性城市设计。郑时龄作为城市空间和环境专业委员会主任，全面参与了这些工作。经过四个月的工作，提出了总体方案。根据城市总体规划，对于长度为 20 千米和面积为 22.6 平方千米的黄浦江滨水地区进行了规划设计，并对黄浦江两岸的四个核心地区作了深化设计。按照这个设计，结合城市产业和功能结构的调整，黄浦江沿岸将逐步改造成为公共开放空间和绿地，并成为上海城市空间的核心。郑时龄院士指出："未来的中国城市，未来的上海城市应当是什么样的？我们不能走西方郊区化之路，也不能是美国新都市主义的模式。我们应该寻找自己的发展模式。"具体地说，世博会的举办将加快上海城市功能和产业结构的调整，推动新一轮的旧城改造。世博会场馆的建设将为黄浦江两岸增添滨江岸线景观，提升浦东西南部地区的城市功能。同时可以迅速启动黄浦江两岸地区改造和更新，促进城市的可持续发展。

对于世博会选址区域的历史、现状，郑时龄院士作过透彻的研究。他说，位于浦东的世博会选址规划控制区域内有众多工厂企业和近万户居民。位于浦西的世博会选址规划控制区域内大约有十余家工厂企业，这里曾经是中国近代工业的发源地。其中包括中国第一家近代工业企业——成立于 1865 年的江南制造总局。在世博会场馆的建设过程中，一些具有历史价值和利用价值的工业建筑、船坞和构筑物将得到有效保护，并改造成船舶工业博物馆、商业博物馆和能源博物馆等。黄浦江是流经上海的最大河流，是上海的母亲河，也是上海的天然良港。黄浦江发源于上海西南，贯穿上海市区，到吴淞口注入长江，通向太平洋，全长 114 公里。黄浦江两岸的大部分滨江地带是上海在 19 世纪末和 20 世纪初的工业化的产物，码头、工厂和仓库占据了黄浦江的大部分岸线，在城市产业结构和城市功能结构重组的情况下，急需改造更新。世博会场地的所在地区就是这项滨水地带改造规划的重要组成部分。

世博主题

郑时龄院士在《主题是2010年上海世博会的思想支柱》一文中这样写道：

"一届伟大的世博会犹如世界进步的象征，表现了社会和人类思想的演变，凝聚并传播人类的理想，是人类社会的伟大实验。主题是世博会的灵魂，是举办世博会的意义、内容、方法、导向和目标，是世博会的思想支柱，贯穿世博会的整体框架和过程。世博会的主题是世界历史发展的升华，体现了各个历史时期的世界变化和时代精神。

历史上的各届世博会的主题，无不是世界各国都共同关心的核心问题和重大课题，弘扬进步，探索未来，是参展各国和各方都努力探索的战略发展问题，是时代精神和价值取向的表达，同时又可以为参展各国和各方提供想象的空间，充分发挥各自的创造性，具有普适的意义。"

世博会有150多年的历史，从1933年的芝加哥世博会开始有主题。上海世博会第一次提出城市这个主题，而城市与生活的关系有许多世博会都涉及到了。对于上海世博会主题的意义，郑时龄院士进一步阐述说，21世纪是城市的世纪，因此这个主题对研究我们未来人类的发展有非常重要的意义。现在中国是世界上城市化发展最快的一个国家，每年都有2 500万人口进入城市，我们的经验对其他的国家也都有很好的借鉴作用。同时，我们也要把国际上的经验借鉴过来加以推广，我们也要与所有的国家、所有的人民共同探讨未来的世界应该是怎样的，未来的生活应该是怎样的。因此，我们的落脚点还是要让生活更美好，这也是我们希望从中国的视野，从中国文化的角度，从世界的视野来看待这个问题，希望中国能够在这方面对人类有所贡献。

2010年上海世博会的主题英文表述为"Better City，Better Life"，中文表述为"城市，让生活更美好"。郑时龄院士认为，这个主题指向未来的两个重要方面：城市与生活，涉及人与城市，人与地球的关系，表现城市的进步和生活的进步，并在理想中构建一个未来的光辉世界。上海世博会将展示自2007年全球进入"城市时代"人类所面临的挑战，促进对城市文化与自然遗产的保护和传承，推进可持续的城市发展理念，寻求发展中国家未来的城市化道路。

上海世博会在"城市，让生活更美好"的主题下，设置了5个副主题，这是为什么？郑时龄院士解释说，城市是个大主题，涉及的面很广很杂，仅仅是一个主题表述还不够，还需要设置若干个副主题，对主题进行细化，来对应城市的各个方面，同时也为参展方展示策划提供依据。最初曾考虑把主题细分为“城市多元文化的融合”、“城市新经济的繁荣”、“城市科技的创新”和“和谐城市社区的重塑”。显然，这是从“城市是好的”这个角度来思考的。我们既要看到城市能够使生活更美好，也要看到今天世界上实际存在的对城市过度发展的担忧，上海世博会的主题要内含对城乡关系的思考。于是，世博副主题确定为这样 5 个：城市的文化、城市的经济、城市的科技、城市的社区、城市与乡村的互动。

世博会有一句口号叫做“一切源于世博会”，因为很多东西都在世博会中展出，它显示了一定的发展演变。一开始是工业化时代。1851 年伦敦世博会，标志着世界进入工业化时代，这是一个里程碑，标志着社会进步的速度远大于任何一个时代，新的煤气灶、一颗印度钻石等都曾在那届世博会中展出；1853 年纽约世博会首先展出了电梯；1855 年巴黎世博会首先展出了缝纫机，之后陆续有炼钢工艺、电话、留声机、打字机、电报等，都是首先在世博会上展出的；1878 年巴黎世博会展出了电灯、汽油驱动的汽车；1893 年芝加哥世博会出现了碳酸饮料、汉堡包等；1900 年巴黎世博会出现了电影；1918 年世博会出现了彩色胶卷。1970 年大阪世博会后，世界进入了信息化时代，展示的观念有了很大的变化。中国 2010 年上海世博会将会给中国带来新的生活方式、品质以及面向未来的一种理想追求，因此在世博会上我们会有很多的交流和新的理念，并主要通过展览、论坛、活动等来表现主题。

郑时龄院士介绍说，论坛是指世博会举办期间的报告会、讨论会、演讲会等，参加者多为专业观众，一些有普遍意义的话题，也能吸引普通观众的参加。世博会历史上有一些很有意义并留下深刻影响的论坛，如 1878 年的法国巴黎世博会举行了国际邮政大会、妇女运动大会、盲人大会、作家大会；在 1889 年法国巴黎世博会讨论社会问题的大会上，确定每年的 5 月 1 日为国际劳动节；1893 年美国芝加哥世博会上举行的国际电器工程会议，则决定了欧姆、安培、伏特、焦耳、瓦特等电器计量名称。

上海世博会设计了高峰论坛、主题论坛和专业论坛三种形式。其中高峰论坛在上海世博会闭幕前举办，将邀请各国领导人、各国前政要、世界主要城市的市长等，参会者有各参展国家、国际组织和企业的代表等。高峰论坛将探讨城市与人类发展的主题，对上海世博会作了总结，论坛的成果将成为上海世博会确定的精神遗产。主题论坛由长三角地区的一些城市和上海世博会组织者联合举办，参会者是参展国家和国际组织、城市、企业代表和国内专业人士等，将围绕上海世博会主题，深入探讨一系列与当前世界城市发展问题有关的议题，提供可行性的解决方案。专业论坛的形式丰富，话题广泛，由世博会组织者和各社会团体共同举办，邀请国内外民众以各种形式广泛参与，其成果将深层次地影响许多普通人的思想和行为。

上海世博会设计了三大类活动：一是重大庆典，包括开闭幕式、馆日活动等；二是园区内固定场所的节日表演，这方面有不少专门为世博会定制的精彩节目；三是园区内广场、各馆门口的即兴演出。整个世博会举办期间，所有的活动有 20 000 多场。

世博展馆

中国国家馆是国家名片，在内容上更典型地反映中华文化，形式上有更明显的中国元素。2008 年担任中国馆专家组组长的郑时龄院士介绍说，中国馆以“东方之冠”的构思主题，表达中国文化的精神和气质。国家馆居中升起、层叠出挑，高 63 米，总建筑面积为 152 954 平方米。国家馆的建筑造型凝聚了中国元素，从色彩到构架，都象征着中国的时代精神，成为城市中的建筑雕塑。建筑师试图以红色经典表现东方的哲学，以传统造型诠释现代科技，表现天人合一、天地交泰的哲学理念，正如该馆设计师何镜堂院士所说：“东方之冠，鼎盛中华，天下粮仓，富庶百姓。”

郑时龄院士介绍了中国馆承载的中国传统文化和当代中国社会价值：中国馆的主题是“城市发展中的国家智慧”。这里所说的中华智慧，不仅仅是城市建设中的聪明智慧，更是指对中华民族的发展有关键作用的思想、精神、观点、方法，特别是当代中国正处在城市化的关键时刻，中华文化中的“自强不息”、“厚德载物”、“师法自然”、“和而不同”等思想，在城市发展中发挥了重要作用。中国馆内，力图用简洁有效、富有感染力的形式和故事，向世界展示中国人民如何运用智慧，应对挑战，探索和实践有中国特色的城市化科学发展之路。

对中国馆内的主题表现方式，郑时龄院士也作了进一步的介绍：中国馆主要通过一部电影、一幅画卷、一片稻田、一次体验、一个广场，让参观者来体验“城市发展中的中华智慧”。其中“电影”反映当代中国面临城市化带来的挑战，表现改革开放 30 年来社会转型的重大成就；“画卷”以艺术手法再现中国名画《清明上河图》，表现中华文化中重视民生、社会和谐的思想；“稻田”以实物水稻种植加仿真手段，表现可持续发展、城乡合一的中国城市化前景；“体验”以幽默、魔幻式的参观设计，让参观者体验城市建设和发展背后的生活理念；“广场”是整个展览的收尾部分，以简约主义风格的整体景观、便利的休闲和购物功能，让参观者感受到未来中国城市所倡导的节约能源资源、保护生态环境的生活方式。

主题馆城市人馆展示内容 1

主题馆城市人馆展示内容 2

主题馆着重反映国际普遍认同的价值观，以发生在国际范围的事例、国际流行语言作为展示元素。围绕着上海世博会“城市，让生活更美好”的主题，上海世博会主题馆将通过“城市人馆”、“城市生命馆”、“城市星球馆”、“城市未来馆”和“城市足迹馆”，展现“人、城市和地球三个有机系统环环相扣，日益融合为一个不可分割的整体”。具体地说，“城市人馆”的核心思想是：城市化过程要顺应、尊重人的各种需求，人的全面发展是城市可持续发展的前提。“城市生命馆”的核心思想是：城市如同一个生命活体，城市生命的健康需要人类共同善待和呵护。“城市星球馆”的核心思想是：人类、城市、星球是共赢、共生关系。“城市未来馆”的核心思想是：梦想引领人类城市的未来。“城市足迹馆”的核心思想是：从城市诞生起，人类在走向现代文明的历程中，一直和城市、环境良性互动。

世博中国建筑师

城市建筑体现了城市和社会的理想、信仰、制度、伦理和价值观。人们在建筑中寄托着希望和理想，用建筑提升城市的品位。

作为一个资深建筑师，郑时龄院士对世博会的建筑有着深入研究，他在《世博与建筑》一书中表达了自己对世博建筑的认识："世博会也是世界建筑的博览会，一方面，作为全球的顶级盛事，世博会为人类留下了丰富的遗产，同时推动了世界建筑的发展；另一方面，也正是因为建筑和工程技术的创新，才使许多世博会成为成功的世博会而载入史册。如果没有水晶宫，也许 1851 年的伦敦世博会就没有这么辉煌，如果没有埃菲尔铁塔，1889 年的巴黎世博会可能早已被人们遗忘。"

郑时龄院士这样阐述世博会建筑的特点：表现新技术和建筑的实验性。每个国家的展馆都体现了自己国家的新技术和建筑风格。因为这些建筑没有必要保存很长时间，所以这些建筑带有很多实验色彩。比如大阪世博会的展馆都采用了充气建筑，影响非常之大；表现国家和地区的文化。因为这是展示国家最好的机会，建筑简单形象让人感觉非常强烈。比如美国在许多世博会上都体现了超级大国的形象，当时美苏两国竞争，美国和苏联的展馆在很多届世博会上就靠在一起，暗暗竞争；表现不同的世界观和价值观。比如在汉诺威的世博会上，日本馆是可拆卸的，真的可称作是一座"纸建筑"，在世博会结束后可回收，用于日本一年所有小学生的书本。这样就是一种国家世界观和价值观的体现。有些国家很浪漫，他就在建筑上表现其艺术性如国家的象征。国家的进步和繁荣都展现其中。一个人不可能跑到每个国家去看，也许就只能在世博会上看你这个国家的展馆。展馆就反映了这个国家的文化。

世博会建筑是历史记忆中的丰碑，因为世博会建筑，尤其是各国和各地区的展馆大多数都是由各国和各地区的著名建筑师所设计的，而且多为临时建筑，绝大多数的世博会建筑都在博览会后拆除或移至他处建造，其中只有少数建筑由于其历史和文化价值，而在若干年甚至几十年以后得以重建。世博会作为建筑学历史上不容忽视的一页，对于近现代建筑学的发展起着深刻的影响和促进作用。世博会力求展示现阶段世界科技文明领域最前沿的研究成果，每一届世博会都是最新科技的斗秀场，而建筑科技在其中占了相当大的比重。比如 1929 年巴塞罗那世博会的德国馆代表了 20 世纪建筑先驱，是现代建筑的一个里程碑。同时，随着建筑技术的成熟和发展，影响了建筑的发展趋势，比如 1958 年布鲁塞尔世博会美国馆和苏联馆都运用了

郑时龄院士在西班牙塞尔维亚世博会考察西班牙馆

悬索结构和混凝土结构，采取了大跨度来表现。再比如 1976 年蒙特利尔世博会美国馆的概念就是把整个城市浓缩在一个建筑里面。

上一届世博会中透露的趋势最终会在新一届世博会上得以集中展现。世博会既是一个阶段建筑技术发展的集中回顾和总结，同时又为我们提供了一个建筑技术发展的切片，让我们了解现有的成果，为我们提供了未来建筑技术发展的新趋势，预测了未来建筑发展的方向。世博会建筑的价值在当时并不为人们认识，人们观看世博会并不是为了观看建筑，而是为了观看展品。但是日后等人们发现了建筑的价值，这个建筑往往已经被拆除了。1937 年巴黎世博会，西班牙代表了当时西班牙馆先进的技术，我们知道西班牙的建筑在相当一段时间里面十分保守，但 1937 年的世博会建筑代表了现代西班牙建筑的新趋势。在当时这座建筑被拆除了，但西班牙于 1992 年又重建了这座建筑。

在世博会筹办期间，郑时龄院士在各种相关会议和媒体上，大力呼吁让中国建筑师成为上海世博会的主角，给他们一个发挥才能的平台，让国外的建筑师了解中国建筑师的实力。他认为，过去日本建筑师在国际建筑界也是名不见经传的，主要是复制西方的东西。但是日本在筹备世博会期间，本国建筑师起到了主导作用，并因此极大地提升了日本建筑师的国际地位。现在，让郑时龄院士颇为自豪的是，通过国际竞标，世博会的核心建筑中国馆、世博中心、主题馆、文化中心都是由中国建筑师设计的，建筑设计力图使形式与功能得到完美统一。这届世博会上中国建筑师起到主导作用。“通过这次世博会，中国的建筑师一定能闯出国际影响力。”郑时龄院士对此充满信心。

奉献一个“和谐城市”的实验范本

——记中国2010年上海世博会园区总规划师吴志强

·吴为民·

时间进入2010年，世博倒计时钟面上的数字不断跳动。

作为世博园区总规划师，吴志强教授偶尔会登上中国馆屋顶平台，站在这一世博园制高点，俯瞰远眺，虽然浦江两岸5.28平方公里的土地上，仍然是一片紧张、繁忙的建设景象，但园区各项工作都在沿着预想的轨道，一步步走向筹备的终点。最让吴志强感到欣慰的是，结合“城市，让生活更美好”主题，他倡导并坚持的“和谐城市”理念，包括通达性、生态性及综合性等，在规划和建设过程中，充分得到了贯彻和体现。将“整个世博园本身作为一件展品”的构想，也已初具雏形。

吴志强

问及如何评价作为世博会园区总规划师的工作时，吴志强只简单表示“我竭尽全力，打分留给历史”，让我们感受到他此刻的淡然。

一份嘱托深埋下一颗种子

吴志强与上海世博会结缘可以追溯到四分之一世纪以前。当时，中国知道世博会的人很少，但吴志强却非常有幸。

1984年，刚刚成立不久的同济大学研究生会面向校内外组织发起了以“上海城市发展战略”为主题的青年论文竞赛。临近硕士毕业的吴志强向赛事组委会递交了论文，并获得一等奖。他至今仍清楚记得，那时校园里不像现在有许多的报告厅、会议室，颁奖仪式是在三好坞旁边留学生楼裙楼的二楼多功能厅举行的。时任上海市市长汪道涵应邀出席颁奖典礼，并为一等奖获得者颁奖。正是这位睿智的老人，在递过一本《辞海》作为奖品的同时，还对吴志强亲切地说：“你是学规划的，可关注一些世博会的情况，收集一些资料，为将来我们国家举办世博会做些工作。”

老市长的话无疑就是一份厚重的嘱托。从此，世博会的种子在吴志强的心中深深扎下了根。无论在国内研究，还是负笈海外，他始终将此当做人生的重要使命。

吴志强当时对世博会还没有多少印象。因此，颁奖典礼结束之后，他来到学校图书馆，找到了少数几篇世博文章。这几篇全英文的文章，也成为他此后专门建立的世博文件夹的最早资料。当时，世博会的英语名称还不是“World EXPO”，而是“World FAIR”。

1985年吴志强硕士毕业后留校任教，世博会仍是他生活中的一部分，只要有机会，他总不忘检索、收集相关资料。虽然那个时候，吴志强能够找到的世博会资料并不是很多，但他一边研读，一边做笔记，逐渐了解了世博规划是怎么回事，知道世博规划还有许多特殊考虑。

1988年春天，吴志强赴德国柏林工大留学，“世博会”一词也被他装在脑海里一起带到了国外。学习、科研之余，总是留意报纸、杂志上的相关报道、研究内容。他的“世博会”文件夹因此也越积越厚，他对世博会的认识也随之越来越深。

20世纪90年代，欧洲曾先后举办了三次世界博览会，分别在西班牙塞维利亚（1992）、意大利热那亚（1992）和葡萄牙里斯本（1998）三个城市举行。这三个城市都在欧洲南部，距离德国不远。借着地域上的便利，三届世博会举办时，吴志强都亲临现场参观、考察，加上报纸、电视、杂志的相关报道和介绍，世博会的整体概念在他的脑海里越来越清晰。当2000年世博会在德国汉诺威举办时，吴志强对世博会现场有了更加全面、深入的了解和体验，并收集了大量第一手资料。

2000年汉诺威世博会举办时，吴志强已经回到了国内，但彼时上海已经明确提出申办2010年世博会。吴志强感到中国实现举办一届世博会的梦想可能就在眼前。于是，他专程从上海飞赴汉诺威，在世博园区连续待了整整7天，在全方位体验的同时，拍摄了海量的照片，收集了任何可以收集到的现场资料。从门票、海报到残疾人步道、自行车通道等等，无一遗漏，全部纳入考察、感受的范围。其中有一天，镜头对准各种资料场景，竟一气耗掉了22卷彩色胶片……

吴志强认为，自己与2010年上海世博会的缘分，大致可以划分为三个阶段。第一阶段，是作为一名研究生和青年学者，从对世博会知之不多，经过持续的关注和留意，到对世博会有比较全面深刻的认识和体验。时间大致是从1984年到1998年，外加2000年专门为了收集世博会相关第一手资料而飞赴汉诺威的那一段时间。

在吴志强心目中，这一段经历对自己日后真正参与世博会筹办起到了非常重要的作用。期间，他完成了收集、学习、研究最后到现场体验的完整积累。

第一个阶段前后历时 14 年。大致也是上海最终提出申办世博会的前期酝酿阶段。

实践中积累大规划经验

1998 年，吴志强离开德国回到国内，回到母校，成为同济大学建筑与城市规划学院规划系的一名教授。担任日常教职、指导研究生之余，他也承担了来自各级政府的规划项目。

吴志强把 1998 年至 2004 年的经历，看做是自己与世博结缘的第二个阶段。主要通过具体承担规划任务，完成在国内开展规划操作层面的实践积累。

归国以后，吴志强承担的第一项任务是为浦东新区文化行政中心做规划。在完成这一项目过程中，他将此前在德国学到的国际先进规划理念、自己对现代城市的感悟等融入其中，得到了浦东新区领导的高度认同和赞赏。该项目之后不久，浦东新区有关领导专程来到学校找到吴志强，问他是否能为即将开始建设的“联洋新社区”做规划。

“联洋新社区”作为一个安居项目，开发面积达到 2 平方公里。虽然浦东开发、开放已经有几年了，但由于受到老上海人“宁要浦西一张床，不要浦东一栋房”传统观念的影响，浦东的居家气氛仍然不浓。民生路附近还保持着农村大队的原貌，到处是农田、泥地，为规划师留下了一展身手的空间。

2 平方公里的项目已经不是一般的项目，而且从图纸到建设，一次规划，一次完成。从项目审批到政府落实指标，从与政府有关部门沟通到与房地产商打交道，吴志强在规划理论与实际如何更好结合之外，还学到了许多。

更为重要的是，通过这样一次规划实践，吴志强确立了在国内进行实际规划设计的核心思想。他在为联洋新社区做规划的时候，特别强调三点：一是强调生态性，也就是房子与房子之间密度不能太高，地面不能完全被水泥覆盖，要通过草坪等的安排，让地面有充分的透水率，这样大地才会呼吸，地下水的补充才有保障，而此前在国内的规划中不太注重生态考虑；二是充分关注老上海人与新上海人的关系，当时他预见到，随着浦东后续开发的进一步深入，上海必将第二次吸引全国人的集聚（第一次在解放初期），老上海人由于仍存有对浦西的钟情，但新上海人这样的情结不浓，因此联洋新社区最初的目标应瞄准新上海人，成为新上海人的集居地；第三，努力实现现代科技与传统文化的统一。

通过“联洋新社区”项目的规划，为长期在国外的吴志强今后如何在国内承担大规模规划任务做好了多方面的准备，积累了国内短期内实施城市建设重大项目的宝贵经验，了解了具体操作的细节，特别是走过了如何将理念真正落实的全过程。2平方公里的范围，不能不说是大项目。因此操作过程中，联洋新社区的开发，实际也是一个集权项目，每一个小的地块有不同的地块规划师和建筑师。联洋社区开发过程中还成立了专门的学术委员会，从而能够在专业层面，对整个社区的开发进程进行把控，保证整个风格的协调、统一、高效。

上海申博成功以后，一度主管世博会筹建的上海市副市长周禹鹏，当时作为上海市领导主管浦东的开发工作。当联洋新社区建设基本形成规模以后，周禹鹏对联洋社区的开发模式给予了高度评价，认为这是突破上海人对浦西依恋的突破口。此后，吴志强又被任命为浦东发改委的名誉总规划师。联洋社区以后，吴志强通过国际竞标，又先后承担了浦东世纪大道和张杨路建设的规划、设计任务。当时，有关政府主管部门这样评价吴志强的设计：从世纪大道的规划，我们看到了中国的规划师可以比国外规划师做得更好的事实。

差不多与此同时，吴志强还先后承担了沈阳、武汉等国内其他大城市的规划设计项目，积累了更加丰富的规划实践经验。当然，在这一阶段，吴志强完成的积累还不仅仅限于具体项目的规划、设计，同时还有如何围绕一个大项目，召集更广泛领域的师生，群策群力，集团作战。这样的实际操作，始于武汉东湖宾馆的保护性改造。东湖宾馆是武汉重要的历史建筑，毛泽东主席在世时曾经先后到过26次。随着岁月的侵蚀，东湖宾馆到了不得不修的时候了。但是如何修复才能做到既花钱不多，又能保证作为历史文物的风貌，同时还能满足作为国宾馆的需求？为了完成这个项目的设计任务，刚刚被任命为建筑与城市规划学院院长的吴志强，想到了整合全院力量来“共同攻关”——他把学院下属建筑、规划、园林及艺术设计四个学科领域的顶级专家聚集在一起，共同出点子、做方案。最终，东湖宾馆按照同济方案改造完成以后，好评如潮。

吴志强既完成了任务，又初步演练了“大兵团”作战的方式、方法。

打响世博规划头一枪

2004年以后，吴志强的世博缘也进入了第三阶段，主要工作包括两个方面：一是率领团队在国际大竞争中胜出，进一步确立了“同济规划”在国内外的领先地位；二是担任世博会园区总规划师职责，开创了高校教授出任如此大型项目规划总负责人的先河。

说到这一阶段的工作，吴志强非常感念学校领导和教师对他的信任，2003 年，他被任命为学院院长，为日后集合学院内外的力量搭起了平台。学校领导在吴志强担任院长之前的一次谈话中，明确提出任务，要发挥全院力量，尽最大努力去承接世博会筹建的重要任务。吴志强清楚，这次谈话其实是给他下达了一个“军令状”：一旦机会来临，必须全力以赴。

“机会”说来就来。

吴志强清楚记得，2004 年 4 月的一个星期二下午，上海市有关部门召开会议，会上下达了行动指令：世博会园区建设规划方案国际竞标正式开始，周六各参赛单位递交初步方案，组委会将成立专家组进行考评和遴选。参加会议的夏南凯教授领受指令回到学校，已经是当天傍晚。当天晚上，吴志强、夏南凯、周俭等几个人紧急碰了头，商定了接下来 3 天时间的行动方案。周三上午，建筑与城市规划学院全体上下即刻进入到决战阶段——建筑系的教授来了，规划系的教授来了，艺术设计系的教授来了，园林风景旅游系的教授也来了——一声号令，建筑与城市规划学院下属四个学科方向的顶级教授、专家齐齐聚集在一起。虽然只是任务明确条件下的第一次会议，但大家的心里似乎早就清楚每一个人接下来几天里的任务所在。因此，这次会议将也是一次战前的动员，进一步明确分工。

在这次会议上，迅速组建起了 8 个小组，每个小组就是一支人员配备完整的战斗队伍。会议同时明确，周四中午前，每个小组须分别形成规划的初步构想，周四下午大家集中，围绕构想进一步整合、修改。

周四下午，8 个小组从八个不同的地方赶到学院，分别带着一份集体智慧的结晶——针对世博会园区规划的“创意”。8 个方案同时拿到桌面上，相互比对、分析，在充分讨论基础上，合并成四个方案。原先的 8 个小组随之合并成 4 个小组。

当天晚上，四个小组针对各自方案进一步完善、细化。周五上午，四个方案再一次拿到桌面上，接受学院不同领域专家从不同角度的点评，当大家的意见逐渐趋于一致之后，其中两个方案被确定为参与竞标的基础。然后是又一次高强度的拼智慧、赶时间、抢速度。一个方案组成一个小组，小组内大家分工明确：有的吸收、汇集公开讨论时的合理建议，进一步修改完善方案，有的制作文本，有的制作动画，有的联系制作模型……

周五晚上两个小组的成员无一例外，全部通宵达旦。在文本制作过程中，关于世博规划的哲学理念、规划体系逐渐清晰起来。也就从这时起，“和谐城市”的概念在吴志强的心理逐渐清晰，并最终融入方案当中。

周六，是规定的汇报时间。同济递交两个方案中的思想，方案本身的系统性、全面性，得到有关领导、专家高度赞赏。

当时虽然“城市，让生活更美好”被确定为上海世博会的主题，但在这一主题之下，如何在世博筹备过程中很好地将此落实到看得见、可操作的具体层面，大家心里都不太清晰。因此，当天的方案汇报结束之后，评审团领导和专家普遍认为：“当大家对‘城市，让生活更美好’的内涵尚不太清楚的时候，只有同济方案对此作出了回答。”

三天多时间，只是整个世博规划方案竞标战役的第一阶段，但同济团队的第一枪非常响亮。

虽然只有短短三天多时间，但吴志强至今想来，仍然感慨良多。那个时候，每一个参与到项目中来的人，心中只有“拿出真正能够代表同济水平的、最好的方案”，每一次讨论，不管淘汰谁，大家都没有怨言。其实，无论从 8 中选 4，还是最后 4 中选 2，原本是一个相对艰难的过程。但实际操作过程中，大家没有更多争执、辩论，只要是集体决策，并就并了，然后自然加入到另外一个团队。也正是凭着这样一种精神，大大提高了工作效率。

“同济方案”竞标入围三甲

成为正式入围方案之后，接下来的战斗便是要形成一个完整的方案参加最后的竞标。这是一个时间更长、目标更加明确、任务更加艰巨的过程。这个过程对团队自然提出了更高的要求。于是，建筑与城市规划学院的力量全部整合进来了，规划方案形成相关的校内其他学科力量，包括桥梁、交通、机械、热能工程、环境科学与工程等学科领域的专家，也都集聚在项目的周围。后来，包括法国的 AS&P、日本日建等国外顶级公司的相关力量也被吸收进来，成为“同济规划团队”的一分子。

大家紧紧团结在一起，以水乳交融的态度，不分彼此，一起工作、一起探讨，共同提高。

吴志强认为，当时的情形，足以令每一个直接参与或者仅仅是了解一些细节的人，都会被深深感动：努力成为最终胜出方案，是大家共同的追求。但这只是事物的一个方面，而在团队内部，学院内部，乃至学校层面，从一开始便注定是一次大胜利，一次以学术为核心的大团结、大会战的胜利。也正是通过这样一次战斗，建筑与城市规划学院内部的学科隔阂消除了，学校层面上不同学院之间的联合更紧密了，同时还打通了与上海市其他规划力量的融合，甚至国际相关力量的融合。这是一次真正意义上的“联盟大会战”。

2004年7月28日。这是一个令同济团队全体成员期盼的日子。因为这一天，世博会园区建设规划方案竞标将会决出最后结果。

评审专家团成员来自不同国家，均是国际公认的业界权威。揪人心弦的等待，从下午开始一直延续到深夜。

第一轮遴选，就淘汰了4个方案。余下6个方案进入后续轮次的评审。

同济规划方案

然后，6进5。同济方案胜出！

再是5进4。同济方案又向前跨进一步！

更进一步，4进3！同济方案仍在其中！

这也是此次国际竞标的最后一轮方案遴选。由此产生的3个优秀方案将作为最终结果，上报世博会筹办最高领导及机构拍板。

后来了解到，当天参与竞标的7家国外机构，背后都有大的企业在支撑，主要是两家国外企业，其中一家资助了4个国外方案，一家资助了3个国外方案。由此分析，国际企业一直在围剿上海世博会规划方案，并且势在必得。了解到这一情况之后，吴志强也表现得很坦然：同济团队从一开始对自己的定位就非常清楚，我们没有任何“资”的背景，唯一可依靠的就是学科几十年的学术积累，还有就是扎扎实实研究成果——一切以实质内容为王。

从最后结果看，由国际、国内权威专家组成的评审团的评审过程还是比较客观。最后入围的“三甲”方案，除了同济方案之外，一个来自英国，一个出自美国规划团队。

同济方案也是唯一一个“中国创造”的方案。吴志强和他的团队成员为此感到自豪。全体中国规划人同样为此感到自豪。

2004 年 7 月 28 日那天，正好是吴志强的 44 岁生日。

回顾世博会园区建设规划方案国际竞标全过程，竞争之激烈可想而知。

最早全球有 46 家知名机构、企业提出竞标世博会园区建设规划方案的意向。

随后在上海市图书馆召开的“世博国际论坛”上，对所有申请参赛的机构进行了第一轮筛选，确定其中 26 家作为下一轮参赛单位。然后，26 家单位根据各自条件，提出竞标方案怎么做、队伍怎么组织的计划，递交方案给竞标组委会。组委会在此基础上，确定了 10 家入围的竞标机构。包括来自 7 个不同国家的 7 家国际著名机构，外加三家国内机构。7 家国际机构分别代表英国、美国、德国、法国、日本、加拿大、澳大利亚等 7 个国家。国内 3 家，除了同济大学之外，还有中国规划院和东南大学。因此，此次竞标实质也是 7 个国家连同上海、北京、南京三个城市同场竞争。

实际上，在确定最后参加竞标的单位之前，每一个国家内部都已经历了痛苦的舍弃和抉择。因为一个国家只能有一个机构代表国家入围最后的决赛圈。来自德国的 AS & P 公司，上海申博方案的制订者，也在这一轮中被同样来自德国的一家机构“淘汰”，日本的日建公司同样被另一家日本公司“挤掉”。这两家公司后来被整合到同济大学的团队中来，诞生了一段国际合作的佳话。

即使是国内最后入围的三个机构，也是经过了拼杀的。三家国内机构，代表了三个不同的城市。因此，同济大学从某一个方面来说，是代表上海在参赛。实际也是如此，在正式竞标规划方案制定过程中，上海规划院的力量也作为同济团队的一分子，发挥了重要作用。

竞争注定是残酷的。残酷的竞争，逼迫每一家参赛机构必须拿出令人信服的看家本领。

2004 年 4 月明确任务，当年 7 月拿出方案最后参加，时间非常紧迫。非常的考验，要求有非常的组织，最重要能够拿出具有非常水平的规划成果。

在这一过程中，吴志强有一个最大的法宝，就是充分发挥团队的力量，真正集合群体的力量，为着同一个目标，不计任何个人得失，无论资历、阅历、年龄、职称，在这里只剩下实实在在的“优秀方案”。

“和谐城市”规划理念获得肯定

按照规划方案国际竞标组委会的安排，在遴选产生三个优秀方案之后，不再进行其他轮次的投票淘汰。也就是说，三家优秀方案同时成为此次国际竞标的最后中标者，排名不分先后，最终实施的规划方案将在这三个方案基础上进行综合后确定。

同济方案入选最后三家优秀方案之后不久，吴志强及其团队接受了来自世博局的一项新任务，对三个优秀方案进行通盘考虑，整合各方案优点。基于这一任务，吴志强作了适当拓展，把眼光瞄准全部参加最后竞标的十个方案上，提出了在多个方案基础上如何遴选优点的课题。为此，他指导完成了一篇硕士论文。在此过程中，他把十个方案从不同层面、不同类型角度进行了系统分类，包括总体布局、道路规划以及绿化考虑等。

2004年10月份，上海市领导（当时主管世博筹备的副市长周禹鹏）召集世博局、规划局及发改委等单位和部门领导召开会议，商议世博会总规划师的相关事宜。吴志强应邀出席了此次会议。当时，关于世博会园区建设规划已基本确定了“1＋3＋3”的方案，但在由谁担任总规划师的问题上，还有不同意见。其焦点是由中国人还是外国人来担任。

这次会议明确了担当上海世博会园区总规划师职责的几个原则性标准：一是必须是中国人；二是筹建过程中要能够长期在工地一线；三是在国际规划界应具有相当影响力；四是年龄最好在40多岁。

正在会议现场的吴志强内心非常清楚上述四个条件隐含的意义。当天会议结束以后，吴志强第一时间向周家伦书记和万钢校长作了汇报。周家伦书记和万钢校长立即联名写信给上海市领导，力荐吴志强出任中国2010年上海世博会总规划师一职。并郑重承诺，一旦吴志强被正式确定为世博会园区总规划师，学校将举全校之力，全面给予支持。第二天，周家伦和万钢一道，如约来到市府办公楼，与世博局、规划局有关领导一起商议，基本确定了总规划师的人选。

向时任教育部副部长吴启迪介绍同济规划方案

10月28日，世博会园区总规划师人选确定并举行新闻发布会。吴志强也首次以总规划师的身份走到了公众面前。获悉这一结果之后，吴良镛院士向吴志强由衷表示祝贺，认为这是“全体中国规划师的光荣”。

吴志强深深知道承担这一职责来之不易，及其背后蕴含的责

万钢校长听取同济世博规划方案

任之大，内心自然有更多感慨。他认为，一个人做任何事情，都必须老老实实认真从零做起，只有把以前的事情做得最好，才有可能承担后续更加重要的任务。而最令他感到满怀信心的是他背后的团队，包括学校主要领导对他的信任、关心和支持。被任命为总规划师之后，吴志强在接受媒体采访时，真诚表述过一句话："团队支撑是我最大的信心所在。"

接受任命之后，吴志强未及少许松懈即刻投入更加紧张的工作。因为在确定规划师人选之后不到一个月，11 月下旬须向中国 2010 年上海世博会筹备工作的最高领导、时任国务院副总理吴仪汇报世博会建设总体方案。

吴志强一方面准备正式汇报稿，一方面安排制作直观反映世博规划全貌的动画（电影）。而最大的压力来自如何凝练世博会园区建设规划中的哲学理念。当时，在吴志强的内心，世博规划哲学理念已经相对清晰："和谐城市"。但这一理念还没有在更广泛层面上达成共识。

吴志强教授向吴仪副总理和韩正市长呈上上海世博会规划方案

事实上，自上海世博会确定"城市，让生活更美好（Better City，Better Life）"这一主题以后，大家便一直在深入思考：这样一个包容宏大、内涵丰富的概念，如何在筹备过程中真正得到体现？也就是从规划、设计开始，如何将主题的应有内涵变成非常具体的可感、可看的内容？吴志强与他的团队经过仔细琢磨、深入探究，终于在东方智慧"和而不同"、"求同存异"中找到了答案："和谐城市"应可作为对

"Better City"的具体诠释，并将此作为世博会园区规划的主题。在吴志强看来，"和谐城市"具有三方面的含义：一是人与自然形成的和谐环境；二是人与人形成的社会和谐；三是城市历史与未来发展的和谐。

正是基于上述哲学层面的思考，在向吴仪副总理汇报世博建设总体方案的时候，吴志强首次完整提出了"和谐城市"的思想，并获得了肯定。尤其是2005年春节前后，党中央、国务院提出要建设"和谐社会"战略构想以后，"和谐城市"的规划理念更是得到了组委会上上下下的肯定和赞扬，纷纷表示"和谐城市"的理念具有前瞻性。

"和谐城市"规划理念的内涵

为了在总体规划方案中贯彻"和谐城市"的理念，吴志强开始了更加深入、具体的探索。

最初人们认为城市只是作为具有居住、生产、游戏和交通四大功能的"机器"，以后又上升为拥有比较复杂功能的"器官"，但吴志强认为，现代城市是有"生命"的，具有"生命"含义的城市，才是最美好的。只有这样，人类才能从历史、从现实、从未来真正解读城市的核心价值，才会从根本上尊重、呵护城市和人类。

由此，吴志强在世博会园区整体规划中强化了城市是一个"生命体"的理念。世博会不应仅仅是个"Show"，而要在世界面前展现一种可持续发展的城市"基因"。尊重各种生命状态，充分调动自然能量是吴志强进行园区规划的最基本出发点。具体到世博园区5.28平方公里的建设，就要尽可能减少用水泥对土地的"封闭"，在场馆中挑高建楼，在步道铺设会"喝水"的地砖，让土地充分呼吸；黄浦江水的自然净化和生态管理；在多种建筑中运用太阳能光电。

作为上海世博会最大创新之一，本届世博会设立了城市最佳实践区，集中展示世界上具有公认性、创新性和示范性的城市街区。这是一次全球可持续城市发展探索成果的大集成，对未来城市的发展具有重大的指向意义。

吴志强说："上海世博会不仅要拿出世界一流的展馆、独具匠心的创意和放'天量'的游客，更要在破解城市发展和世界文明亟须解决的难题上有所贡献。我们要把整个世博园区作为一个大的展品，展示未来城市发展的理念，关注全球50%生活在城市中的人的未来。上海世博会一定会在历史上起着里程碑作用。"

处理好世博与城市未来发展的关系，也是"和谐城市"建设的应有命题。吴志强对此有着深刻的认识和独到的见解。他认为："城市的发展是一个长期的过程，而世博会是一个短期的活动，如何把长期的持续发展和短期的全球性大型活动结合好，是世博会成功与否最重要的要素。”因此，必须把上海长远发展战略与短期的世博需求很好地结合，真正给城市留下永久性的财富，让城市通过一次大型事件得到一次历史性提升。吴志强这样解读“最成功、最精彩、最难忘”的世博会目标：“成功和精彩是在世博会上的，难忘是在世博会后的，真正的难忘是一次世博会对人类未来走向产生重大影响，具有历史意义的才是不可忘记的。”

“世博会前解决世博会后问题。我在思考上海在战略上最需要什么，把现在和未来上海可以承担的项目都捆绑在一起。我们先做了 2020 年的场馆规划利用，再开始做 2010 年的。可以说这些场馆在会后的用处很明确，目前只是先‘借’给世博会当场馆用。”世博会之后，世博园将有一次魔幻般的大变身，吴志强说：第一，世博会园区将摇身变为国际文化交流中心。园区将保护、保留江南造船厂历史建筑及部分优秀展馆，主要以文化展示交流为核心功能，规划成为体现上海城市文化特色、国际知名的标志性城市公共文化集聚区域。第二，发展博览业。现在国际一流的博览会城市需要 60 万平方米左右的面积服务于博览业，而上海目前约有 40 万平方米，空缺的这 20 万平方米就会在世博场馆中产生。世博中心、中国馆、世博轴可以连成一体，建设宾馆等相关服务设施，届时可以满足会议、展览、住宿等需求。第三，成为文化演出场馆。上海人的精神需求很高，每年那么多国内外的优秀演出，单单靠上海大剧院、上海音乐厅和东方艺术中心等几个演出场所早已满足不了人们的要求。世博会后即可投入到日常演出使用的世博演艺中心等建筑将有效缓解这一状况。第四，推动创意产业发展。通过世博会，大量工业遗产建筑将得到修缮。世博会结束后，这片工业建筑将成为创意产业园区，推动上海创意产业的发展。第五，上海世博村将成为各个国家领馆在上海的官邸，促进上海的国际经济、文化交流。而在黄浦江两岸形成的 6 公里长的绿地，是一个巨大的城市绿肺，为上海市民提供了极佳的休闲场所。这是世博会为上海留下的最好礼物。

总规划师的台前幕后

成为世博会园区总规划师，吴志强忙是肯定的。

这里不妨引述一段见诸报章的记者白描：“上午 10 点和他约好晚上 19 点 30 分采访，可是到了时间，吴志强又在电话中大叹苦经：‘不好意思啊，我还没有吃饭呢。晚一点，晚一点再聊。’……对上海世博会园区总规划师吴志强先生的采访，是从深夜 23 点 40 分开始的。……他的作息表里已经没有什么属于自己的闲暇，世博局、同济大学的办公室或者某一个外地会议的会场，已经将他的工作时间瓜分得一干二净。家，目前对他来说，也许只意味着一张床，只为第二天的工作充足电力。”

实际上，对于吴志强来说，忙还只是一种外在表现，深藏在吴志强内心深处的压力才是真正的考验，他坦言：“这是一个国家的责任，非常大的压力。”

作为世博会园区总规划师，吴志强在旁人眼里总显得有些神秘。而在日常工作中，则是非常具体又责任重大的。

吴志强透露，在接受任命成为总规划师以后的最初一段时间，他主要是带领团队认认真真“做规划”，完成了包括“总体规划”、“各个分区的控制性规划”、“城市设计”以及“建筑设计导则”的编写。

控制性规划包括对每一个国家馆的建设都分别提出了一系列控制指标，诸如入口的设置、建筑高度的控制等，同时完成了一套完整的指标，主要是针对每一个场馆的生态指标等。

上海世博会在建设初期就提出了“低碳世博”、“生态世博”的概念。吴志强在率领团队完成园区规划的过程中，包这些指标具体落实到每一个场馆。“我的方案主要考虑的是，我们的设计能否体现本届世博会的主题‘城市，让生活更美好’。建筑单体当然由各个国家来设计建造了，但是底板是主办国的，如果底板不好，就不能反映出中国人的创意。”

世博会的蓝图逐渐在吴志强的手中慢慢拉开。那是一幅未来城市的绝美画卷，而且将由实体的建筑构成，绝不是乌托邦幻想。

完成了上述作为园区总规划师的主体工作之外，吴志强还参与了大量“主题演绎”的相关工作，多次陪同世博组委会有关领导到国际上阐述“城市，让生活更美好”这一主题如何在筹建过程中切实贯彻、落实的内容。

同济方案获胜后规划设计团队合影

在此过程中，吴志强根据规划、建设实践的需要，提出并开展了几十项专题研究。专题研究对于世博会建设具有非常重要的意义。其内容涵盖非常广泛，包括降温措施、厕所考虑、拆改留研究、数码技术运用研究等。为此，吴志强还负责开展了历届世博会的专题研究。

2009 年以后，吴志强开始参与世博会正式举办期间将要举行的“世博论坛”有关工作。

吴志强说，世博会期间将要举办 6 个大的论坛，“上海论坛”是其中之一。“上海论坛”闭幕式上，将发表“上海宣言”。“和谐城市”则将是“上海宣言”倡导的核心理念。

吴志强教授在世博园区施工现场

吴志强教授向外国专家介绍世博园区规划方案

他的策划成就了“世博创举”

——唐子来与中国2010年上海世博会的故事

·吴为民·

申博阶段，他是规划设计方案的陈述人；园区建设阶段，他是“城市最佳实践区”总策划师。两个身份，使他的名字与中国2010年上海世博会紧紧联系在一起。而两次同样出色的表现，使他在上海世博会从申办到筹建过程中具有无可替代的作用和地位：

唐子来

作为申博规划设计方案的陈述人，2002年3月24日，面对国际展览局考察团官员的挑剔眼光和严格质询，他以出色的表现，赢得了“非常全面、非常专业、非常成功”的评价；

作为“城市最佳实践区”总策划师，他以卓越的工作业绩，成就了世博会的历史性创举——城市第一次能够直接参与世博会，为学校赢得了广泛的声誉。

他是唐子来，同济大学建筑与城市规划学院教授、博士生导师、规划系主任。世博会正式开幕之前几年里，人们习惯于称他为“唐总（策划师）”。

看似偶然实则必然

追溯起来，无论“陈述人”还是“总策划师”，唐子来都是在时间紧迫的情况下接受一个特殊“指令”开始的。

第一个“指令”来自当时的上海市申博办，时间是2002年1月，内容是希望唐子来出任规划设计方案的陈述人。按照世博会申办规程，2002年3月23日至26日，国际展览局考察团将来上海实地考察。这也是当年12月3日最终投票决定2010年世博会举办城市之前最重要的一次活动。规划陈述人的任务就是向考察团官员介绍上海世博会规划方面的内容，并接受当场提问。

唐子来深知这一角色的关键性和重要性，考虑再三之后，欣然应命，并立即投入紧张准备工作。现成的材料虽然不少，但需进一步修改和完善；陈述必须用英语进行，完全根据中文材料翻译过来，在合乎语言规范和表达习惯的考虑方面就会大打折扣，显然达不到最佳的陈述效果。于是，唐子来在对相关材料完全吃透的前提下，直接用英语撰写陈述词。为使陈述活动万无一失，正式陈述之前短短 2 个月中，他还先后 9 易其稿、参与了 7 次模拟陈述。

3 月 24 日，陈述当场，唐子来无疑是全场的主角。陈述 25 分钟，回答问题 50 分钟。内容涉及世博会选址、园区规划、交通组织以及后续利用等方方面面。在他的身后，坐着来自上海市有关局、委、办的后援专家，一起接受考察团的提问。陈述取得了极大成功。国际展览局官员事后用三个“非常”对申博陈述作出评价：“非常全面、非常专业、非常成功。”

唐子来教授在关于城市最佳实践区的研讨会上做主持人

“陈述人”只是唐子来参与申博的第一项工作。此后半年多时间，他又以各种形式参与到申博相关工作当中：8 月，他应邀在加拿大驻沪总领馆和上海市规划局联合举办的申博研讨会上作专题报告；9 月，他以上海申博代表团规划专家身份，出席国际展览局在西班牙塞维利亚举办的首届“世博会主办城市会议”，参与申博宣传工作，并考察了西班牙塞维利亚和葡萄牙里斯本，借鉴两地世博会的后续利用经验；9 月以后，他开始世博后续利用研究和相关方案拟订，先后参与了《中国 2010 年上海世博会注册报告》的编写，主持了“世界博览会的国际比较和经验借鉴”、“世博园区公共配套服务设施系统研究”等项目的研究。

上海申博成功，工作重心随即转移到筹备中来。在世博项目筹建工作开始一段时间以后，唐子来接收到了第二个重要“指令”——这一次是有关领导以“邀请”

的形式发出的——希望唐子来为“城市最佳实践区”提出策划方案。两次“指令”的任务内容虽然同样明晰，但蕴涵在第二次“指令”背后的任务，却远较第一次来得厚重而复杂：“城市最佳实践区”的概念虽然定下来了，但“实践区”如何策展、如何规划仍是未知数。在唐子来之前，先后有多家单位提供了相关方案，但一直不能令人满意。由此，唐子来的应邀出马也多了些许临危受命的意味。

实际上，“城市最佳实践区”的概念也经历过一番演变。2002 年申博方案中最早的提法是“城市实验区”，设想邀请一些国际建筑大师在世博会园区内做些实验性作品。后来在世博会园区规划过程中，国际展览局建议变更为“城市最佳实践区”，集中展示当代城市发展的成功案例，为世界各国的城市提供展示、交流和学习的平台，并引领城市发展的未来趋向。任务的艰巨性和挑战性显而易见。唐子来没有更多犹豫，便迎难而上，带领团队成员从“城市最佳实践区”概念规划作为切入点，开始了又一次激情征战。

唐子来后来回忆说：“同济团队的介入时间不算早，2006 年 9 月才正式参与，但逐渐形成全方位的影响。”确实，从接受任务开始，唐子来领衔的同济团队从提出规划概念到制定策展方案，从协助参展案例遴选到参与参展事务谈判，从编制街区详细规划到提供设计控制条件，都发挥了全面而且重要的作用。

唐子来教授在利物浦市政厅介绍城市最佳实践区

2007 年 5 月，唐子来正式被聘为城市最佳实践区总策划师。两个月以后，他的团队完成了《城市最佳实践区修建性详细规划（草案）》，形成了案例招展和建设招标完整的规划依据。

无论是“陈述人”还是“总策划师”，两项重要任务先后落到唐子来教授肩上，看起来有些偶然，实质却是一种必然：因为唐子来团队深厚的专业积累和素养，他们是最值得信赖的。

唐子来 1978 年至 1984 年就读于同济大学城市规划专业，先后获得学士、硕士学位，师从我国城市规划教育创始人金经昌教授，打下了扎实基础。1991 年，他跨越大洋来到世界城市规划教育发源地之一的英国利物浦大学攻读博士学位。1995 年博士毕业以后，他应聘在新加坡裕廊工业园区管理局担任规划师。

20 世纪 90 年代中期，正是我国大规模城市建设起锚扬帆之时，我国城市规划学科也迎来了前所未有的发展机遇。1996 年，在母校的召唤之下，唐子来毅然回国，投身于我国城市规划教育事业，并在城市开发和规划控制、城市空间结构演化、城市政策分析和评价、城市规划国际比较研究等领域取得丰硕成果，先后在国内外学术期刊上发表论文 50 余篇，所主持的《朱家角镇区控制性详细规划》获得 2005 年度上海市优秀城市规划设计项目一等奖和建设部优秀城市规划设计项目二等奖。

担任同济大学教职的同时，唐子来还兼任中国城市规划学会常务理事、上海市规划专家咨询委员会的城市空间与环境专业委员主任委员，并出任《城市规划学刊》编委会副主任、《城市规划》编委、英国 *Planning Practice and Research* 国际顾问编委。

教学、科研并举，同时与工程实践紧密结合，长期的辛勤耕耘，奠定了唐子来厚积薄发的基础，成为我国城市规划学科领域颇具影响力的学者。2005 年 9 月 29 日，在中共中央政治局第二十五次集体学习中，唐子来应邀讲解了“国外城市化发展模式与中国特色的城镇化道路”。

策划方案无可挑剔

“城市最佳实践区”作为 2010 年世博会的最大亮点，它将更好地演绎“城市，让生活更美好”主题，同时在世博会创办至今 159 年的历史上，也是一次具有特殊意义的创新之举：

其一，世博会传统的参展方包括国家、国际组织和企业，2010 年上海世博会的城市最佳实践区使城市首次能够直接参与世博会，这是世博会历史上的一个创举，顺应了时代潮流，将对世博会的未来发展模式产生重要影响；

其二，国际社会共同期盼，2010 年世博会的城

城市最佳实践区全景鸟瞰

市最佳实践区将成为展示、交流和推广城市最佳实践的全球平台，对世界城市的未来发展趋势产生积极影响；

其三，城市最佳实践区是世博园区中新理念、新技术、新材料、新工艺的集中示范基地，将成为体现可持续发展的街区改造范例。

“创举”必须以实际意义上的“精品”才能匹配：城市最佳实践区不仅是来自世界各国的城市最佳实践案例的“展区”，其本身也应当成为体现城市最佳实践精神的一个“展品”。这就是说，城市最佳实践区在街区规划、工业建筑利用和环境设计等方面，要充分体现可持续发展的理念，使之成为街区改造的最佳实践案例。

唐子来深知，要实现上述目标，最为关键的因素是参展的案例必须在全球范围内具有广泛的公认性、创新性和示范性，同时通过多样化的方式加以展示，体现出作为城市实践代表性案例美妙、独特的一面。正是遵循上述原则，唐子来和他的团队在最短的时间里形成了遴选标准和遴选规程的建议方案，得到国际遴选委员会的高度肯定和赞扬，再一次给予唐子来三个“非常”的评价：非常精彩、非常严谨、非常科学。后来的案例遴选基本按照这一标准和规程来进行。

国际遴选委员会成立于2007年初，成员单位包括国际展览局、联合国的下属机构、世界银行、经济合作与发展组织、亚洲开发银行、世界城市联盟、我国的科技部、建设部和作为世博会组织者的上海市世博局等。

国际遴选委员会成立以后，先后举行了三次全体会议。第一次会议于2007年4月举行，以唐子来团队提出的建议方案为蓝本，讨论并通过了案例遴选原则和规程，会后向全球发布招展公告。2007年9月举行了第二次会议，听取招展情况通报。2008年1月31日案例申报工作截止以后，3月20日举行第三次会议，最终遴选确定了全部参展案例。

城市最佳实践区参展案例的展示方式最初主要分“实物建设”和“展馆展示”两大类。为了容纳更多的优秀案例，经国际遴选委员会一致同意，世博会组织者后来增设了第三种展示方式：对于不适合实物建设和展馆展示的案例，采取报告、研讨、表演、活动等方式予以灵活展示。从而使更多的优秀自荐案例能够参与到城市最佳实践区的展示中来。

在前期“案头”工作过程中，唐子来一度心存疑虑：策划方案虽好，如果各个城市的参展积极性不高怎么办？毕竟这是世博历史上的第一次。而实际进程让唐子来的担忧成为多余：2007年5月征集工作正式启动以后，无论是发达国家还是发展中国家的城市，都对上海世博会的城市最佳实践区表现出浓厚兴趣。

2008年1月31日征集截止以后，组织者共收到来自全球87个城市和地区的108个有效申报案例，涵盖全球五大洲。

按照城市最佳实践区的总体规划，需要15个实物案例构成北部模拟街区。因此，国际遴选委员会通过协商方式，对15个实物案例首先予以确认。难的是如何从91个申报案例中，按照总体规划要求，选择其中的40个案例作为最后参展的展馆案例？

国际遴选委员会遵循“价值原则”、“平衡原则”和“精彩原则”，通过投票，按照各个申报案例的实际得票多少进行遴选。“价值原则”主要考量案例本身的公认性、创新性和示范性；“平衡原则”主要考虑地域平衡（世界五大洲都应有案例入选）、发展程度平衡（兼顾发达国家和发展中国家）、展示领域平衡、展示方式平衡以及中外案例平衡等；“精彩原则”则主要考虑案例的展示性，即对公众的吸引力和案例本身的独特性。

由于有些展馆展示案例得票相同，遂按照国际展览局建议，在不少于40个案例的条件下，得票相同的案例全部入选。如此，当初入选的参展案例共有59个，包括15个实物建设案例和44个展馆展示案例。

最终确认参展的11个实物案例和3个自建展馆包含城市建成环境的各种元素，将整合成为一个模拟街区。最终确认参展的36个展馆展示案例五彩纷呈，地域代表性非常广泛。

案例遴选结束以后，唐子来和他的团队随即转入实施阶段的具体工作，主要包含三个方面：参展服务、设计协调和建设推进。对于唐子来和他的团队来说，进入这一阶段以后，才是真正挑战的开始，尤其是14个建设案例的“移植”。

由于这些案例来自世界不同国家和地区，作为设计协调的一项重要内容，需要逐一进行全面沟通。其中，“适应性设计修改”遵循“基于原型、高于原型”的原则，涉及5个方面的内容：一是气候适应性，各个案例采用的生态和节能技术应当适应上海的特定气候条件，确保这些生态和节能技术能够发挥最大功效，使原先的生态建筑落户上海以后同样也应是生态建筑；二是形态适应性，各个案例的形态和尺度应当符合街区总体规划的要求，使之形成有机的整体；三是技术适应性，考虑到大部分参展案例已经建成多年，有必要进行技术升级和设备更新，使之能够反映最新进展；四是规范适应性，作为世博会后的保留建筑，设计方案要满足中国和上海的相关设计规范，特别是消防和抗震要求；五是功能适应性，设计修改要满足三方面的功能要求，其一是保持案例原型的基本功能特征，其二是适应世博会期间的

城市最佳实践区——伦敦零碳案例

展示功能要求（如超大规模的参观游客、有些技术节点需要开放式展示），其三是兼顾世博会以后的持续使用功能。为此，国外的原设计师与中国的建筑设计机构合作，共同完成案例建筑的施工图。

按照既定的时间节点要求，确保城市最佳实践区所有实物案例的参展谈判、适应性设计修改和工程建设一步一步有序推进，这是城市最佳实践区真正成为2010年世博会一大亮点的最大关键，也是唐子来及其团队的职责所在。任务艰巨，工作量和压力之大，可想而知。

精妙绝伦城市实践

当然，对于唐子来和他的团队来说，任务再艰巨也要迎头而上，压力再大也必须通过自身更多的努力和付出来化解。

时间流转，一起都按照预想的节点有序推进。

开园第一天，唐子来在城市最佳实践区

2009年12月30日，冬日的阳光格外明媚，透露出丝丝暖意。这一天也是唐子来和他的团队成员感到心情非常放松的一刻：此时的最佳实践区工程建设已经基本告一段落，虽然内部布展阶段的方案审核工作仍然少不了他们的参与，但作为城市最佳实践区总策划师，唐子来团队最紧张劳顿的时期已经过去。也就在这一天，唐子来邀请中共同济大学党委书记周家伦等校领导来到城市最佳实践区建设工地，权作是一次同济人世博作品的非正式汇报。

原先“纸上谈兵”的种种构想，此刻已经以建筑形态真真切切地初步得以呈现，让每一个有缘提前走进“城市最佳实践区”规划范围的人，领略其精妙，并为之感叹。

世博会园区划分为A、B、C、D、E五个片区，其中浦东有A、B、C三个片区，浦西有D、E两个片区。浦东、浦西连同黄浦江一起，构成了整个世博园区大大的“世界眼”。“城市最佳实践区”位于浦西的E区，占地面积约为15公顷。

这一区域原为传统工业集聚区，其中的南市发电厂更是百年老厂。工业建筑具有大跨空间特征，较为适合改造成为展览建筑。在城市最佳实践区中，保留的工业建筑将占总建筑面积的60%以上，基于工业建筑的主体结构和基本形体，进行功能化、时尚化、生态化、节能化的改造，不仅成为世博会的各种展馆，而且是工业建筑再生的创新实践。

“城市最佳实践区”整体作为一个展品，在街区规划、工业建筑再生和环境设计等方面，充分体现了可持续发展的理念，从而成为街区改造最新的“最佳实践案例”。

城市最佳实践区 B-1-1 馆

“城市最佳实践区”划分为北部、中部和南部，并被赋予各自不同的内涵：北部为模拟城市街区，中部为展馆展示区，南部则是城市未来馆和全球城市广场。

在北部街区，14个实物建设展示案例包含建筑物、开放空间、交通方式和节能照明设施，形成完整的模拟生活街区。

在中部街区，利用老厂房改造而来的4组形态各异、五彩纷呈的展馆，把36个展馆展示案例揽入怀中，表现宜居家园、可持续的城市化、历史遗产保护与利用、建成环境的科技创新等主题；

在南部街区，由城市未来馆和全球城市广场两部分组成，将通过剧院式、论坛式、多媒体式、网络式、展板式等丰富灵活的方式，轮番展示更多城市最佳实践的优秀案例。

北部街区因其“实体建设”效应，将带给每一个参观者更多的视觉冲击和心灵震撼：这是一个模拟城市生活、工作、休闲、交通等功能的综合街区，每栋建筑、每条街道、每个细节都是展品，灯光、自行车道、遮阳系统、花园都代表着一种未来可能的生活形态。这里云集了汉堡之家、伦敦“零碳住宅”、马德里“竹屋”、上海“沪上生态家”、阿尔萨斯“水幕太阳能墙”、奥登塞的自行车道、麦加的“帐篷城”、澳门的百年老当铺“德成按”、四川成都的“活水公园”等全球城市的最佳实践案例。漫步其间，让你提前领略未来城市的美好生活方式，感知城市未来发展理念。

未来馆和全球城市广场

中部4组展馆内分别展示的案例，虽然不及北部街区那样逼真，但从全球精挑细选确定下来的36个案例，因其数量之多，难免不让你花眼迷蒙：布拉格简单易制的“移动型抗洪堤坝”、杭州以西湖为核心的“治水实践”、不来梅的“城市交通解决方案”、开罗的“历史老城复兴”、利物浦的“历史遗产保护与再利用”、台北的“无线宽带、宽带无限的便利城市”和“资源全回收、垃圾零掩埋”等等，都将在这里一一展示，令你驻足流连。

唐子来表示：“城市最佳实践区的开放空间和街道设施不仅为游客提供便利、舒适和愉悦的活动环境，也将成为生态环保的创新设计领域。”确实，在“城市最佳实践区”建设、布展过程中，唐子来和他的团队思考的一个重要命题是：城市最佳实践区作为街区改造范例，将是长期的实践过程，要更多关注世博会以后的发展模式，使之成为上海城市发展的有机组成部分，显示出经济、社会和环境的持续效应。

世博工程建设华彩交汇

——记乐云与他的中国2010年上海世博会工程建设总体项目管理团队

·李　涵·

2010年1月1日，上海浦东，世博局行政中心4号楼208室。一间小小的办公室，一沓文件，一个笔记本电脑，还有一盒香烟已经所剩不多。

元旦，原本的法定假日。但作为世博工程建设总体项目管理总负责人，乐云教授在世博局为他安排的临时办公室里度过了新年第一天。乐云也就此踏进了服务世博的第四个年头。

乐　云

离开中国2010年上海世博会正式开幕只剩下最后四个月时间，世博筹备相关的一切工作都进入了最后冲刺，乐云和他的管理团队全体成员也比以往更加忙碌，因此即便是元旦，要说休息仍然是奢望。

不过，截至2009年底，整个世博园区已有9成建设项目完成了土建任务。一轴四馆永久性建筑中的中国馆、主题馆等，更是率先进入了全面布展。因此，在外人眼里，此刻的乐云团队较之往常更加忙忙碌碌，但在乐云的内心，却体会到了担任这一重要职责至今从未有过的轻松。紧急事务应对、处理之余，他有机会对几年来的工作作些系统的回顾和梳理，在此基础上，还应邀为经济与管理学院师生、全校世博志愿者、马克思主义学院师生等作报告，介绍和阐释世博会园区建设的理念及最新进展，穿插讲述一些园区建设“幕后故事”，令听者犹如身临其境、如痴如醉。

“世博会是中国向世界的又一次精彩亮相。其中，世博会园区工程建设的成功实施，是此次盛会背后壮丽的分乐章，是全体世博建设者为本届世博会开幕献上的一份厚重礼物。”“作为同济人，我们为能够参与其中感到无比自豪。”这样的表述，让人清晰感受到了他心中蕴藏着的豪迈。说到专业，他更有些“谈笑间，樯橹灰飞烟灭”的随意与镇定。

确实，对于世博建设这样的大工程，只有亲身经历了，方能体会个中甘苦；只有身在其中，才知道经受了多少磨砺。当这些最后化成积累，都使他更加自信、从容……

世博村项目：乐云团队结缘世博的起点

乐云教授时常提起他的导师丁士昭教授。丁士昭教授从 20 世纪 80 年代留德归来后复兴同济大学工程管理学科，他做学问非常强调“四轮驱动。”“就像汽车的四个轮子一样，科研、教学、实践和交流要并驾齐驱，”乐云教授解释说，“同济大学的工程管理专业自开创以来就不是纸上谈兵的科学，闭门造车是造不出来的。”正因如此，从参与浦东开发的第一栋大楼开始，乐云就在导师的带领下不懈地参加项目管理实践。处在城市化进程中的中国几乎是个大工地，这也给了同济工程管理学科从业者以难得的机会。从上海地铁一号线、广州新白云国际机场、厦门国际会展中心、南宁国际会展中心到东盟国际商贸城，乐云教授、何清华教授、李永奎博士等丁教授带出的弟子们经历了各类大型实践工程项目的洗礼，早已脱离了人们惯常印象中“纸上谈兵的书呆子”的窠臼；近几年来，第二代接班人逐渐成长起来，他们继续带领新一代的硕士博士 30 余人，在济南高新技术开发区项目群、无锡高新技术开发区项目群、奔驰全国 Autohans 设施群体项目等等国内大型群体复杂项目中大显身手，努力探索中国工程管理的继承和发扬之路。

乐云教授团队在世博园区施工现场

2006 年底，世博村项目进入了乐云团队的视线。作为世博会场馆的重要配套工程，世博村是世博园区建设第一个启动的项目。

世博村项目包括五星级酒店、酒店式公寓、普通公寓、经济型酒店及办公中心、绿化设施等。作为酒店集中建筑群，其规模堪称世界之最，其涵盖的建筑类型、历史建筑拆迁与保护、9 所不同会所的安置等问题的复杂性更为突出。

上海市世博土地控股有限公司作为业主对项目管理进行招标。与同济团队同场竞标还有新加坡新工项目管理有限公司和上海市建工集团。

一个是参与苏州工业园区管理实践的“外来精英”，一个是有着海量实务经验的“本地大鳄”。竞争对手来头不小，但乐云率领的同济团队势在必得。在如何更好发挥同济的品牌优势，获得业主认可的问题上，乐云团队费尽苦心。他们分析，论实力和经验，大家不分上下，但竞争对手在业内知名度较高，特别是建工集团，先期已承担了世博土控公司委托的浦江镇世博家园拆迁配套项目。乐云与团队骨干何清华老师等一起商议，决定围绕同济团队的竞争优势，为业主开展工程项目管理系列研讨与培训。在培训过程中，通过业已取得的项目管理经验和科学理论的结合，向世博土地控股有限公司即业主方进行高层次的项目管理培训，共同探索如何进一步提升业主方建设管理水平，同时也借以宣传同济团队在项目管理方面的成熟度和可信度。

培训历时一个月，培训内容包括业主方工程项目的管理特点、基本技能、实施的组织规划、设计过程的管理与控制、合同结构设计、投资控制与造价、进度与施工等各个方面。这些分门别类的培训课题，实用性强，契合业主方对世博建设项目管理各方面的思考，获得了业主高度认可。

一系列的研讨和培训成了“同济”日后胜出的重要筹码。当中标结果公布，“同济”团队榜上有名时，其他参与投标团体表示“对业主的选择惊讶极了”，因为他们不相信“教授能把实务做好”。而令他们更为惊讶的还在后面：因为科学化、专业化的创新管理，世博村项目被评为“市文明工地”、“节约型工地”样板工程、风险管理试点工程和“综合创优双观摩工程”，并获建设部全国质量监督大检查上海地区第一名。事实胜于雄辩。建工集团的高级工程师在乐云教授面前竖起了大拇指——“服！”“做乙方是我们行，要做强甲方，看来是你们更胜一筹。”

如愿以偿：担起世博工程总体项目管理重任

世博村项目上的成功扩大了同济人在世博园区的影响和声誉。乐云的博士生团队成员佘志鹏，由于在世博村项目中表现优秀，被借调到世博工程建设指挥部办公室帮助开展工作。这一切让团队成员备受鼓舞，也为团队后面参与总体项目管理带来契机。

在负责世博村项目管理过程中，乐云和他的团队已经感受到，像世博园区建设这样大型群体复杂项目，单纯从划分片区来分别委托项目管理公司将很难满足工程建设的需求。为此，2007 年 10 月 18 日，他们向世博会工程建设指挥部提交了《引入总体项目管理咨询单位的建议》，建议将项目管理委托分为两层，除了片区实务项目管理以外，专门集中委托一个专业化项目管理团队对世博会所有项目的整体管理进行支持，从宏观层面支撑指挥部办公室管理工作，通过第三方视角对工程实施过程中的重大问题进行分析思考，提供决策支持。

这一思路与指挥部的想法不谋而合。此时，指挥部办公室正在筹划编制项目建设大纲，需要合适的人选来当此重任。指挥部有关领导找到佘志鹏，佘志鹏当即表示："这项任务光靠我一个人不行，我把我的导师请来！"已经对同济管理团队有所了解的建工集团世博家园负责人此时也已被借调到指挥部，他也向领导证明了同济管理团队在世博村项目中的出色表现。

一切看似琴瑟和鸣，但指挥部内部却有不同意见。有人提出，尽管世博村项目中的同济团队管理工作出色，但世博村项目跟整个世博工程建设项目规模相比毕竟是小巫见大巫，世博村项目上驾轻就熟的乐云团队能否在世博总工程建设中发挥同样的作用不得而知。再加上乐云团队出身高校，"教授团队"能否习惯市场化的运作和规则也令人担忧。

这层疑虑乐云团队不是没考虑到，而他们也不是孤军奋战。

早在 2002 年上海申博成功之后 13 天，同济大学上海世博会研究中心便宣告成立，此后一直致力于发挥我校综合性学科优势和特色，组织研究队伍，调动全校力量，全面参与上海世博会筹备建设相关工作，以富有创见性的研究为上海市有关决策提供科学依据。学校凝聚学科优势承担了世博诸多项目，如担任世博园区总规划师、世博交通研究总牵头单位之一、世博村总体规划单位、主题馆方案设计单位等等，都与世博研究中心的支持密不可分。

同济大学党委书记周家伦在世博园区看望乐云团队

同样，在乐云团队集中力量争取世博总体项目管理的过程中，学校和世博中心非常关注乐云团队的工作，在得知乐云团队承受的压力后，世博研究中心与学校党政主要领导沟通之后，以组织的名义给上海世博会事务协调局发去了《关于承接上海世博会总体项目管理任务的函》，郑重承诺同济大学将集中学科优势，全力支持以乐云教授为牵头人的工程管理团队；另一方面，学校领导专程到世博局，代表同济大学与世博局领导进行磋商与协调。有了百年名校的信誉保证，世博局领导吃了定心丸，学校的大力支持也让乐云团队信心倍增。

2008 年初，在乐云团队已经为世博指挥部办公室进行高层培训、参与编制管理文件等等介入实质性工作半年后，世博工程指挥部办公室正式委托同济大学乐云团队作为上海世博会工程建设的总体项目管理单位。从此，在项目实施全过程中，乐云团队将参与指挥部各项管理工作，研究和分析世博会建设过程中的各项管理问题，为最高决策和指挥提供咨询建议。

艰难起步：以实际管理效果树立威信

项目管理团队在研究讨论世博工程建设指挥部总进度计划

“总体项目管理”的职责，概括说就是要“对整个项目实施的总体部署提供支持，对整个指挥部办公室的组织建设、制度建设提供支持、对指挥部的信息化和信息平台建设提供支持。”是一项“高层次、综合性、系统性的应用型实践管理研究与服务”任务。乐云对此另外有一个形象的比喻，如果把上海世博会工程的管理体系用金字塔来表示，位于塔尖的是工程建设指挥部，接下来是总体项目管理，实务项目管理部在总体项目管理之下，专业咨询、设计、监理、造价公司位于实务项目管理之下，最后一层分别是总承包商、分包商和供货商等等。乐云团队负责整个总体项目管理和实务项目管理中的一部分，对上向工程指挥部负责，对下要管理项目有关的参建方。

实际上，在 2008 年初正式签订合同之前，乐云团队就接受指挥部邀请，从 2007 年底开始实质介入世博会总体项目管理有关工作。对于此前的世博项目管理工作现状，指挥部办公室有关同志在一些场合曾经有过描述：“用一个字形容就是‘乱’，用两个字形容就是‘太乱’。”因此，总体项目管理的工作就从协助指挥部办公室理顺管理组织入手。20多人的团队挤在一间不足20平方米的小办公室里，围坐在一张会议长桌旁，从研究现有的组织框架到管理难点，就这样开始一步一步接近总体项目管理这个巨量。

俗话说“万事开头难”，任何团队协作都有一个“磨合期”，总体项目管理团队与指挥部办公室各处室之间的配合同样不例外。不等指挥部各单位找上门来，乐云团队开始主动出击，把团队成员分别派向工程处、技术处、综合处、材料设备处、安全质量处、协调处等各个部门处室。“直接参与各处室日常工作，才能够真正起到支撑作用”佘志鹏这样描述工作的起步。“我们在具体工作中发现问题，及时汇总和沟通。每天中午开小会，大家各自汇报自己部门的工作情况。”正是这样的工作起步，拉近了总体项目管理与实际工作情况的距离，事后证明，这样的组织安排让总体项目管理团队在大量数据与信息随时汇总的支撑下，非常清楚工程每个处室、每一步工作的进展情况，同时与整个指挥部融为一体。

乐云及其团队深入工地，了解项目进程，24小时不间断发现和跟踪问题。这一阶段的诸多问题，真可谓千头万绪：工程进度不能达到要求，时间严重滞后；指令和沟通不顺畅，部门之间的合作磕磕碰碰；任务分工和工作流程仍不明确，再加上其他方方面面的矛盾所导致的不快，乐云团队认识到目前亟需加紧编制《项目建设大纲》，让一切有章可循。这一思路立即获得指挥部认可，原来指挥部领导正有此意。

编制小组很快组建了起来，由团队中素有“才子”之称的李永奎老师担任总编辑。李博士提出，项目建设大纲绝不仅仅是项目总进度计划，应涵盖项目建设组织和管理的方方面面。首先要对项目对象进行梳理，比如工程项目分为场馆类项目和市政类项目，前者又分为永久性项目和非永久性项目。除此之外，还有因投资主体不同产生的对象差别，如轨道交通、过江隧道这些大型市政项目必须一起纳入到工程管理日程中去，但对它们的管理又和其他世博会本身的工程建筑不一样。其次，项目大纲也要对现有的组织框架进行梳理，明确各个处室的职能、职责；再次还包括对工程进度的梳理和安排，确定每一步的时间节点；另外要建立起一套关于规划、设计、合同签订的标准工作流程，提高工作效率。这看似复杂而又循序渐进的思路更贴合复杂的世博项目的管理需要。

没有任何现成的文件可以借鉴，从体例到内容完全没有先例。为了完成这个艰巨的任务，团队成员可谓是殚精竭虑，废寝忘食。为了掌握更多的数据，很多团队成员如马亮博士干脆住在工地，24 小时待命。大家十几个人围坐在一起，整整两个星期通宵达旦地工作，终于把大纲的框架给搭起来了。过程虽然艰辛，但是当一项项制度建立起来，一项项工作流程经过无数次修改最终确立下来，团队成员的快乐难以言表。

由于内容不断细化，大纲篇幅越编越多，当初稿交到世博局工程部部长、世博工程指挥部办公室副主任席群峰手里时，已经是八开纸 500 多页，洋洋洒洒几十万字。“退回去重写，你可不能把世博建设大纲当成写教科书！”席部长对乐云说——又一盆冷水浇到团队每一名成员头上。

是啊，建设大纲不是教科书，现场急需的是具有可操作性、可实施性的，能够切实指导指挥部各项管理工作的纲领性文件。编制小组重整旗鼓、抖擞精神，重新投入大纲的修订工作。300 页—100 页—50 页！精炼再精炼！从 2007 年 12 月 25 日大纲初稿出炉到 2008 年 3 月第一稿正式颁布，最终展现在大家面前的建设大纲只有 30 多页，内容却涵盖工程建设管理的方方面面：项目分解结构及编码方案；工程建设管理组织结构；总进度纲要与控制；规划设计管理；投资控制与合同管理；设备材料采购；安全、质量管理；参展协调；信息与沟通管理；项目文化建设。通过半年时间的不断修订，终于使建设大纲成为推进项目实施的最高指导性文件，保证了其权威性和严密性。

宏观上建设大纲起到了引领作用，微观上各个具体工作仍需要详细的规章制度来指导。乐云又带领团队编制了一系列工作手册，对建设大纲中的纲领性、概括性的描述进行了细化，对具体工作进行了统筹安排。共制定了规划设计管理、投资与合同管理、材料设备采购管理、安全质量管理等九类工作制度，同时配合工作手册的制定下发了一系列日常工作管理办法，共计 42 项详细制度、43 项管理流程、工作表格格式，与建设大纲一起被称为“一纲九册”。

平地起高楼。“一纲九册”的颁布，为指挥部工作支撑起科学管理的大厦，成为乐云团队进驻指挥部以来打的“一场漂亮仗”。原来模糊不清的工作职责、工作流程得以清晰化，并且日常化，很多部门的工作人员由一开始靠经验拍脑袋到后来慢慢适应翻阅大纲，寻找依据，时隔半年，“一纲九册”已经成了每个工作人员案头必备，极大地提高了工作和沟通的效率。不少人开始改变最初对总体项目管理团队的偏见，也有更多的部门工作人员愿意主动把问题带来请团队成员来共同解决。看到指挥部办公室工作日益走向正轨，各部门之间配合日益默契，特别是看到“一轴四馆”永久性工程和上百个临时展馆及配套服务设施、建筑拔地而起，团队成员的心里面洋溢着自豪感和成就感。

此后，团队成员马亮博士也因工作出色，继余志鹏之后第二个被借调进世博局。

科研为支撑：任何实际问题终有解决之道

本届世博会参展国家最多、规模最大，具有大型群体项目的典型复杂性特点，而且没有任何现有的理论模式或者发达国家前期经验可以借鉴，工程建设面临前所未有的挑战。进度目标、群体项目构成、组织与管理效率如同“三座大山”压顶。“与奥运会相比，世博会最大的困难不在技术上，而在管理上。”乐云说。

乐云教授为参展方培训

做工程管理，不断变化的情况中面对和解决未知的新状况，每个阶段都会遇到棘手的问题，也在解决中体验各种艰辛，难的是将一个又一个的难题化为无形；大家看到的只是问题的圆满解决，而这其中的辗转曲折，也许只有当事者才能体会。

乐云说，自从2007年正式签约总体项目管理以来，他最重视每年两次的年中和年终总结大会。作为总体项目管理经理，他要发言，内容是当年工程管理的面对的问题和解决之道。因为涉及具体问题说得不好会引起相关部门误会，而言之无物又是浪费时间，又要提出相关对策让大家心服口服，这件技术含量颇高的事情让乐云费尽了脑筋。

2007年年终总结大会，时逢乐云团队刚进入总体项目管理工程不到半年，面对工期跟不上、管理沟通不顺畅的工作环境，乐云提出指挥部最大的任务就是“抓两头”，即抓计划和抓组织。当时离世博开幕还有1 000多天，乐云用时间“倒排法”勾画了一张图，如果2010年5月世博会开幕，那么道路人行道、公交枢纽站、综合广场、绿化配套等室外设施必须在2010年3月完成，永久场馆、租赁馆和联合馆必须在2009年年底前完成；2008年6月1日各地块公建配套必须开工。时间节点需要由人来推进，组织结构的优化对推进进度至关重要。这个分析拨云见日，给指挥部接下来的工作提供了清晰的思路。

2008年年中，乐云提出“第三只眼睛看问题”，从“抓两头”的基础上提出项目管理的“三维视角”，即项目视角、组织视角和进度视角。复杂项目必须进行分解，理清彼此之间制约关系；组织结构优化，用科学化管理构建起千军万马之间的协调关系；对不同项目之间不同的工程量进行排序，进行不同层次的进度控制。其中，乐云在会上特别强调，“项目对象和进度视角都是刚性的，没有改变的余地；只有组织是柔性的，是可以通过优化来进行调整的”，在此期间，“一纲九册”的编制，就是对组织结构优化进行的重要措施。

彭勇博士是乐云团队中负责软件开发和系统设计的骨干，早年师从丁教授时便负责长江口深水航道综合治理项目管理信息系统的研发，这次负责主攻“世博会建设项目信息沟通与控制管理系统”。经过反复测试，该系统逐步成型并完善，为指挥部办公室提供了一个信息化平台，与世博局组织研发的其他信息系统共同作用，依彭勇的比喻，它“就像镶牙齿一样”，“把已有软件系统的不足填补上去，所有的管理文件、合同、项目建议书、可行性研究报告都在这个平台上共享。”据了解，这个平台实现了投资与合同数据的集成，可以提供24小时不间断的信息服务，并且做到“两个分”：投资数据准确到分，时间准确到以分钟计。

每一次报告，无论年中还是年终，乐云不仅能抓住当时建设问题的主要矛盾，更能够“咬定青山”，直击问题要害提出科学规范的管理对策，每一次提出对策又是对原有的管理理念的创新。这让很多项目领导改变了最初“做工程，乱点是正常的”的想法，逐渐认可了乐云的“标准化、规范化、制度化就是科学化”的观念。

转眼时间溜到了2008年底，世博建设即将进入世博开幕前的“冲刺年”。临近年会的一段时间，总体项目管理团队似乎行为有些“神秘”。指挥部来来往往的工作人员发现，每当中午吃饭空闲和下班之后，乐云团队关起门来径自做些什么，仿佛听到屋内叮叮当当乐器和咿咿呀呀的歌声，可是他们到底在做什么呢？

谜底在指挥部年终会议上得以揭晓。当指挥部办公室副主任席群峰在一年一度的2009年工作报告结束之后，在即将吃集体年夜饭之前，突然乐声大作，轻快的舞点立刻将会场的气氛推向节日的欢腾。大型情景剧《海宝游园记》、《斧头棒舞》还有《青花瓷》，创意十足的表演妙趣横生，在场响起一阵阵笑声和掌声。苦苦工作了一年的人们终于有了难得的放松和欢乐。原来，总体项目管理团队之前忙活的，正是给世博建设者准备的一场自编自演的文艺演出，极大振奋了建设者的精神面貌，鼓舞了大家继续团结战斗的士气。

大家非常关心那个装扮成活泼可爱的海宝的人是谁啊？最后谜底终于被揭开——原来是平日里一贯严肃认真的罗晟博士啊！没想到原来做起工作来个个严肃专业、精明能干的团队成员还有这样活泼朝气、创意十足的一面，指挥部领导颇有兴致地问乐云："你们到底是什么专业出身的?""艺术科班啊!"乐云一本正经地回答。大家为此乐作一团。

歌舞罢后，一个红丝带扎裹的工地用的手推车上载着厚厚一堆书被何清华推到舞台中心。出乎所有人的意料，项目管理团队用心地记录下两年来世博建设所涉及的原始文档，把它们分门别类地整理并装订，厚厚 25 本，多达几百万字，如同一部"无声的纪录片"，留下了世博建设最宝贵的经验。收到这样一份满载着总体项目管理团队成员心血与热情的特殊"大礼"，指挥部领导深为感动，立刻到台上去，感谢同济团队为世博建设所做的出色工作。

管理实践与学科建设相得益彰

能够介入世博会这样大型群体复杂型项目的总体项目管理，身在上海、身在同济的乐云团队可谓幸运。然而，同样幸运的应该还有中国工程管理学科，既能被端在世博会这样的国际平台上，与各国工程界做紧密的交流沟通；又有以研究见长的乐云团队，能够从大量的世博实务工作中抽身而出，把宝贵的经验沉淀成一系列科研成果，把中国的工程管理学科科研推向国际舞台。

同济大学是一个有着悠久的实践传统的工科院校，服务于建设领域的工程管理专业在全国也是名声响亮。地处上海这个中国经济发展的中心城市，参与大量实务项目，乐云深知理论与实践结合的必要性。在参与世博总体项目管理的过程中，他不断强调这两方面的重要性，并鼓励自己的博士生、硕士生以参与的世博建设项目为论文题目。"世博项目百年难遇，我们一定要抓住这个机会，沉淀出有价值的科学成果。"乐云说。

几乎与入驻世博局同时，总体项目管理团队在 2006 年就开始承担科技部、上海市科委、上海市建交委及世博工程建设指挥部委托的多项世博专项课题，在大型群体复杂项目系统性控制关键技术、世博会工程投资控制与合同信息集成化管理系统、世博会自建馆建设项目管理模式、世博会工程建设 VIK 材料设备管理模式等研究方面都取得了可喜的成果。2009 年 9 月，"大型群体复杂项目系统性控制关键技术研究"课题通过了上海市科委专家的评审，专家一致认为："研究成果丰富和发展了大型复杂群体工程的项目管理理论，除服务于世博园区工程建设管理，也为国内外类似大型负责项目的工程管理提供了先进的理论和科学的方法。”

更为可贵的是，通过做世博项目，中国的工程管理终于和国际“接轨”。乐云告诉我们，做世博项目的最大体会是：工程管理必须要立足国际平台，但不能盲目照搬，必须用国际眼光来看自己，并形成鲜明的中国特色。

在他看来，工程技术没有国界，中国工程在技术上早已和国际接轨，本届世博会上包括环保材料、石材、玻璃的使用都是国际领先的；而在管理上，中国的工程管理一直以来和国际先进水平有差距。这种差距来源于两个方面，一是国外成熟的工程管理体系因为有国情和文化背景的差异不能直接“拿来”；二是在中国，长期以来体制下从事管理岗位的人员大多是“经验主义”，没有经历过管理方面专业培训。甚至误认为只有规划、设计等工作涉及高科技领域研究，而工程管理服务只是“低层次”、“低水平”，是“为了经商赚钱”。

在本届世博会工程项目管理实践中，放眼国际，立足国情，乐云团队做了很多管理理念和有效步骤的创新探索。他们改变了国际惯例中项目管理都是从 WBS 即工作任务分解开始的惯例，提出从 PBS 即项目对象分解起步来应对大型项目的复杂性特征，并且提出组织分解技术 OBS 的概念，将 PBS、WBS 和 OBS 作为复杂项目管理的三大基本分解体系。传统的组织工具如线性、职能、矩形结构都无法清晰反映世博管理组织，他们着眼于国情，提出了具有可操作性的组织策划技术。针对传统的项目管理信息系统 PMIS 投资数据和合同数据处于分离、非集成状态的情况，创新开发 C3A 投资控制与合同管理信息集成模型，经受了世博会海量数据的考验，获得政府审计部门好评。更为重要的是，乐云提出了五项关键技术，即项目对象分解技术、组织策划技术、进度系统化控制技术、投资与合同数据集成技术和标准化管理技术，这五项技术是世博管理的创举，也是管理学科的新尝试，在世博工程项目管理中得以成功实践。对于此，乐云自信地讲：“上海世博会结束之后，我们对于类似大型复杂群体项目的管理技术的梳理必将形成一批达到国际先进水平的研究成果，为类似的工程建设提供了良好的借鉴，也为我国工程管理学科的发展提供一个非常好的案例。”

在世博项目的历练下，何清华、李永奎两位团队干将分别中标 2009 年国家自然科学基金项目和青年科学基金项目。围绕世博工程建设的实际问题，团队成员在国内外学术期刊发表了 23 篇高质量的学术论文，已录用待发表论文 15 篇，并多次受邀在国内外重大工程建设管理研讨论坛中做主题报告。如博士马亮、蒋卫平在国际项目管理协会组织的2009全球项目管理大会上进行关于世博的专题演讲，获得了与会同行的高度评价。2010年3月11日，国际复杂项目管理中心与同济大学合作签约仪式在同济大学隆重举行，标志着同济工程管理团队正式加入国际复杂项目管理合作网络，成为全球合作伙伴。2010年4月16日，来自芬兰、法国、美国、英国、澳大利亚和中国等世界各地的百余位项目管理界专家、学者、企业家欢聚同济共同参加“2010年复杂项目管理国际论坛”，交流当今世界各国复杂项目管理学科前沿成果，展望工程管理专业未来发展。

最大收获：专业团队在奉献中成长

总体项目管理团队并不大，不到30人。管理层和员工是老、中、青三代结合，有承担过上海长江口深水航道综合治理等大型项目经验丰富的管理负责人，也有教学科研第一线的骨干教师，更多的是一批参加工作时间不长甚至还没毕业的博士、硕士。整个团队相当年轻，他们崇尚高效率的工作，也讲究有激情的生活，这个团队目前已成长为行业内最顶尖的工程管理团队之一。

由于团队成员规模不大，他们每个人必须专注于某些特别细致的工作。有的要做概预算、有的要做网络计划、有的要做施工管理、有的工作就是要递送文件，上传下达；这既要求有较高的理论水平、丰富的实践经验更要有甘于奉献、扎实刻苦的耐心和毅力。因为涉及诸多部门协同作战，大家合力做出决定却发现效果不好，重新来做的成本就大了，所以，对于这些初出校园的年轻人而言，他们必须迅速成长，精益求精、之前做好充分的准备工作。

佘志鹏谈到刚刚分到任务要做劳动竞赛的组织工作时，真是“一头雾水。”当时为了促进世博建设更高效的运行，全国总工会、上海市总工会决定在世博建设中开展全国示范性的建功立业劳动竞赛活动，每年颁发出几十个五一劳动奖章、奖状等先进集体和个人。从构想到实施所有的任务落在包括佘志鹏、马亮、许慧旋、张悦颖在内的6人小组肩上。“印象中，劳动竞赛似乎是父辈们年代才有的项目，”佘志鹏说，“接到任务后，在网上没日没夜查资料，研究组成劳动竞赛的各项要素，研究怎么开展。”200多家企事业单位在6个人的整体策划和安排下，开展了如火如荼的竞赛活动，从策划、跟进到每一步的攻坚大赛，劳动竞赛已顺利开展了3年。佘志鹏个人因此被评为“上海市重点实事工程立功竞赛优秀组织者”，当别人盛赞他的学习能力时，他笑谈：“这是逼出来的。”

同门师兄马亮也是世博园区的“明星”，各个部门的工作人员都熟悉这个来自甘

乐云教授指导学生

肃的满面春风的小伙子。他每天马不停蹄地跑园区、写报告、做课题、打电话、开例会，日日夜夜废寝忘食，却从来不把倦容带到脸上。白天，他是世博园区劳动竞赛的组织者，协助园区安全检查者和参观动态讲解员，晚上，他开展课题研究，认认真真撰写博士论文，周末，他24小时全天候值班，解决各种紧急突发事件，4年来他的生活如此，如同一只精确而专一的钟摆，围绕世博建设不停地左右摆动，直到有一天，当指挥部办公室邱书记告诉乐云，马亮验血报告中白细胞含量WBC只有3.3，因劳累过度终于累倒时，团队成员才知道他已经抱病工作好几个月了。

说起世博建设工作，所有参与其中的人都会用“白加黑”、“五加二”来形容——“白天加黑夜”、“五天工作日加两天周末”。贾立伟是08级硕士，见到这个笑靥如花的年轻女孩时，她正在笔记本电脑上奋笔疾书赶报告，因为和别人合用一张格子间办公桌，她必须以最大效率完成手上工作，为配合指挥部每天几十个协调会，她穿梭于园区各个办公室之间递送文件，她每天需要打100多个电话通知与会人员，拨出100多份会议通知传真，撰写并发出1 000多份会议纪要，她最大的愿望就是“拥有一张独立的办公桌”。

一张张可爱的笑脸，一个个疲惫却欢快的身影。高显义、施骞、臧曼丹……同济管理人在世博留下了太多令人难忘的印迹。当罗晟博士不得不因回校撰写博士论文而离开世博工地时，浦东AB片区项目部经理洪国斌以及其他领导都情不自禁地发出“可惜，可惜”的叹息。而当马亮博士因为出色的管理实践和科研能力获得国际顶级学府——斯坦福大学递来的继续博士深造的橄榄枝时，所有的同事都前来表示留恋和祝贺。

“没有什么梦想可以轻易实现，除了挥洒我们的汗水；没有什么梦想可以轻易实现，除了燃烧我们的智慧。”在内部刊物的发刊词上，乐云这样写道。挥洒汗水和燃烧智慧，在世博工地上的日日夜夜，年轻的团队在奉献中迅速成长。

让团队成员自豪的是，团队获得了2007年度上海市重点工程立功竞赛优秀集体、2008年度重大工程建设卓越管理杯；彭勇、罗晟荣获“2008年上海市重大工程立功竞赛记功”个人称号，佘志鹏荣获“2008年上海市重大工程实事立功竞赛优秀组织者”称号，高显义、马亮、吕永敏荣获“2008年世博会工程建设优秀建设者”荣誉称号……

团队成员们谈起乐云，言语也充满了敬意。在同事眼中，乐云稳重而不乏幽默、平易而不失威信、灵活而充满睿智，并用他的乐观、坚定影响着每一个团队成员。马亮博士说，乐老师更像一个教练，他总是那么气定神闲，又那么全神贯注。越是紧张时越是不紧不慢，更加风趣幽默，有他在时工作或会议总是轻松愉快的。编写大纲时，每一个字他都反复审查、斟酌，页眉上横线席位的位置差异他都不放过。批阅文件，他用铅笔，以便于反复修改。罗晟博士说，每次跟乐老师坐飞机，他从来不放弃这飞行的两三个小时，他总是打开笔记本，静静地修改PPT，准备会议材料，心无旁骛。他绝不会只发号施令而自己不干活，同时又大胆放手让学生们独立工作，对任何人说话都常用“请”、“谢谢”、“辛苦了”。张悦颖说：“我们亲近、敬重乐老师，不仅因为他的渊博，更因为他身上的人格魅力。有困难找乐老师，他总是给予耐心地帮助和指导。”

如今，世博会工程开始进入到全面冲刺阶段，更重的担子又交给了乐云团队。随着开幕的日益临近，团队参与了指挥部办公室承担的世博会运营期间设施保障准备工作，参与编制了世博运营设施管理及保障方案，并随着指挥部办公室工作重点向布展准备和运营设施上转变，协助进行前期准备。崭新的课题又一次在团队面前展开，由实施阶段的工程管理转向物业管理，前进的道路依然容不得半点松懈。

这个在“世博”光环照射下的专业团队，来不及喘息，已经开始下一个管理传奇。

同济世博设计师群像

——记同济大学建筑设计研究院世博会设计团队

·华开颜·

2010年5月1日，上海，全世界瞩目之地。有史以来参展单位最多、园区面积最大的一届盛会在浦江两岸绽放华彩。南浦大桥与卢浦大桥间，方圆5.28平方公里内，如繁星满布着姿态各异的建筑群，这届世博会的规模与风采令人叹为观止。围栏区内设置了A、B、C、D、E五大片区，林林总总排布着总建筑面积约200多万平方米的建筑群，规划展馆面积达到了85万平方米。

历届世博会的各种展馆，无论在展示内容还是建筑造型上，都引领建筑思潮和技术，展馆本身就是一件件展品。而历史上的上海曾被喻作万国建筑博览会，2010年上海世博会将是继2000年汉诺威世博会后的又一个当代世界建筑的试验场。

美仑美奂的展馆集中了各国建筑师思想的精华。建筑背后的设计师们更是另一道幕后的风景，同济设计院的设计师们在这场建筑设计界的饕餮盛宴中，拿到了总建筑面积约73万平方米的设计量，涵盖约100多个单体建筑。在世博的历史上，同济设计师们为上海留下了"同济设计"的光辉一笔……

同济设计璀璨迎世博

世博会区域总体包括浦东片区由东至西A、B、C片区以及浦西D、E共五大片区。著名的一轴四馆之中国馆位于A片区内，区域内还设置了除东南亚以外的几个亚洲国家馆；B片区内设有包括一轴四馆中除中国馆外的其他三大建筑（主题馆、世博中心、文化中心）、大洋洲国家馆和国际组织馆；C片区内有欧洲、美洲、非洲国家馆、国际组织馆、租赁馆及联合馆，同时还设有一个10公顷面积的大型后滩游乐场；D片区内设置部分企业馆、世博会博物馆、综艺大厅和城市足迹馆；E片区内有企业馆和城市最佳实践区。这些展馆分别以国家自建馆、租赁馆和免费向发展中国家提供的联合馆的三大模式向世人敞开着怀抱。

在这第一次与世博亲密接触的设计之旅中，同济院承担设计了位于B片区内一轴四馆之永久建筑之一的主题馆；A片区港澳台馆中的澳门馆；C片区内的6个联合馆、9个外国国家自建馆、29个租赁馆，后滩游乐场以及餐厅、购物、安保援助等配套服务设施；D、E片区总控以及位于这两个片区内的城市足迹馆、博物馆、综艺大厅、日本产业馆及管理用房、餐厅、购物安保援助等和城市最佳实践区总控，还有城市最佳实践区内的大部分单体建筑、南部的城市未来探索馆、中部的4组展馆、北部模拟街区中的伦敦、马德里、阿尔萨斯、奥登赛、澳门、罗阿六个案例等项目；同时还承担包括围栏区外的世博国际村总控和世博国际村B地块的设计工作。

世博总动员

丁洁民

同济设计院所有人都知道丁洁民教授的工作时间是以分钟来计算的，随着近年来同济院的高速发展，要率领规模庞大的近2 000人的这艘设计航母在业内搏击，他的努力可想而知。这位博导院长在高速运转的同时，还带着十几位博士和硕士研究生，却依然保持着旺盛的精力和专注踏实的工作作风，由他率领的这支设计团队一直以一种低调稳健的学院风格探索着一条适合自身发展的道路，原创精神在这支创作大军中被极为推崇，丁洁民院长认为正是秉承这一原则，才是同济院近年来业务量快速增长的动力。

面对世博会这一重大发展机遇，丁洁民院长动员组织全院四个所的设计师们踊跃投标，先后中得世博会多项重大项目的设计权。在与世博局各部门通力合作下，同济设计院的上下领导和设计师们齐心协力，克服时间紧、变数多、任务重的困难，为世博会交上了一份满意的答卷。

缘起世博村

世博村是本届世博会在世博园区围栏外，为各参展国家和国际组织工作人员提供的生活场所，世博局为此组织了一次国际方案招标。同济设计院参与了这次世博村项目的设计投标。

在对该地块做了大量分析工作的基础上，四所副所长赵颖率领设计团队，与德国HPP事务所合作携手，一举在竞赛中拔得头筹。她是一位雷厉风行做事干练的女建筑师，虽然年轻，但已属设计院元老级骨干。这次竞赛对做住宅设计已堪称专家的赵颖来说，是一次大显身手的机会。

当世博村项目进入实施阶段时，副总建筑师周建峰又加入了世博村项目的设计队伍，他和赵颖带领设计团队深入研究了世博村建筑的天际线和视线通廊等滨水建筑的问题，对世博村B地块项目的规划作了进一步优化，使建筑的天际线层次更加分明，滨水视线更为通透。

世博村项目总体规划明确后，55万平方米的建筑群设计任务分别由同济大学建筑设计研究院、北京市建筑设计研究院和上海现代建筑设计（集团）有限公司等设计单位承担。作为总体规划中标单位，同济院承担了世博村项目总体协调（简称总控）和B地块项目的设计工作。周建峰扮演了总控的角色，全身心投入到总控的工作中，在一所建筑师史岚岚的协助下，开始对世博村总体及其上述5家设计单位所承担的各地块设计项目进行了总体协调。面对数不清的会议，大家都笑侃世博会，就是大家一起来开会。

在周建峰忙于总控工作后，

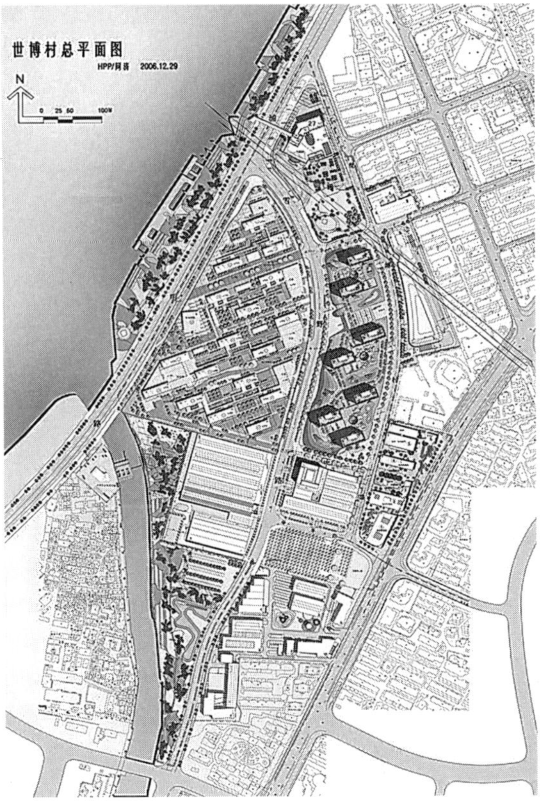

世博村规划图

世博村

赵颖肩上的担子更重了。平时说话柔和温婉的她身负如此重任，却不慌不忙，淡然若定。她带领世博村B地块项目设计团队艰辛地工作，为了让这里成为参展国家和国际组织工作人员一个共同的“家”，她和设计团队深入后续设计和现场配合工作。在同济世博村设计团队经历两年磨砺的光阴后，终于等到了世博村的诞生。如今，这片四向视线均通透的建筑群已矗立浦江岸边，成为江边又一道旖旎的风光。

主题馆：打造永久经典

在同济设计的世博会诸多项目中，有一座建筑已逐渐为世人所熟悉，那个巨型的方盒子用平和的身姿等待着世人的访问。她就是作为一轴四馆中永久建筑场馆的主题馆，正矗立在浦东B片区内，散发出熠熠的光彩。如果说同济院创作的众多建筑如同一组交响华章，那么这个建筑应该是乐曲的高潮，凝聚着设计师满腔的热情和心血。

方盒子的主要设计师是目前同济设计院的副院长曾群。熟悉曾群的人，都对他的自信和才华印象深刻。管理者的身份与设计师的角色丝毫没有矛盾，并不影响他造就经典。钓鱼台芳菲苑、中国银联上海信息处理中心、同济联合广场……十多年大院的设计生涯，他参与完成的主要作品接近20项，获奖无数，在事业的巅峰状态，生命中的又一个高潮不期而至。作为上海世博会主题馆的项目负责人，这也许是他多年来努力的一次集中展示的机会。主题馆就是这样一个自然的成果。

磅礴大气的主题馆，从方案图纸一跃成为眼前真实的巨型方盒建筑，两年过去了，它的大跨度空间、超大规模的太阳能屋顶以及垂直绿化等技术不断挑战人们的视觉感受。这个看似如“水立方”般的方盒建筑，是经过精心推敲后达到功能与经济最佳结合点的产物。

主题馆夜景

曾群认为这也是他建筑设计生涯中最耗心神的一次经历。但他提到最多的却是他的感动。他说，“甲方乙方为了同一个目的，不计得失，为了做一个精品，大家毫无怨尤。”这样的事只会发生在世博会的过程中。

短短两年间，从设计到施工，完成如此复杂、高难度的超大型钢结构公建项目，对同济院乃至业主、施工各方而言都是一个突破和超越自我的过程。

设计团队还设计验证出一套新型的双索＋V形撑杆与钢桁架组成大跨度预应力钢结构体系，每根拉索设计承载500多吨的张力，分成四组同时张拉，而在沿口悬挑18米的屋檐下，结构设计师破天荒地设计出高20米的“人”字形钢柱支撑住了超大型的屋檐，这些原本出于结构考虑才添加出的“人”字柱起先让建筑师们心中惴惴不安，经过不断推敲，最后展现在大众面前的锥形“人”字柱矗立在屋檐下的效果出奇理想，“人”字柱非但没有破坏立面，反而为庞大的建筑体型增加了轻灵飞升之感。正如结构设计师何志军认为的那样，建筑与结构设计最后融为一体，才是结构工程师努力的方向。

主题馆太阳能屋顶

整个设计团队的付出更是主题馆从图纸成长为现实的基石。

2009年9月28日，这个中国具有独立知识产权的主题馆终于在所有世博馆中第一个竣工，静静地矗立在世博园，等待着2010年5月的那天向世人展露她雍容的微笑。

一样的土地　不一样的建筑

如何让“城市让生活更美好”的主题得以深刻体现，设计师们动足了脑筋。

同济设计院“原作工作室”、一所和四所的设计师们分别担任了E片区中城市最佳实践区南部未来馆、中部4组联合展馆项目和北部模拟街区的伦敦、马德里、阿尔萨斯、奥登赛、澳门、罗阿等6个案例的设计配合工作。

在E片区内，有一片独特的展区。它汇集了全球50个优秀城市案例，马德里、罗阿、麦加、伦敦、澳门等诸多不同文化背景及技术特质的城市展馆，在同一块土地上，用不一样的建筑和参观者对话，这是世博会有史以来一大创举。这里将让观者同时置身于世界斑斓的文化中，却又能感受到其中统一的核心价值——美好与快乐。

四所的设计师们负责位于世博会E片区的城市最佳实践区的总体设计，四所副所长赵颖亲自担任实践区北部地块实物案例的项目负责人，该案例是上海世博会的创新项目，以城市为参展主体，充分展现“城市让生活更美好”的主题。设计团队为此投入了巨大热忱迎接挑战。澳门、罗阿、麦加案例，设计师们在一小块土地上设计出一个个精巧的建筑，不但代表着参展国的文化，更传递出节能环保的绿色生活理念。

同济原作的主创建筑师章明教授承担了实践区南部的未来馆的改建与设计。未来馆位于城市最佳实践区的南部，其改造设计的主体为1985年建成的南市发电厂主厂房、烟囱和东侧与之相连的输煤栈桥。主厂房建筑总高度约50米，占地面积约9 150平方米，改造前主厂房建筑面积约23 470平方米。厂房那最具特色的165米钢筋混凝土烟囱的设计方案历尽周折，尽管经历了“和谐塔”创意最终未能实施的遗憾，章教授依然毫无怨尤，为了未来馆的设计尽心尽职。如今，高耸的旧烟囱已化身为堪称世界上最大的温度计，以不同的颜色预报气温，成为这里又一道新奇的景致。

改造后的主厂房总建筑面积达到31 088平方米，将成为世博会五大主题展馆之一，包括“城市未来探索馆”、能源中心以及以非物质的形式展示城市实践案例的城市最佳实践区案例报告厅。这里也将成为一个展示新能源、新技术、新理念的平台，并将力争成为国内第一栋由老厂房改造而成的绿色建筑。一所建筑师康月是未来馆的施工配合设计师，她勤勉负责地承担着设计落实的工作，不放过每一个细节。老厂房在建筑师们殚精竭虑的构思中，陈旧的工业设备在二次装修后，与各种绿色技术巧妙融合、相映成趣，焕发出了别样生命力。这里还有一个地下新能源中心，位于主厂房南侧全球城市广场地下，建成后的能源中心可以通过多项能源、生态建筑技术的引入为浦西世博园城市最佳实践区和部分企业自建馆以及商业配套设施提供空调冷热源。

C片区的老厂房

浦东园区从东向西被分为ABC三大片区，在确定的世博规划中，C片区被安排欧洲、美洲以及非洲的外国参展国的展览馆以及相应的配套设施。同济院此次在上海世博会园区C片区场馆及配套设施设计上承担了包括非洲国家、欧洲一馆、欧洲二馆、中南美洲馆、加共体馆、9个外国国家自建馆（英国、法国、瑞士、加拿大、丹麦、西班牙、荷兰、拉脱维亚、卢森堡）、德中同行之家、29 个租赁馆、1 个后滩游乐场、园区餐厅、援购安等配套设施。

2006 年，同济院着手参与世博会浦东临时场馆和配套设施的研究，同济院二所副所长陈剑秋带领他的设计团队开始了对浦东世博园区 C 片区的设计研究工作。

对于浦江沿岸的这一片陈旧厂区的改造和利用问题，同济大学建筑系著名建筑学家莫天伟教授早就展开了一系列广泛的研究，他的研究成果已凝聚了其非凡的才智和激情。而陈剑秋设计团队要做的就是将这些方案深入细化下去，实现方案原来的意图。他因此特意去请教了莫教授。

从总体规划上看，C 片区的多座大型厂房，如电炉车间、转炉车间、厚板车间等，巨大的厂房如果经过改造，有可能成为浦东展区的西部主导建筑。陈剑秋对其中的那幢电炉车间的厂房印象十分深刻。他认为，电炉车间虽然是单层厂房，占地却有 3 万多平方米，主跨最高点有 46 米，钢结构保存完好，充满着工业建筑的力量和美感。同时，建筑正处在贯穿东西的浦东园区步行高架的规划中心线上，位置非常敏感重要。正是由于这个特殊的位置，他和设计团队更期待把它改造成为上海世博会令人难忘的一个建筑。可是，由于各种因素，电炉车间、转炉车间、厚板车间的一部分在决策中还是决定拆除了。但对陈剑秋而言，这一新旧建筑的碰撞过程带给了他更多的思考。

从 2007 年底开始，陈剑秋设计团队 50 余人全力以赴世博战场，光是 C 片区所有中方投资的单体建筑，就占所有国家展区中方配合设计量的 2/3。非洲馆、中南美洲、企业联合馆以及餐厅等配套设施的设计都在“造价不高品质高”的原则下，做到了一稿便定，极少返工。“这在大型综合性项目设计领域极为罕见。”业内专家如此评价。如今，这座上海最长的车间已化身成漂亮的“中南美洲联合馆”，笑迎八方宾客。

女建筑师们的世博梦想

在世博的设计舞台上，闪亮登场的还有一大批同济设计院的女建筑师们。她们活跃在各自的片区，以女性特有的敏锐与细腻感受世博，“实验”世博。她们更是世博建设舞台上一道靓丽的风景。

浦西 CE 片区：实验“先锋”建筑

一所建筑师顾英是位海归建筑师，自然被安排与外方设计师合作的外国国家自建馆和展馆的设计配合工作。她负责 C 片区的英国和卢森堡馆设计配合，同时负责

城市实践区中部B-3展馆

位于E片区的城市最佳实践区中部约3万多平方米的项目，共涵盖4组永久性展馆（B-1、B-2、B-3、B-3-2、B-4）和两处公共服务设施（C1、C2），其中，B-2、C1、B-3-2的3个建筑是意大利设计师的方案。

尽管与国外建筑师打交道没有语言障碍，但在中外合作中，顾英也被国外设计师的奇思异想所震撼。

那个全身装上7.5米长亚克力细管的英国馆，在光线中迎风拂动，像一颗毛茸茸的种子被放在一张包装纸般的平台上，是当前全球以创新闻名的著名英国建筑师汤马斯·海瑟尉的非凡之作。在大开眼界的同时，她也为让这些建筑满足中国的建筑规范而头疼。性格乐观豁达的她认为自己最大的心得就是好好过了一回“实验”建筑的瘾，“也许这些建筑就是一个建筑师的梦想，以后再难遇见了。”她说，遇到再难再烦的图纸修改，她都能乐呵呵地接受。

很多技术层面特别是施工图配合过程中难免会有很多磕碰，她认为，毕竟老外有一套自己的思路和解决问题的方法，一定要抱着不厌其烦的心态来看待技术配合的事情，手头项目再多再忙，自己的原则也一定要坚持到底，这确实是考验设计师耐心和职业精神的最佳机会。她开玩笑，做过世博会，至少心态已经修炼得“天高任鸟飞、海阔凭鱼跃”了。

浦西DE片区：谁言幕后艰

一所两位女建筑师史岚岚和胡茸分别担任了浦西DE片区的总控和D片区内城市足迹馆、博物馆和综艺大厅三大馆的设计工作。

总控这份工作也许是史岚岚职业生涯迄今为止最劳心劳力又并不讨好的幕后工作了。因为这份活只是设计到施工的中间环节，几乎没有直接工作成果，所有的结果都只体现在一个个大小会议和一份份联系名单中。她的角色已从纯粹的设计师转换成了半个甲方。为世博集团项目部协调管理设计进度才是她最重要的职责。她所管辖的范围包括浦西园区除城市最佳实践区外的所有地块，约1.2平方公里的场地，还有其中大小自建馆、联合馆和配套设施等约六十几个单体，覆盖十几个设计单位的总建筑面积约22万平方米单体的设计协调。

世博园的功能不亚于一个小城镇，诺大的项目中各个区块、各个展馆功能各异，要把所有需求记背一遍都要花上半天时间，更何况还有那些配套、广场、公园和出入口。要做好总控这份活，不但要求过硬的技术能力，更对史岚岚的沟通能力和心理素质提出了极大的挑战。以往做一个工程只要对付一个单位的业主，而现在20多家单位业主、包括自家在内的3家设计单位，每次协调会，都得事先在脑子里过一遍。每天，她都在各个协调会里用心记录下各类大小问题，晚上连睡觉脑子里都会不时冒出遗漏的问题。她早就养成做事以前把所有问题都考虑清楚的习惯，她甚至还帮业主想到那些连他们自己都想不到的问题。这一习惯至今让她自嘲为“好管闲事”，可正是这份好意，让这个并不被看好的浦西片区设计进度受到各方好评。因为她善于提早发现问题，许多不合理的设计在落地前就被提前消除了隐患。一心做事从不计较得失的她，并没有被人遗忘。她先后获得2008年上海市世博重大工程先进个人奖，2009年上海市建设功臣称号，2010年五一巾帼奖和上海市“三八”红旗手标兵等各项荣誉。

一所建筑师胡茸2008年6月刚休好产假回单位，正准备着手北京民生花园的项目，7月初即被通知负责D片区的世博会城市足迹馆、博物馆和综艺大厅的项目，而且被要求一周后即到世博局技术处进行方案汇报。短短4天修改期间，她迅速了解情况，理清世博局各领导和办事部门等错综复杂关系在她与同事充足的准备下，汇报工作顺利通过。而这还只是一个开始，接踵而至的是一轮又一轮无休止的汇报和修改工作。

设计之初，浦西DE片区存在大量老厂房基础资料不全的问题，特别是因涉及军舰制造的江南造船厂，因资料保密连业主也对此束手无策。老厂房图纸不能复印、拍照，对改造设计构成重大障碍。为了世博，她使出了浑身解数。作为项目负责人，她要制作的PPT绝对是最多的，与业主沟通的工作牵涉了大部分精力。但她还是冲破老厂房资料无法调阅、文明馆颠覆性修改、检测数据错误导致重大修改、造价超概算等一系列关卡，最终涉险过关，复杂的业主关系和很多其他不可测因素是世博会项目中最大的难题，而这些设计之外的事件令她发出由衷感叹，“这一年的历炼超越了以往3年的积累”。

众志成“博”

同济设计院女将们的敬业、专业和善于沟通的能力，使她们克服了时间短、任务紧、变化多等各种世博会设计项目存在的困难和压力，出色地完成了肩负的重任。

孙晔，这位默默无闻埋首于建筑成型之间各类问题的建筑专业负责人，她以丰富的实践经验，协调解决了数不清的技术问题，特别对于这样一个史无前例的巨型场馆，她踏实的工作作风和精良的专业能力为创意的最终完美实现构筑了重要的基础。同样，二所年近五十的建筑师王玉妹在 2007 年承担 C 片区约 70 来个单体的项目经理后，在之后足足两年里，她放弃了无数个休息天、节假日，超负荷运作，以致病倒好几次。她带领的设计团队却井然有序，保质保量完成了所有任务。之后，她还担任 C 片区各展馆及餐厅等配套设施布展审核的工作。近 70 幢单体，为了保证在她手中流过的图不出现大的问题，她一幢一幢仔细审核，每周去世博局例会，她的底气都很足。特别针对图纸中的消防、质量问题，她要求自己决不放过任何一个纰漏。

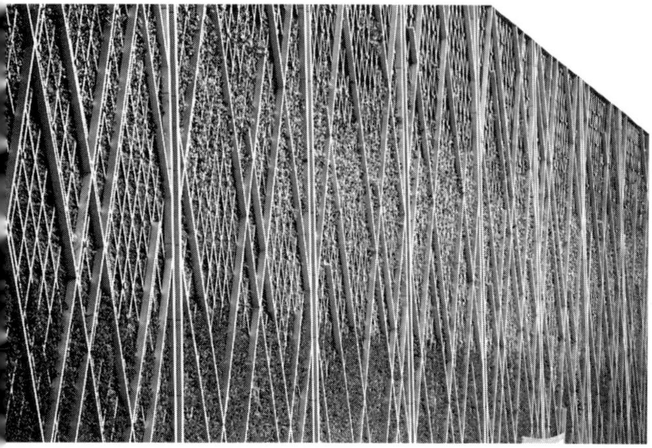

主题馆垂直绿化墙

文小琴，以女性建筑师的细腻与严密，对主题馆绿墙的造型、疏密、花草品种细细规划，花盆固定、抗风、养护问题一一解决，垂直绿化墙打开了亚洲最大一扇绿色之窗。

二所女博士孙倩参与加拿大馆的设计配合工作，两位年轻女建筑师汪启颖、章蓉妍挑起丹麦馆和法国馆的设计配合重担。被世博会主席预测有可能是历次国家馆中最漂亮的西班牙馆，由丁洁民院长亲自挂帅担纲难度最高的结构总负责角色，由二所两位优秀女建筑师张丽萍、司徒娅联合进行设计配合。由于成绩突出，二所设计团队荣获了 2009 年上海市“五一劳动奖状”。

9 个外国国家自建馆的另两个馆的设计配合依然是两位女将。一位是三所女建筑师陈泓，她负责瑞士馆的设计配合，另一位是四所的女建筑师肖艳文，她负责荷兰馆的设计配合工作。

历史是大众共同创造的，世博会的历史更是人类物质、精神文明进步的历史，在全球共同面临环境污染、资源可持续发展等重大问题的今天，被称为经济、科技、文化界的奥林匹克盛会的世博会，是一个富有特色的讲坛，它鼓励人类发挥创造性

远眺世博村

和主动参与性，它更鼓励人类把科学和情感结合起来，将各种有助于人类发展的新概念、新观点、新技术呈现在世人面前。

作为与世博会第一次亲密接触的同济建筑师们，为有幸参与这届上海世博会的建设而自豪激动。大家携手众志成城，共同为这场寻求人类更适宜居住环境，更高质量生活的新世纪梦想奉献出才华和心血，人类文明历史就是在勤劳智慧的大众手中被不断向前推动，相信走向新世纪的行列里，中国人正以她前所未有的发展速度和在世界政治经济国际事务中的影响和作用，令世人瞩目。和平与发展、互促与共进，不仅是13亿中国人民的理想和信念，也是全世界的永恒主题。

世博村雕塑

内部装饰一角

洞天自在平和中

——记中国2010年上海世博会主题馆总设计师曾群和他的伙伴们

·华开颜·

2009年9月28日，由同济大学建筑设计研究院曾群设计师团队设计的上海世博主题馆竣工。大屋檐、大绿化墙、高大的“人”字柱，还有那巨大的太阳能屋顶……这个方盒子般的建筑究竟凭什么征服了评委们的心，从众多优秀方案中脱颖而出？

主题馆主创设计师曾群给出了明确的答案，这是一个平和的建筑，其最大特点就是尊重地域和环境。

寻找经济与功能最佳结合点

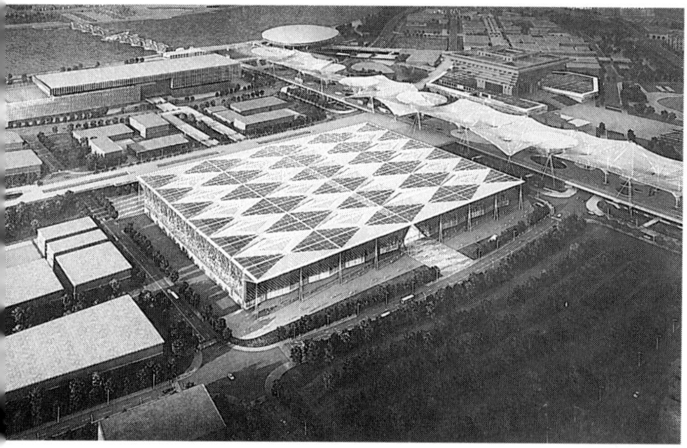

世博会一轴四馆鸟瞰效果图

主题馆是世博园区永久保存的建筑物“一轴四馆”之一，占地面积约11.5公顷，总建筑面积约15万平方米。那里将安排展出与“城市·生命”、“城市·星球”和“城市·人”相关的主题展览。

在面向全球公开征集设计方案时，同济大学建筑设计研究院丁洁民院长高度重视这次投标，任务落到曾群的肩上，要用什么样的方案赢得评委好评？递交怎样的方案去契合环境友好、可持续的科学发展观？

递交方案只有20多天时间，善打硬仗的曾群团队居然在两天内想出了20多种比选方案。投标前的第10天，曾群和同事们把先前设计的方案全盘推翻，深思熟虑后在剩余的10天里完成了所有图纸绘制和动画制作工作。这个看似如“水立方”般的方盒建筑，是经过精心推敲后达到功能与经济最佳结合点的产物。

对比琢磨了20多种方案后，曾群和他的团队最终从上海特有的“石库门”建筑群屋面所形成的城市肌理中汲取了灵感，这种典型的上海城市特有的场景充满人情味和沧桑感，这一城市屋面肌理恰合上海整座城市的文化，内敛、精致而自律的特质，正如他在自己的“开明建筑”一文提到的，“希望这种来自情感和记忆内心的感受赋予建筑本身更多意义和内涵”。三角形、老虎窗、石库门山墙这一浓缩的最具上海地方特色的符号被巧妙地融入整座建筑的设计语言中，在“第五立面”——屋面体现得更为淋漓尽致。三角形与太阳能板形式的完美结合形成了极富情趣的老城厢屋顶效果，而其反映的又是真正的科技与环保内涵，外在缘于功能，又因上海建筑特有的语汇传达出本届世博会的“城市”和“生活”主题，与主题馆的精神气质相得益彰。

曾群始终坚信地域化的建筑才具有长久的生命力。他是一个自信而坚持的建筑师。他总试图在设计中找到更切合项目条件的解答方案，平和地对待环境，找到想法和实际之间最佳平衡点是他一直秉承的设计思路。没有令人眩目的曲面，也没有刻意渲染的高技术，主题馆方案呈现出的是平和、尊重周围环境的意象。

“方盒子”一举中标。

突破形式　精打细算

形式上的“突破”是曾群和他的设计团队始终不渝的追求。在对288米长的南北立面处理中，他和同事们反复研究论证后，最后决定采用化整为零的设计手法，采用一种英国进口的英钢板，作为玻璃幕墙外墙的装饰材料。经过多道复杂的压花蚀刻程序处理后的模数为1米×2米的英钢板，再在上面镂空边长从大小1米到20厘米不等的正方形孔洞，拼接后的英钢板整体外墙从下到上随着光线透过孔洞显现出一种生动的韵律感。

曾　群

这种英钢板至今没有大面积使用过，因为稳定性不如铝板，容易变形。经过各方论证研究，又经过精心处理后，团队确定了这种整体效果非常不错的新型外墙板材。而多余的钢材又可做室内墙面材料，为业主节省了20%的费用。

“业主的激励和这个项目各方的用心用力都令我感动。”曾群很清楚建筑师的思想与业主互动融合的重要性。从项目一开始，他的心态就很好，从没想过要超越什么，而他最感激的就是业主和参与各方给予的高度理解和信任。他和他的团队只想创造一个合适的、节省的、契合上海城市文化精神的建筑。

自我超越的设计师

主题馆南立面

短短两年间，完成如此复杂高难度和大量技术难题的超大型钢结构公建项目，无论从设计到施工对同济大学建筑设计研究院乃至包括业主、施工各方而言都是一个突破和超越自我的过程。

主题馆的结构设计团队所面临的挑战更是史无前例。主题馆屋面为平顶，屋面标高 26 米，但是要求可供使用的空间面积达到14.3米净高，而结构高度只能做到 11 米左右，加之屋顶将满铺太阳能发电材料，荷载相当于其他标准场馆的 2 倍。“项目确实太复杂了，挑战性太强。”丁洁民院长亲自挂帅，带领结构设计团队在这个世博园区内技术难度最大的项目中表现出了高效的专业精神。

让我们一起记住这些幕后功臣的名字吧，他们是丁洁民、万月荣、何志军、季跃、李伟兴、禹慧、程浩。

邹子敬，这个设计团队驻工地的“大使”，对同济大学通往主题馆路上那 34 个红绿灯烂熟于胸，他曾如此描述，2007 年 9 月至 12 月尤其令人难忘，创意已经中标，方案还需优化。那段时间一直是白天给各种领导汇报，晚上进行修改，第二天继续汇报；甚至大家都带上电脑上午汇报，中午修改，下午再汇报……一群或几群设计师天天早上 9:30，下午 1:30“暴走”世博局、世博集团、世博工地折返跑步参加各种会议，“同济到世博局正常行驶约 35 分钟、拥挤时 50 分钟，用起三更、睡午夜，披星戴月一点也不夸张，‘暴走一族’是我们彼此的称呼”。

……

主题馆是本届世博会最具标志性的场馆之一，作为主创设计师，曾群无疑在世博建设的功劳簿上留下了重重一笔，而令曾群尤为自豪的是“同济‘智’造”在主题馆建设中体现的纯粹性。“主题馆建设过程中，从外部设计到内部设计，从环境设计到标示设计都是由我们同济团队自己完成的。”他说。

主题馆钢结构封顶仪式

设计团队成员合影

[附一] 曾群解读：主题馆创新有几多

9 月 28 日，2010 年上海世博会主题馆在一轴四馆中率先竣工，并开始移交布展。上海世博会主题馆总建筑面积达 15 万平方米，展览面积 8 万平方米。

众所周知，主题馆是历届世博会参观者最难忘的场馆之一，更是一个国家“世界观”的“眼睛”，上海主题馆亦不例外。

“雁群”筑成世界最大发电屋顶

在我校建筑设计研究院曾群团队提交的上海世博会主题馆创意设计书中，记者发现了红瓦白墙的成片房屋，在高楼大厦中显得是那样的低矮和局促。主创设计师曾群介绍说，那是上一辈上海市民关于“家”的温暖记忆，这些里弄屋顶一律呈现出均匀而有节奏的三角形，是上海最令人陶醉的城市意象。

于是，团队就把这一意象引进 2010 上海世博主题馆设计方案中：屋面总面积 6 万平方米；为利于大屋面排水，屋面设计为折线型；屋顶设置水平支撑，将太阳能发电板与屋面结构集成为一个整体。黄浦江上空，往西，斜斜地俯瞰，5 排、每排 6 只“大雁”排成的方阵就组成了总面积约 8 万平方米的巨大展馆。

28 日的竣工典礼举行的地点是主题馆“大屋檐”下，久违的阳光分外明亮。曾群告诉记者，借鉴中国古建“出檐深远”的特点，主题馆在南北方向设计出大挑檐，出挑的屋面高度达 27 米，出挑 18 米。这样一来，南北两边在主题馆出入口处和等待区的游客便可免受夏日阳光的暴晒了。

据了解，设计者对雨水排泄问题也给出了很好的解决方案。每一个向下弯折的屋面形成坡屋顶，弯折的下部安置排水天沟，利导水流。这些收集来的雨水不会浪费，通过过滤、沉淀等处理，便是园区花草树木的灌溉用水了。

生态绿墙“漂游”在你身边

主题馆创下的三项世界之最，其中一项就是面积 6 000 余平方米的生态墙。主题馆东西两侧外墙设置垂直生态绿化墙面，是目前世界最大的生态墙。在现场，记者看到生态墙上的绿色夹在墙里，已经看不出树木竹草的种类区别。但在团队的设计中，墙面绿化由下向上颜色逐渐由深变浅，色彩以绿为主，夹杂或红或紫颜色，设计师称之为“金枝玉叶”。各色花儿竞相绽放，一直向上攀爬着，“漂游”在你的眼前。“到了明年春天，这里的绿化会长得很热闹。”曾群告诉记者，有绿墙保护，炎炎夏日展馆内的温度要低外面 5℃左右。

节能是设计者十分重要的考虑。屋顶的太阳能电池呈菱形，每块面积约 1.3 平方米，共 13 000 多块，组成总量 30 块巨大的集热屋面，设想一下，太阳下巨大屋顶那晶莹、瓦蓝的壮观场景吧！太阳能屋面的年发电总量为 200 万度以上，每年减少二氧化碳排放量 2 500 吨。它是目前国内最大的单体面积太阳能屋面。

主题馆展厅，世界最大无柱大空间之一

你想知道世博会史上这最大展馆之一内部究竟多大？一号展厅长 180 米、宽 54 米，面积 9 700 多平方米；二号展厅与三号展厅隔而不断，长 180 米、宽度 126 米、梁底净高 14 米，面积 22 000 多平方米。

想象不出来多大？告诉你，二、三号展厅可以放进 4 架大型客机，甚至两个标准足球场放进去也绰绰有余。它是目前国内最大的双向无柱大空间。

这么大的面积，采用的钢结构总重达 1.7 万吨，还没有柱子支撑，如何施工？据了解，展馆的钢管桁架安装采用机器人滑移安装技术。此项技术具有完全自主知识产权并拥有国家专利，滑行最大距离达 180 米，达到国际先进水平。

据了解，主题馆作为上海世博会为数不多的永久性场馆之一，会后将保留下来作为标准展馆，以弥补上海大面积展馆的不足。

设计团队部分成员

[附二] 曾群感言：平和中融入上海符号

我要参加世博会

参加世博会，贡献我们的设计智慧，是同济大学建筑设计研究院所有设计师的荣幸。

上海市获得 2010 年世博会承办权之后，我就和大家一样在考虑设计一座怎样的建筑去展示 2010 年的中国？

上海世博会组委会号令一出，按照院里的部署，我带领设计一所的精兵强将开始主题馆的设计。

从吹响集结号到递交方案，只有 20 多天。团队的勇士们居然在 2 天内想出了 20 多种比选方案。比较、磋商、涂画……我们争论，我们静默，我们面红耳赤，第 10 天，先前设计的方案被全盘推翻，不要花里胡哨，不要不可持续，不要不切实际……最后，我们拿出的是一个形如“水立方”的方盒建筑，评审专家一致认为它“达到功能与经济最佳结合点”。

平和中融入上海符号

最初的 20 多种方案虽被淘汰，但这些方案教给我们很多很多：光电“第五立面”——发电屋顶、大面积绿化墙面、无柱大空间……现在关于主题馆的特点，“坊间”知晓度已经很高，他们都是播种、孵化、孕育于大家这些最初的方案之中，并在投标方案中萌芽拔节、发扬光大并被评委们相中的，这里就不展开说了。

主题馆外观就是一个方方正正的大盒子。大屋檐出挑近 18 米，立面长 300 米，如果空空地、平平地、直直地，那是一幅何等单调、沉闷的模样？于是我们在挑檐底面引入屋面的几何特征“三角形”，这样屋面到外墙有了过渡，挑檐有了韵律感，大立面缩小了尺度感，墙面单元立刻活跃起来。要知道，这里的三角形还与屋顶上的“雁阵”三角形遥相呼应，相互衬托，设计符号也要有连续性、统一性不是？

主题馆细看变幻多多，远观还是沉稳平和。方方正正、安安静静犹如当代中国，沉稳、大气而包容。

实用中体现上海气质

主题馆属于大型展览建筑，服务世博会展示需求是其最主要的功能。因此，与功能结合的可行性成为设计取舍的核心标准，所以主题馆没有令人炫目的曲面，没有刻意渲染的高技术，一切自自然然，与环境和平相处。

但这并不妨碍设计者的美学追求，上海城市肌理的老虎窗，繁花绿树装进外墙，甚至外墙上的“空洞”都是经过我们精心安排的。考虑到展览建筑需要室内光线均匀且不需过强自然光的特点，主立面幕墙造型采用双层幕墙体系：丝网印刷玻璃幕墙（内层）＋不锈钢板外遮阳幕墙（外层）。外层不锈钢板上开方孔，从下往上依次减小，形成从虚到实的渐变效果；不锈钢板表面选用了深压花打磨的肌理，既形成了对光线的漫反射、折射，也增强了近距离观赏的细节美感。

还有灯光的功能性、经济性追求，灯光设计的原则是主次分明、适度表现：主要突出北立面、整体表现南立面、适当量化大屋面以及点缀装饰东西面。从试灯的情况来看，用五彩斑斓、如梦如幻都不足以形容其曼妙的灯光效果，非常理想！

设计世博，今生难再。上海是一座不张扬、精致且自律的城市，希望主题馆的平和气质能与其相得益彰。

团队成员讨论工作

施工现场留个影

用心造就精彩夜世博

——访世博园区夜景照明总体策划负责人郝洛西

·童　轩·

水幕喷薄如翩飞的蝶翼，烟火绚烂如绽放的花朵，各色激光随着音乐之声变幻起舞，灯光下的卢浦大桥如钻石般璀璨，巨型LED屏幕时而蝶满花丛、时而万国同庆……2010年4月30日晚，当编排精妙的文艺演出、美轮美奂的焰火秀拉开中国2010年上海世博会序幕的同时，各色LED灯光点亮的浦江两岸，也给世人留下了夜世博华彩秀场的印象。

夜世博会有一个怎样的整体呈现？作为世博园区夜景照明总体策划负责人，郝洛西教授为我们揭开了世博夜景照明幕后的神秘面纱。

高新集成：浓妆淡抹总相宜

郝洛西

2008年，郝洛西接手世博园区夜景照明规划任务。从一开始，她便有一个清晰的总体设计理念：呈现给世人的夜世博，要用高效、集成、人性化与可持续的技术手段实现园区灯光美的享受。规划将绿色环保的生态理念贯穿始终。不仅如此，规划还把展会后市民的夜间照明考虑到设计之中。

在此之前，郝洛西作为主设计师，曾经为杭州西湖夜景定下了主基调。这一次，她要为世博园区化一个极具层次感的“晚妆”——园区按亮度共分为5个等级。其中，庆典广场世博轴、中心场馆等标志性建筑的场馆和园区出入口、轨道站点等人流密集的地区为最亮的一级照明区；综合广场、活动绿地、高架步道为二级照明区；城市最佳实践区为三级照明区，而停车场、世博园区外的主干道以及园区内的支路等亮度按照国家标准进行设置。因为接近居民区的外围区域，若使用彩色动态光，不仅会影响居民夜间的正常休息，同时也会造成光污染。在不同的区域，设定不同的亮度，配合使用不同的灯具种类，在光影世界里实现“明暗疏密总相宜”的理想效果。

世博园区夜景照明规划主要呈现五大特点：策略层面，塑成高效节能的城市照明范例；文化层面，创建世博园区历史遗迹的生态保护型照明模式；技术层面，第一次大规模在世博园区实现集成应用半导体照明技术；人文层面，让人们在与灯光艺术的互动体验中享受照明科技所带来的创意生活；产业层面实现“中国制造”产品的最大化应用。

世博园区集成使用了大量照明高新技术。以太阳能光伏发电及风光互补技术为代表的可再生能源与高新技术亲密结合，这是实现园区绿色环保照明的一大重要手段。此外，各种可以改变光学性能的亚克力及玻璃、透光混凝土技术、特殊乙烯薄膜等新材料也在世博园区照明中得到广泛运用。

除完成世博园区的总体照明规划之外，郝洛西和她的团队还对各部分进行了具体的专项规划，对世博园区照明实行整体规划的 10 本“导则”应运而生。郝洛西表示：“中国场馆、外国场馆、企业馆等各场馆都有不同的诉求，导则也针对不同主题演绎的需求制定了相应的夜景灯光照明方案。比如，世博会期间，基本每天有一个国家馆日。国家馆日时，该国的夜景灯光将是全场最亮的。”

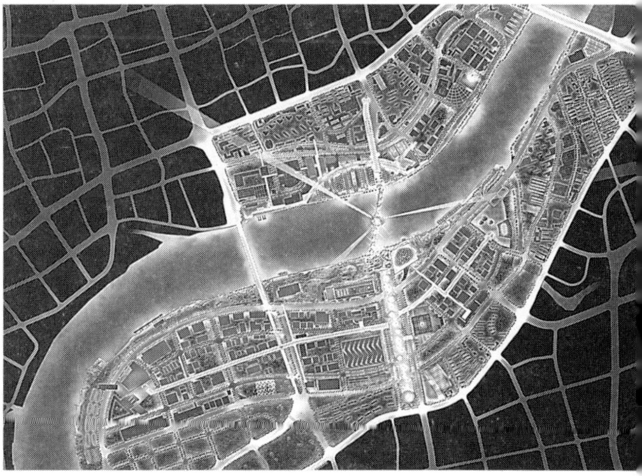

世博园区夜景照明总体规划

与此同时，郝洛西教授还特别考虑到可持续发展的设计原则。“世博夜景照明除了能满足世博会期间的夜游需要外，还将能适应展后市民的长期使用需要。”她说。

建筑照明：用灯光书写艺术

上海世博会开幕式绚丽、精彩，富有冲击力；更难得的是，它突破了传统技术，实现了用灯光书写艺术的完美效果。用郝洛西的话说：“这次世博开幕式是通过照明科技取得艺术效果的典范。”

LED 照明技术，是上海世博会的一大主角。它使建筑与灯光高度集成设计成为现实。郝洛西介绍，传统光源通常从建筑外部打光，与建筑的有机结合较弱，由于散射，光会打到不必要的地方造成光源浪费。新的照明技术则将灯光照明与建筑本身完美结合，通过高度的集成设计从而实现节约能源、美化城市的目标。所谓灯光与建筑的集成设计就是将光源置于建筑内部，“如果你去世博文化中心，会发现自己身处‘见光不见灯’的景致当中，这是因为LED灯被藏在窗边”。

作为世博园的核心区域，“一轴四馆”是夜景灯光设计重点表现的对象。“世博轴的照明是LED和高效光源等照明技术与其建筑艺术的完美融合。”郝洛西介绍，世博轴的六朵“喇叭花”，白天集采阳光，将光导入地下，夜晚的照明则主要依靠LED灯和高压气体放电灯。世博轴建筑本身有一层独特的膜结构，在10米平台上的辅助用房屋面上安装有金卤灯，这些灯光均匀投射到膜结构上，膜结构通过80%的反射，使整个世博轴的人行步道获得足够的光照。而在膜结构根部设置有一圈全彩的LED灯，正是这些LED灯，使朵朵“喇叭花”变幻莫测，亮度色度千变万化。

世博园区夜景照明实景 1

在郝洛西看来，世博文化中心是“一轴四馆”黄金区域夜景照明的关键点之一。“有别于一轴四馆中其他场馆的方方正正，世博文化中心外形是碟形的，夜晚的灯光设计，突出了这一建筑的特点，让它更加灵动轻逸，晶莹剔透。”

世博期间，文化中心每晚都会有大型文艺演出，到周末时，更会有各类“重量级”节目轮番登场。为此，郝洛西与她的团队在文化中心西南两个出入通道精心设计了巨大的数字媒体艺术屏幕。

“进场时可别忘了左顾右盼一下。”郝洛西介绍说，文化中心南出口的艺术屏幕墙面约为3.6米×24米，北出口的屏幕为4米×32米。在这两面采用LED技术制作的创意墙面上，游客将看到逐渐变化的、富有视觉冲击力的大型光电艺术屏。

“一组是玫瑰花绽放的图案，一组是代表中国传统艺术的泼墨图案。”郝洛西说，这些墙面装置的设计灵感和制作都是由她的团队带领20多名同济大学建筑与城市规划学院的大学本科生一起设计制作完成的。在她看来，世博会的一个最大好处，就是提供了一个创意展示的大平台，将平时课堂上、实验室里的教研成果运用于生活实践，给人们的生活带来更多惊喜。

郝洛西特别透露，LED墙面在视觉上美不胜收，但制作使用的原材料却十分普通。“墙面的建材是家家户户都用的普通材料。”她说。

据介绍，“一轴四馆”中，大面积运用的LED技术替代了传统照明工具，由此大大降低了照明能耗，突破了传统光源的照明局限，带来了一场视觉盛宴。中国馆在夜间更加烘托和呈现出“中国红”的视觉效果，更具艺术表现力和感染力；而主题馆和世博轴也将上演缤纷灯光秀，夺人眼球。

夜游世博应有“道”：三条轴线看夜景

“白天一张面孔，晚上一张面孔。”郝洛西笑言，在LED的装点之下，世博园区将愈“夜”愈美丽。

LED灯照明，让夜色中的上海流光溢彩。世博夜景该如何看？作为园区夜景的“视觉总监”，郝洛西为观众支起招来。

“可以沿三条轴线游览世博夜景。”据郝洛西介绍，世博园夜景主要包括世博轴、高架步道、滨江绿化带、中国馆、主题馆、世博中心、文化中心、世博塔及未来馆、文明馆、重要企业馆、庆典广场、主要出入口、城市最佳实践区等。这些园区夜景将形成三大主要的景观轴线：一是天然景观轴——黄浦江，其开阔的江面自然成为观景的最佳场所，两岸的景观经过江水的倒映，更是一道瑰丽的风景线；二是世博轴，其沿线浦东园区表现内容最为丰富的景观轴线；三是园内高架步道，横穿浦东主要国家馆区，连接几个主要出入口，也成为重要的景观轴线之一。

世博园区夜景照明实景 2

观众可以沿三条轴线观看世博夜景：乘轮渡从浦东到浦西沿江游览，此时各场馆风景尽在眼前；或从世博轴10米平台远远眺望，换个视角，收获不同景致；抑或是沿着高架步道看夜景，“这与中国园林艺术中的‘步移景异’有异曲同工之妙”。

夜游世博，除了“一轴四馆”之外，郝洛西还推荐了一些“必看”景点：

一是外国国家馆。包括英国馆、意大利馆、法国馆及波兰馆、丹麦馆、德国馆、挪威馆、西班牙馆、瑞典馆等。其中，英国馆建筑外部 6 万多个向各个方向伸展的触须，每一个触须都包含着一个 LED 发光二极管，帮助触须形成可变幻的光泽，营造夜晚璀璨迷人的光影盛宴；意大利馆的设计方案灵感来源于游戏棒，场馆在建设时采用了一种新型的“透光混凝土”，白天自然光会照射进来，减少场馆对灯光的需求；晚上馆内的灯光又可以穿越到场馆外，影影绰绰折射出正在涌入场馆的游客的身影；法国馆整座建筑是脱离于地面的漂浮形式，被一种新型混凝土材料制成的线网“包裹”，运用节能灯照明技术后，充分展现了法国文化的优雅与浪漫。

二是城市最佳实践区。位于城市最佳实践区的法国里昂大型灯光秀，十分值得一看。来自法国的灯光艺术家们在各种建筑外立面上营造出动物、植物等各种有趣的影像，有萤火虫在空中飞舞、有瓢虫在绿叶上散步，还有郁金香花瓣间泛着晶莹的光泽……

这个被称为“光明之城”项目共包含了 4 种照明，即运用于主通道的城市功能性照明、展馆外立面和广场膜结构上的建筑照明、世博会每晚灯光秀所用到的节日性照明，以及未来馆世博塔的照明。

三是企业馆。由中国石油、中国石化、中国海油三大国企联合建设的石油馆，位于上海世博园浦西园区，如今有个别名叫“油立方”。白天，它是一座由淡蓝色“油气管道”编织而成的“油立方”。而夜晚，它将幻化为一座晶莹剔透、多姿多彩的梦幻“油立方”。

实践区灯光设计：地面如水，墙面如画

设立城市最佳实践区是本届世博会的一个创举，作为整体亮点中不可分割的重要组成部分，最佳实践区灯光环境的营造同样令人期待。郝洛西教授给出的定位则是：“城市最佳实践区照明设计的目标是：适宜的亮度水平，精彩的景观效果。我们要在这里充分展示照明创新技术，树立绿色城市照明示范。”

郝洛西介绍，城市最佳实践区是世博园区内重要的夜景观，是与浦东“一轴四馆”呼应的浦西重要夜景观光区域，照明风格上“以中性暖白色光为主，其间点缀清雅的水之蓝。”她说，灯光设计将同时考虑会后的创意产业园区夜景照明需要，灯光既能让人感受“城市，让生活更美好”，也将激发出更多的创造力和想象力。

世博园区夜景照明实景3

人性化、生态化的绿色照明，总体和谐，层次分明，还有经济性原则……一个都不能少。郝洛西细数着实践区的夜景观“节点”：世博塔作为高空全景视点肯定是一级照明区域，中部步行街桥视点，模拟街区，西部路口这些都是要重点突出的，比如模拟街区，“参观人流会在这里的公共空间内长时间停留，所以从视线分析要求照明的重点须强调建筑面向广场立面、组团入口，局部也可增加互动照明，或利用‘水面’形成倒影效果。”

最佳实践区的地面灯光效果是郝洛西刻意用心的地方，她希望营造出地面如水照“桃花”的效果。她说：“采用LED发光面砖，让界区内的干道如同水面，充分表现意向水带，以增加行走的趣味性；对步行桥结构及构件加以适当的装饰性照明；注意远景的层次，让街道、步桥与世博塔遥相呼应。”

具体说来，在街道嵌入深浅两种蓝色LED地砖，以强化景观设计中“水”的理念；街道上的树夜灯如何安排？树池接近地面留出间隙，灯具布设其下，夜晚灯光一亮，树就灵动起来了。

人行天桥照明，要强调其建筑特点，突出构建的自身颜色；桥面上以光带相对应，起到引导性照明的作用。“除了正常的功能性照明外，杆件下安装投影装置，以波光粼粼的图案延续水的主题。”郝教授说，台阶下侧安装引导性灯具，或扶梯手下安装线性灯带则是安全性考虑，“夜晚的天桥会让人流连忘返，甚至诗兴大发的”。

最佳实践区是上海这座老工业城市一处辉煌的印记。老建筑如何让它青春焕发？郝洛西团队想了不少的心思，营造出老建筑墙面的如画效果。

B-1地块原有厂房改造为展馆的建筑总面积4 643平方米，设计者采用杜邦工程塑料龙骨，墙体部分采用不透光的白色高光亚克力面板，开窗部分则采用灰绿色面板，照明方式采取内透光形式，室内光源色温控制在4 000～5 000 K（中性白光）。

B-2 地块原厂房改为展馆总建筑面积 5 860 平方米，外饰面采取镂空陶土砖及铝板作为装饰材料；屋面材料采用镂空陶土砖结合铝板饰面，局部结合 LOW-E 镀膜中空夹胶玻璃天窗。照明采取内透光模式，创造出与日光效果截然相反的图底关系，呈现“光毯”效果。光色选用暖色光，光源色温控制在2 800～4 000 K，更好地凸显陶土转的质感与色彩。

B-3 地块原厂房改造面积为 8 790 平方米，里面为双层皮结构、半透明的聚氨酯板材，夹层里遍植绿树翠竹。照明采取夹层投光方式，强调建筑的体积感，塑成夏夜中一只巨大的“灯笼”。

而 B-4 近万平方米的展馆在内光外透的基础上，采用暖色光均匀投光，强化内部木质体块的质感；同时采用冷光色对外部的金属结构进行适当的投射，尤其在雨后对木结构形成层次丰富、和谐对比的景观效果。

阳光谷灯光实景

此外，模拟公共空间的水幕太阳能建筑，通过夜间照明强调了其双层表皮；百年老当铺采用较低色温营造历史氛围；水体照明则以水岸边缘亮带作为水池和“水”街的过度，岸边步道以埋地光带与“水”街衔接。

世博文化中心大厅媒体艺术施工现场

7 000 万游客畅行其道

——我校专家致力世博交通规划建设纪实

·马惠琪·

交通拥堵，是让许多生活在大城市的人感到头疼的问题。上海，随着国际化程度的不断提高，交通问题也日趋严重，2010 年更是迎来巨大挑战：世博会的举行预计将为上海带来 7 000 万人次的客流！在从 2010 年 5 月 1 日开幕到 10 月 31 日落幕的 184 天里，客流平均每天高达 40 万人次。面对如此高强度、高负荷的交通压力，如何设计出高效安全的交通体系并从技术方面保证其顺利实施呢？

从顺利拿下 2010 年上海世博会综合交通规划这个大课题开始，同济大学的杨东援、陈小鸿、蒋昌俊、孙立军、徐瑞华等教授在短短几年间，从科技部、上海市先后获得 2010 年上海世博会智能公交系统研究、世博园区交通专项规划、面向世博的紧急交通事故动态处理关键技术、世博会高强度客流集散的交通战略与关键技术研究、“世博优先”的道路交通协调管理系统研发及工程示范、世博园区典型设施仿真研究等在内的多个重大课题。教授们虽然来自不同的学院，涉及不同的学科领域，负责不同的专题研究，但他们有着共同的目标，那就是为了世博的交通安全、上海的交通更畅达、更和谐，做出同济人应有的贡献。他们忙碌地奔跑在各自的战线上，在铸就光荣与梦想的同时，也谱写着同舟共济、自强不息的动人故事。

世博会综合交通规划“同济造”

早在 2004 年 6 月，杨东援教授就组织了建筑与城市规划学院、交通运输工程学院、土木工程学院学科领域的有关专家，针对上海世博会的交通规划展开深入研究。专家们分别从系统概念设计、需求预测分析、交通设施规划、交通运行管理与信息系统、地下道路布局分析和停车系统研究等不同专项入手，

杨东援

最后汇总出综合方案。上海市有关领导和部门对专家们拿出的研究成果给予充分肯定。

上海举办世博会，最棘手的问题莫过于：如何在本就交通拥挤的大城市的中心，安全圆满地举办这样一个盛会？有别于往届建于城市边缘的世博会，上海世博会园区位于城市内部，并跨越黄浦江两岸，交通保障的难度可想而知。

以杨东援教授为主的世博交通规划团队，始终站在更广阔更高的思维角度去设计规划理念，那就是世博园区不仅属于上海，而且属于长江三角洲和整个中国，所以对世博园区的交通客流目标不能局限于上海的城市范围来认识，而是需要放到一个更广阔的区域背景下去认识。由于世博交通客流都将汇集于世博园区，因此仅依靠道路基础设施的供给不可能满足需求，必须对交通方式进行诱导管理，提高公共交通服务水平，促使客流转向公共交通，这不仅是世博交通体系的设计理念，也是未来城市交通发展的方向。陈小鸿教授在回忆这段经历时说："最初我们在向市领导报告时就说了，哪怕只有5%的人开车去世博园，周边路网也会全部变成停车场，上海别无选择，只有利用好公共交通。"

陈小鸿

也正是当初达成了这样的共识，上海近年来不断加大轨道交通建设的力度，以公共交通方式满足世博交通需求，建立服务世博的专用公交系统，建立外围和园区周围"P+R"换乘点和驳运系统。只有把公交系统的潜力充分挖掘出来，才能实现世博交通畅达的目标，届时上海的参观者有望在1小时内到达世博园区，附近长江三角洲范围的游客也可满足当日往返的愿望。

如何利用公共交通来解决世博交通的高强度运行呢？同济专家们规划的一整套世博交通体系，就是以世博园区为中心节点，由交通方式转换枢纽、交通服务通道和辅助交通网络、交通管理目标区域、相关道路功能管理等构成的综合交通服务体系，提供的是一种多模式复合交通服务。这套世博交通体系划分出4个交通策略目标区域：绿色交通区、缓冲交通区、魅力交通区和家园交通区。

绿色交通区是最核心的部分，整个区域所体现的是绿色的交通观念、绿色的交通方式、绿色的交通工具和绿色的交通环境，是一种适应人居环境持续发展的城市交通系统。世博会的场外集散，可以是远距离的轨道交通（包括磁悬浮列车）、地面公交、水上巴士、世博专线旅游巴士、出租车、小汽车，也可以是近距离的自行车和步行交通，因此要综合安排好道路、停车场、公交线路和场站、出租车扬招站、自行车和步行系统，同时有效控制进入的车辆总量，把公共交通的优势和潜力进一步发挥出来。游客进入场内，采用的交通方式应以公共交通为主导，辅之以特色休闲交通方式。另外由于世博园区跨越浦江两岸，为了满足两岸整体联系的需要，挖掘水上交通的潜力也显得尤为重要。此后经过大量的研究和持续的努力，陈小鸿教授和她的团队把世博交通规划与管理的理念细化为世博会管控区交通管理模式与交通组织的具体方案，在世博交通实际运行中经受了考验，取得了良好的效果。

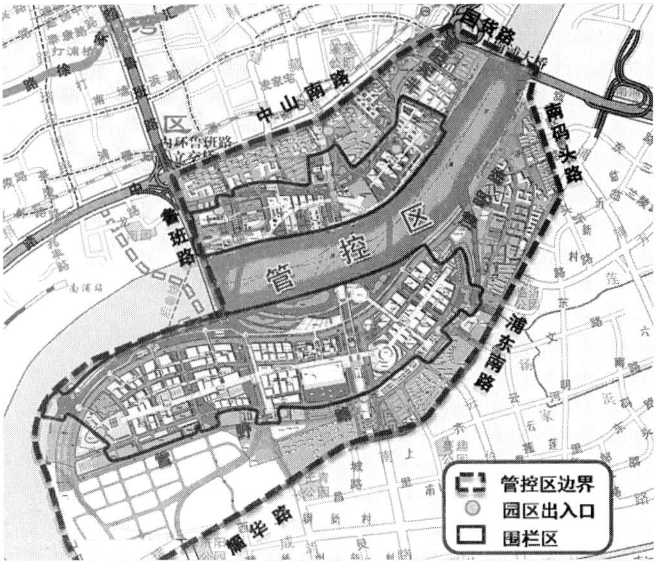

世博交通管控区规划方案

缓冲交通区主要用来组织小汽车的换乘，以及组织非世博交通流的绕行管制，并需要保留紧急情况下的应急交通通道供特种车辆使用。在世博会期间，世博交通缓冲区内将重点保障世博专线、公交、团体客车等集约化车辆快速到达园区。魅力交通区则主要是完善以轨道交通为主干的公交网络，补充建设重要交通集散节点与世博园区之间大容量交通通道等。长三角地区作为世博会的重要影响区，其内部交通流线应从整体的高度加以组织，构筑世博“家园”概念的交通圈。

举个例子来说，据预测参观世博会的人数中将有30%来自长三角地区，其中不少是自驾车辆，如果放任进入，将会给上海带来巨大的交通压力。但是通过以上4个交通区的措施，基本上从外围地区开始，就已逐层实现了这些对外来车辆的引导，使他们能通过换乘系统进入公共交通，最后分流进入世博园区，缓冲了交通压力。

对于世博交通体系，杨东援教授曾做过这样一个通俗易懂的解释："对交通方式进行诱导管理，提高公共交通服务水平，促使客流转向公共交通。说白了，就是要做足'转'文章，促使客流尽可能'转'向公共交通。"

此外，此次综合交通规划还明确了由永久换乘枢纽、临时换乘枢纽和交通服务通道系统辅助专线巴士和快速公交系统构成的基本支撑体系，提出了水上交通通道，以及城市轨道系统的衔接方案，梳理了相关地区的道路体系，提出了相关道路的建设方案等。可以这么说，这个方案基本上确立了2010年世博会交通规划的总体框架，而随后的研究都是在这一指导思想下的细化与延伸。

"世博会是改善上海交通状况的一次良好机遇。"杨东援教授的话说出了很多世博交通研究专家的心声，"世博交通体现在建设期间有个很重要的指导思想，就是我们要利用世博这个机会，对上海的公共交通系统进行一次有效的梳理，使得上海的交通能够适合未来发展的要求。因此我们不仅仅是为了保障世博的交通，更是通过办世博会这个机遇，对上海的交通有个大的推进，使其以新面貌展现在上海市民以及全国人民面前，甚至是全世界。"

高强度客流集散，安全为先

据预测，世博会期间上海客流极端高峰日将达80万人次，一般高峰日也有60万。简单的数字可能无法带来直观感受，打个比方，我国的中等城市大概为50万左右人口，60万的客流就相当于一个中等偏上城市所有的人全部出行！这样的场景对城市交通系统所造成的承载压力可想而知。世博会期间，相应的轨道线预期要承载每小时10万人次左右的客流，世博园区内更是人流高度密集，拥挤的人群容易使人产生压迫感和焦虑感。如何从战略角度和技术层面确保人流快速集散，避免无序和意外交通事故的产生，以及万一发生突发事件如何安全疏散人群，是大家一向关注的问题。

传统的交通规划，大多是针对道路交通而言的，同济大学交通运输工程学院的陈小鸿教授在高密度人流安全设计方法、大型活动游客行为研究等领域另辟蹊径，大大拓宽了交通规划的视野和领域。

在上海世博会的版图上，陈小鸿教授创新性地建立了大型活动高密度客流集聚的安全性分析技术和群体出行交通方式选择分析模型，采用叠加分析预测技术，从客流的快速集散、安全集散和均衡集散三个目标出发，采用圈层式集疏战略，逐层引导和集疏世博客流。她还提出了水门，转换门等设计方案，有效解决了世博周边区域空间资源不足的缺陷，也为城市核心区交通规划提出了新的解决途径。

“以世博园区内的安全集散为例，世博园内人流的安全集散，必须得从正常和紧急两个状态下来考虑。”陈小鸿教授解释道，“正常状态下，首先要确保入口、安检、广场等处游客流线的顺畅，分析出重要的节点设施比如安检通道的相应数量和访客通过时间。在有些热门场馆内外，比如中国馆，人流相应会比其他地方更大，那么对场外等候空间、步行设施、空间布置上的要求就相应会更高。”陈小鸿和团队提出了相应的预警理论，就是采取安全预警措施分散与均衡人流，在正常集散下保障人群聚集安全的人均有效设施空间不低于 0.6 平方米。紧急集散下，考虑游客的构成、紧急集散较正常集散条件恶劣等因素，确定紧急集散下保障人群聚集安全的人均有效设施空间不低于 0.8 平方米。面对突发的紧急状态，延长危害的来临时间并缩短逃生所需时间才能把危险降到最低，因此，对避难区的规划必不可少，应急通道的优化设计也至关重要。

研究还发现，通常情况下游客能接受的最大目的性排队时间为 4～5 小时，因此从设计和技术上控制好合理的排队时间就显得尤为重要。另外，通过其他方式从心理学上缩短游客的等候时间也是一个好办法，比如发布排队等候时间信息、发布人流密度信息、营造舒适怡人的排队氛围等。

没有现成的经验可循，研究面临着很多常人难以想象的困难，陈小鸿教授为此付出了大量心血，她潜心研究人流的行为特征，亲自去日本爱知世博会等国外类似大型活动现场体验气氛，搜集相关资料和数据。在主持 2010 年上海世博会智能公交系统研究期间，她时刻关注国际相关领域的最新动态，并与国外交通领域的科研、管理机构（意大利 Thetis 公司，罗马 ATAC 机动化管理机构）开展合作，引入国际先进理念与技术，保证世博交通规划成果的先进性。

在借鉴国外经验的同时，陈小鸿教授也看到，2010 世博会在上海举行，就必须以上海的客观情况和数据来分析和解决问题。于是她的身影时常出现在上海车展、F1 大奖赛、上海书展等大型活动现场，把搜集到的第一手数据资料和实践经验作为开展理论研究的基础。同济人特有的那股子求真务实、严谨踏实劲儿，在这位美丽和蔼的女教授身上体现得淋漓尽致！

“平时的课题研究，从项目开题、规划思想讨论、规划方案制定到报告撰写，每个环节陈老师都亲自参与和把关。而世博会交通课题工作量大、周期短，陈老师常身先士卒，带领青年教师、学生们加班加点，甚至通宵达旦地修改方案。”一直参与项目、即将毕业的博士研究生陈非在接受采访时深有感触地说，“陈老师执著的科研态度和严谨的学术作风，让我们学生常常敬佩不已，大家都深受感染。”

智能交通服务，为世博出行添光彩

以往我们出门，在某种程度上可以说是“盲目出行”，往往只知道出发点和目的地，却不知道哪一条才是快捷方便的路径，即便知道了路径，对前方的实时路况却一无所知。世博会期间，客流达到顶峰，无疑更增加了路面交通的复杂性。现任同济大学副校长、曾担任过同济大学电子与信息工程学院院长的蒋昌俊教授，其研究成果就是要让老百姓出行时能够有点“底”。

首先，利用先进的网格计算技术对海量数据进行大规模的计算和处理，得到实时的交通服务信息，通过电子牌进行实时交通引导，通过手机、PDA和车载导航把信息提供给公众。其次采用先进的传感网技术，通过车载传感器网络，把路面的突发事故及时快速地传播给周边驾驶员和公众，使他们能避开问题路段。世博会期间，如果发生突发性交通事故无法及时疏导客流，势必导致大面积的拥堵，这一技术为世博交通的有序与畅达提供了强有力的保证。

上海市市长韩正操作交通信息网格系统

“世博会期间，交通数据将变得不是很确定，但我们已经采用了特别的技术和手段来应对问题。”蒋教授的自信可不是没有原因的，他早在2000年左右就开始着手相关研究。“要在整个上海市这样的全区域实现对交通流量的掌控，在当时很多人都觉得是天方夜谭，极其不靠谱，但到今天，你看，其实很靠谱嘛。”说到这里，蒋昌俊自己都忍不住笑了。

如今，蒋老师身边聚集着一支分工明确的大团队，其中教授 5 人，副教授 6 人，此外还有 4 名博士后和 30 多位博士研究生。回顾十年来的发展，蒋昌俊教授和他的团队沿着他们原先勾画好的蓝图，一步一步离理想越靠越近。能够在相关领域保持国内领先地位，离不开蒋昌俊教授当年看得远、瞄得准。他不是那种仅仅满足于技术研究的人，他有着对现代服务产业模式的深刻理解，就是在市场需求的基础上，缔造良好的商业模式，然后解决其中的技术难题。网格技术作为一种新型技术在国

课题组在讨论工作

际上兴起的时候，它通过整合互联网上各种大型计算设备、仪器仪表设备和其他数据软件等形成超强的服务环境。蒋昌俊教授瞄准市场需求，把网格技术和交通结合了起来。

蒋昌俊教授和我们分享了那些令他记忆犹新的小故事，还记得在最初项目申请的时候，交通信息网格方案可是从参与竞争的6家方案中脱颖而出的，其他人提出的网络学习、网络制造和生物计算网格等，要么只是网络的信息交换，要么只能为少数科学家服务。蒋老师则坚持认为，交通这一块，既有大规模计算的要求，又可以把计算结果放到广域的互联网上为公众提供服务，同时具备了深度计算和广域服务两大特征，具有良好的发展前景。

手机短信在2000年悄然兴起，呈现出特有的商业价值，蒋昌俊教授灵机一动，以它作为模拟参照物，把交通数据的采集、加工、处理，以及服务等各环节串联起来，跟电信、超算等单位合作打造良好的商业模式。商业模式的成功，带动技术上的一路攻克，使他的相关研究在国内一直走在探索发展的最前沿。这些研究已经在世博交通中得到了实际应用。

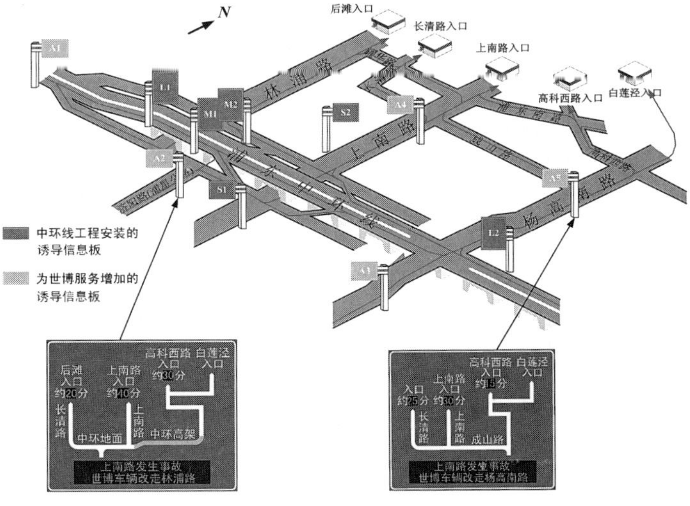

中环浦东段世博路由控制系统实施方案

再多的成果都已经属于过去。蒋昌俊教授带领团队又把自己的目标向前推进了一步。他介绍说，以往的工作及国外大型搜索引擎做的电子导航，只是寻找路径，而他研究的城市交通服务信息网格从 1.0 版本一直升级到 4.0 版本，目标就是要帮助人们寻找出便捷、实时、最快的道路，等蒋昌俊的研究计划成功之后，人们就能根据外面路况的变化，调整服务信息，享受到真正意义上的智能导航。

谈到自己所从事的研究时，蒋昌俊教授有个非常可爱生动的比喻。他说："跟大飞机大轮船相比，笔记本、手机，都是些小珠子，散落在地上非常不起眼，但如果用好的思路把它们串起来，那就是一串璀璨夺目的珍珠项链。"是的，蒋老师就是那位可爱的串珍珠的人，他用这美丽的项链装扮着上海，点缀着世博，它散发出的魅力和光芒，柔和而又强大，渗透到我们的日常生活，带来美好和便捷。

交通畅达实景 1

交通畅达实景 2

第二辑

皇冠上的明珠

——记同济大学世博燃料电池汽车研发团队

·喻　娟·

万钢向温家宝总理介绍燃料电池汽车

“我们要让普通老百姓都能坐上新能源汽车。”全国政协副主席、科技部部长万钢曾在媒体面前勾勒了一幅汽车行业发展的美好愿景图。

随着2010年上海世博会的脚步日渐临近，一场全球观众翘首以盼的文化和科技的饕餮盛宴逐渐揭开帷幕，万钢的愿景、所有中国新能源汽车研发人员的愿景将在中国上海这一块5.28平方公里的土地上成为现实。届时，将有超过1 000辆的新能源汽车服务于上海世博会，每一位参观者都可以亲身体验以燃料电池汽车、纯电动汽车、混合动力汽车等为代表的“零排放”或“低排放”汽车的魅力。它将是迄今为止全球规模最大的新能源汽车展示！

城市，让生活更美好；科技，让世博更精彩。我们期待新能源汽车的登场为“展示未来城市绿色能源、和谐生态、便捷高效、创新活力的盛会”作下一个完美的注脚！

在1 000辆世博新能源汽车中，共有各类燃料电池汽车200辆、纯电动汽车300辆、混合动力汽车500辆。其中，搭载不同整车平台，集成由同济大学新能源汽车工程中心、上海燃料电池汽车动力系统有限公司（简称“上燃动力”）负责研发的燃料电池动力系统平台的各类燃料电池汽车共173辆。

“如果把新能源汽车视作世界汽车业技术发展史上的一顶皇冠，那么处于技术发展最前沿的燃料电池汽车则是皇冠上的明珠。追根溯源，只有它才真正实现了‘零排放’，代表了能源发展的大方向。”作为新能源汽车工程中心副主任、上燃动力总经理、同济大学世博燃料电池汽车项目总负责人，章桐谈起燃料电池汽车，语气坚定，饱含深情。

21世纪以来，怀着“开发洁净新能源轿车，实现中国汽车工业跨越式发展”的憧憬和使命，以万钢领衔的同济大学新能源汽车团队在引领中国新能源汽车加速“奔跑”的道路上做出了卓越贡献。这次，团队以中国2010年上海世博会“园区零排放，周围低排放”为目标，踏上了新的征程，也必然走得更远……

一个人和一个学科

“同济大学目前是我国新能源汽车自主研发的先锋队，特别是在燃料电池汽车方面。”校长助理、汽车学院院长余卓平教授在接受记者采访时如此表示。

说起同济大学的新能源汽车学科，不能不提到现任科技部部长、原同济大学校长——万钢。有媒体这样评价万钢，他是一位有着“新能源汽车情结”的部长。的确，翻看万钢的履历，不难明白个中缘由。

万钢向德国专家介绍新能源汽车

1999年，应时任教育部副部长吕福源的邀请，还在德国奥迪汽车公司工作的万钢带领一批德国汽车工业界的博士工程师回国访问。在考察了中国汽车工业的发展现状后，万钢等人向国务院建议，中国汽车工业要想实现跨越式发展，新能源汽车应该作为切入点。

在接到科技部和同济大学邀请其回国主持开发新能源汽车后，2000年圣诞节，万钢离开奋斗了11年、取得不菲成绩的奥迪，只身回到母校同济。一间已经挂上“同济大学新能源汽车工程中心”牌子的办公室正在迎接它的主人。同济大学新能源汽车学科由此起步，并日益茁壮成长，在近十年的发展征程中，见证和引领了我国新能源汽车自主研发之路。

2001年1月，万钢被科技部聘任为国家“863”计划电动汽车重大专项首席科学家、总体组组长，同时作为同济大学汽车专业教师和新能源汽车工程中心主任，他将同济汽车专业学科建设的资源和方向进行了整合，带领团队于“十五”期间承担了国家“863”电动汽车重大专项燃料电池轿车、燃料电池轿车多能源动力总成控制系统、混合动力汽车核心技术等一批国家及上海市重大科技攻关项目。项目研究和学科发展取得了一系列突破性成绩：

——项目研究成果迭出。动力蓄电池、驱动电机、燃料电池、代用燃料发动机等零部件的关键技术取得进步，整车性能总体大幅提高，以“超越三号”燃料电池轿车为代表的科研成果令世界瞩目……

——创建产学研一体化重大平台。以新能源汽车重大专项产品化和产业化为目标，2001年，我校联合上汽集团等共同成立了上燃动力，第一任总经理正是万钢。2005年12月，在万钢主持下，我国第一个汽车风洞——上海地面交通工具风洞中心在同济大学嘉定校区打下了第一根桩。4年后，风洞中心落成启用，成为中国汽车产业发展的里程碑。上汽集团董事长胡茂元将风洞中心的落成称为“开创了一个以大学为主体，建立汽车产品开发设计基础设施的全新模式”……

——人才高地悄然形成。在万钢和同济大学的盛情邀请下，一批汽车领域的知名专家和有志之士纷纷投身同济大学汽车学院。国际知名空气动力专家杨志刚2005年初毅然舍弃美国优厚的工作和生活，举家落户上海，担任同济大学汽车学院教授和即将开工建设的上海地面交通工具风洞中心技术总负责人。他说：“我放弃的是利益，得到的是事业”。2006年初，曾在福特汽车公司工作多年，参与福特7代汽车开发的汽车研发专家章桐作为特聘教授被我校引进。他说：“只因心系祖国新能源汽车的发展”。汽车底盘电子控制技术专家陈慧在日本精工公司从事汽车零部件开发多年，在同济新能源汽车工程中心成立不久，也来到了同济汽车学院这个大家庭……

2007年4月27日，担任同济大学校长三年之后，万钢被任命为科技部部长。虽然身份发生了变化，但是在他的心中，“节能与新能源汽车是汽车产业振兴的聚焦点，是未来发展的方向”的思路始终如一。万钢说：“以后我肯定还会关心新能源汽车的发展，因为我就是这个专业出去的，想扔也扔不掉，但必须摆正自己，就像当年我当校长一样。”

北上赴任的万钢虽然离开了同济园，但是有关汽车学科发展的精神和理念仍旧深深影响和激励着同济的汽车研发人员。余卓平感叹地说：“万钢是个汽车‘痴人’，除了勤奋、执著，还有大智慧、战略眼光。”万钢在同济大学汽车学院任职时曾经说过的一句话，让同济新能源汽车工程中心试验试制基地主任、中心实验室主任周鋐至今记忆犹新。万钢当时说：“房子、桥梁是设计出来的，汽车是实验出来的。”

抢占新能源汽车制高点

他们是一群垦荒者，他们所从事的事业应国家“863”计划电动汽车重大专项而生，他们志存高远、锐意创新，只为研发具有新能源、新动力、低能耗、零污染的新能源汽车。

他们一路上披荆斩棘，参与研发的燃料电池汽车从全球规模最大的清洁能源汽车比赛“必比登挑战赛”现场，开到北京奥运会赛场，开到遥远的大洋彼岸美国加州。他们自主研发的燃料电池汽车技术在国际舞台上星光熠熠。现在他们踌躇满志，正在研制的含多项国内首创技术的3辆燃料电池客车、70辆燃料电池轿车、100辆燃料电池观光车，即将出现在上海世博会现场。

世博园区专用燃料电池观光车

他们就是由我校汽车学院新能源汽车工程中心、上燃动力相关教师和科研人员为主组成的研发团队。

2008年北京奥运会上，他们圆满诠释了“绿色奥运”的内涵，获得“科技奥运先进集体”荣誉称号、“科技奥运上海燃料电池轿车示范运行突出贡献奖”等荣誉；为迎战2010年上海世博会，他们再次立下誓言：“城市，让生活更美好。我们的目标：科技，让世博更精彩！”

1. 携手UNDP，客车国内首创双轿车动力系统

3年前，3辆奔驰燃料电池公共汽车出现在北京街头。北京的老百姓只需要花2元钱就可以从颐和园北宫门坐到西苑北站，全程大约18公里。这3辆公共汽车因其单价高达180万美元，被称为“世界最贵公交车”，曾经引起人们极大的好奇和争议。其实，价格并非这3辆车最大的关注点。

奔驰燃料电池公共汽车属于“中国燃料电池公共汽车商业化示范”项目。由联合国开发计划署（UNDP）、全球环境基金（GEF）支持，科技部联合北京市、上海市实施。项目共分为两期执行：一期就是这3辆奔驰燃料电池公共汽车，它们在北京展开了为期两年的示范运行。目前，项目已圆满结束；二期由上汽集团作为整车单位，同济大学和上燃动力、清华大学各提供3套动力系统，它们将同样在上海示范运行两年，并在世博会期间展示。

世博园区专用燃料电池客车

同济大学和上燃动力参与研制的燃料电池客车最大的技术亮点就是国内首创双动力系统，这种结构最大的特征在于冗余容错，燃料电池和动力电池技术在比功率和比能量技术状态上具有互补性，而且维护简便，使用成本较低，能够极大地提高整车的动力性能。

何谓双动力系统？同济大学汽车学院副教授、上燃动力电源部门技术负责人魏学哲解释说："通俗地来讲，就是用两套轿车的动力系统拼出一套客车的动力系统。"

事实上，研发过程远远没有我们想象的那么轻松。"UNDP项目招标书厚厚的一本，想要啃下招标书、达到相关标准不是一件容易的事。""客车动力系统的复杂程度比想象的还要深。客车相较于轿车和观光车，虽然数量最少，但是开发深度最深，创新份额最多。"在采访同济大学世博燃料电池汽车研发团队时，他们都发出同样的感慨。据上燃动力动力系统与控制部门经理熊云介绍："调试一台客车大约要花2～3个月时间，调试一台观光车可能一天就够了。"

与以往的研发有别，此次燃料电池汽车在沿用以往的部分关键零部件供应商基础上，大量选用国内零部件供应商，大部分都是国内的知识产权。以客车为例，客车的双动力耦合箱由我校燃料电池汽车研发团队提供设计图纸，由重庆綦江和杭州池通汽车配件有限公司生产，电机驱动系统由上海电驱动公司提供，蓄电池由陕西咸阳一家供应商提供……

值得一提的是，燃料电池客车这次选用了加拿大巴拉德制造公司提供的裸堆。熊云向记者描述了购买裸堆和购买系统之间的本质差别："购买裸堆意味着你有了一个黑匣子，你要在它的基础上集成一套自己的系统。仅仅是这个堆，科研团队就花了1年多的时间去匹配。"

2. “863”计划技术沉淀，轿车持续优化升级

2008年8月17日，北京下起了瓢泼大雨。参加北京奥运会女子马拉松的选手从天安门广场出发，开始了全程近43公里的比赛。现场的拉拉队、电视机前的观众都在为选手们欢呼呐喊。

此时，无数双业内人士的目光却聚焦于选手们身后的护航轿车——基于上海大众帕萨特领驭平台、集成由同济大学新能源汽车工程中心、上燃动力最新开发的新一代燃料电池动力系统平台的燃料电池汽车。同济新能源汽车研发团队派出的奥运示范保障团队负责人熊云在现场一度为雨势揪紧了心。汽车最终成功地经受住了恶劣天气的重大考验，圆满完成任务。

奥运会结束后，其中的16辆帕萨特领驭燃料电池轿车与德国大众合作，远征美国加州进行了为期半年的示范运行，它们按照国际标准进行了严格的运行测试，取得了良好成绩。余卓平自豪地说：“欧洲最大的汽车生产厂家大众汽车敢于拿装配中国研发的燃料电池发动机的汽车到美国加州‘巡演’，说明中国在燃料电池汽车的核心技术方面和德国不相上下。这件事看起来似乎不大，但意义重大。”

“从总体上来说，世博会上展示的70辆轿车走的还是奥运会用车的技术路线，它们的动力系统性能基本上在同一个平台上，主要还是延续国家863、十五、十一五计划的研究成果。”科研团队成员告诉记者，“从超越一号、超越二号、超越三号，再到集成新一代燃料电池动力系统平台并搭载自主品牌荣威车型的新一代‘上海牌’燃料电池轿车、奥运会用车，再到世博会上的燃料电池轿车，可以说，我们是一代一代有调整，一代一代在优化。”

世博园区专用燃料电池轿车

与奥运会相比，世博会轿车的示范运行不管是在运行的强度、展示的力度，还是外部环境的挑战性方面都大大增加。从奥运会上的20辆到世博会上的70辆，数量的增加意味着对技术的可靠性和成熟性等指标要求更高，同时世博会几乎横跨春、夏、秋三个季节，应对多变环境的压力更加艰巨。针对世博会的运行工况，世博会示范轿车在动力系统的动力性、可靠性、安全性方面进行了逐步的优化和升级。“我们主要是努力把技术做实。”同济大学汽车学院副教授、上燃动力公司动力系统与控制部门技术负责人钟在敏朴实的言语透露出同济人一贯严谨求实的工作作风。

世博会上的70辆燃料电池示范轿车可分为40辆新车制造和30辆样车整改升级。“面铺得比较广，适配的总共有上海荣威、一汽、长安、上海大众帕萨特领驭、奇瑞东方之子等5种车型。”去适配5种车型会不会造成较大的技术难度？章桐解答了记者的疑问：“从十五、十一五研发工作开始，我们一直强调通用动力系统平台技术，特征在于可以适配不同的车型。”

“不断扩大示范规模，一方面可以从技术上进行进一步的论证，另一方面可以从效应上扩大宣传使用燃料电池轿车的理念。”章桐对未来燃料电池轿车的普及充满了期待。

3. 几乎完全自主知识产权、百辆级展示，观光车“华丽”亮相

如果你去参观上海世博会，在游览了中国国家馆之后，想去看看外国国家独立馆，你不用担心走过去路途辛苦，你可以招停世博园区内随处可见的拥有糖果色外壳的燃料电池观光车，它们或8座、10座、11座，车内空间适宜，乘坐舒适。

有人评价说，观光车看起来“傻大笨粗”，但是在熊云的眼里，作为第一代车型，它的外形有点憨态可掬。熊云的电脑桌面上，有一张他女儿的照片，刚满周岁的小丫头冲着她的爸爸绽放出天真烂漫的笑容。说起女儿，熊云的语气里饱含宠溺。提起观光车，熊云同样满怀热情，仿佛不亚于另外一个孩子。

“除了动力蓄电池，观光车上的所有其他零部件、动力系统，无论是设计、生产，还是调试、集成，都是同济大学新能源汽车工程中心和上燃动力自主完成的。”熊云引以为傲，“在零部件的开发过程中，我们拥有自己的专利和技术平台。”据介绍，观光车的动力蓄电池由苏州星恒电源有限公司等提供单体，之后的成组、模块、打包等工作都由世博燃料电池汽车研发团队完成。

“如果说我们以前更加注重的是开发过程、设计方案，在研发观光车时，我们将目光更多地聚焦于如何把研究转化为产品，如何产生价值，如何满足用户的需要。”熊云具体解释道，“将自己需要的零部件设计出来，和到市场上购买是两个概念。我在设计的时候，可以综合考虑到产品的可靠性、稳定性、防高温、抗震、防尘、防腐、耐久性等指标，可能市场上没有这样的产品，现在，我不仅做出来了，而且补充到市场上。”

从十辆级到百辆级的飞跃，魏学哲深感肩上的压力又重了，“如果说以前是展示燃料电池汽车技术上的亮点，现在则是把它当作一种公共交通工具来使用，扎扎实实地考验它的可靠性、稳定性。”

在章桐看来，百辆级观光车齐齐“亮相”意义重大，“这是国内、甚至国际上，首次小规模地把燃料电池发动机技术应用到观光车上，配合世博会这样一个全球范围内的大型参观活动，采取了前所未有的大面积与公众接触的方式，对于宣传燃料电池汽车的稳定性、安全性以及低碳经济、节能环保理念的宣传大有帮助。”

校企合作共筑学科高地

2009 年冬季的某天，太阳在云层后面微微洒出点点光芒，南方的冬天依旧湿冷难耐，在上海嘉定，气温要比还市区低上几度。上燃动力系统设计与集成股股长冯鹏乘坐公司的班车于 8:00 准时到达位于嘉定区的公司后，放下随身携带的公文包，拿着工具来到公司门口等待 8:15 的“摆渡车”。

“摆渡车”半小时一班，全程 16 公里，早上 8:15 从公司出发，经公司嘉松北路车间、谢春路车间、新能源汽车工程中心，再回到公司，全程大约半小时。再依此循环，直到下午 16:45 结束一天的运营。

嘉松北路车间 2009 年成立，占地约 44 亩，共有 6 间厂房，每间厂房 1 200 平方米左右，观光车的整套动力系统，客车、轿车的部分零部件就是从这里的生产线产生。

冯鹏来到动力部门车间后，对组装生产线的工人进行了技术上的要求和指导。9:22，他带着设备再次乘坐“摆渡车”前往新能源汽车工程中心，对相关数据进行进一步的测试和校验……新能源汽车工程中心、上燃动力的研发人员几乎几百个工作日都是这样度过。

“新能源汽车工程中心、上燃动力的师生和研发人员对世博燃料电池汽车项目倾注了很大的心血。以参与的学生数量为例，有上百个硕士生、近 30 个博士生投入其中。”校企合作共筑学科高地向来是汽车学院学科建设、人才培养的优良传统。学生创新思维活跃、实践能力较强是同济大学汽车学院的学生“畅销”的主要原因。身兼校企双重职责的章桐对项目带来的契机进行了解读，“作为同济大学汽车学院重点研究方向之一，参与世博项目，势必对新能源汽车学科发展、人才培养大有裨益。”

问及参与世博会最大的收获是什么，钟再敏略微思索，坚定地告诉记者：“培养了自主开发的能力，锻炼了研发意识。不管是深度上还是广度上，世博燃料电池汽车的开发力度都是史无前例的。以世博项目为载体，研发团队对于开发本身的认识和开发流程的理解都上了一个台阶。一旦我们养成了这种开发的意识、开发的习惯、开发的文化，成果出来就是很自然的事情。”

至于技术层面最大的收获，在钟再敏看来，则是“积累了3类具有自主知识产权的燃料电池汽车动力系统，涵盖了客车、轿车、观光车等车体，同时开发体系的构架、体制在不断磨合中得到了提升。”

从万钢手中接过上燃动力发展接力棒的章桐曾将公司的角色形象地定义为连通技术和市场的“桥梁”，在备战世博之后，公司的产业化发展势头逐渐显现，这座产学研结合的“桥梁”越走越宽，同济大学新能源学科发展产学研一体化已然跃升新台阶。

章桐将上燃动力目前的运营状态形象地描述为“麻雀虽小，五脏俱全”。2009年以来，随着车间的“扩张”，公司的生产线正式建立，产业链运作正式开始，目前以提供动力系统和部分关键零部件为主。章桐说：“工程中心的老师和上燃动力的员工几乎都是全方位人才。在严格的管理制度和合理的组织体系下，很多人身兼数职，同时为采购、匹配、测试、调试等操心。”

2001年国家“863”计划电动汽车重大专项为汽车业发展画出蓝图：从2001年起，用6～8年时间实现“低排放”清洁汽车的产业化；再用4～6年时间，实现“零排放”汽车的产业化。如今，第一目标已经实现。

纵览全球，各发达国家、全球知名整车生产厂家纷纷摩拳擦掌，燃料电池汽车量产和相关基础设施建设或已逐渐推出市场，或已提上建议日程。“国际燃料电池汽车已步入产业化前夕。”余卓平提出，“未来6年是中国汽车工业最终实现‘跨越式’发展的关键时期。继本世纪初全球因特网泡沫破裂、信息革命和能源革命之后，目前，国际金融危机给了我们进一步加快步伐发展‘零排放’汽车工业的第二

电动汽车在园区服务

次机遇。”

业内人士一致认为，新能源汽车在上海世博会上如此大规模的示范运行意义深远。它推动了新能源汽车的产业化进程，展现了中国汽车业有信心、有能力在下一轮汽车技术革命和产业升级中实现跨越式发展、抢占制高点。对于同济大学燃料电池汽车研发团队来说，他们长久以来的努力正是为市场的到来作准备。

鹰击长空，鱼翔浅底。待新能源汽车市场风起云涌之际，中国汽车工业将蓄势而起……

超越一号燃料电池轿车

超越二号燃料电池轿车

超越三号燃料电池轿车

与上海大众合作研制的领驭燃料电池轿车

与上汽合作研制的上海牌燃料电池轿车

研制完成的燃料电池城市客车

把根留住

——同济大学专家保护改造上海世博会园区历史产业建筑纪实

·黄艾娇·

焊花飞溅，脚架林立。

放眼浦江两岸，上海世博园这巨幅壮阔、绮丽的画卷上，一幢幢造型别致、风格迥异的建筑相继跃出图纸，拔地而起，蔚为大观。

漫步在鳞次栉比的世博楼群，时时可见一个个既深藏历史遗韵、又极具现代美感的建筑体，犹如朵朵奇葩，绽放其间，带给你别样的惊喜。

上海，中国近代工业的发源地。世博园选址黄浦江两岸中心区，这里恰好汇聚了中国百年工业文明的遗迹。上钢三厂、江南造船厂、南市发电厂……这一个个跨越了百年的名号下，一栋栋外表斑驳的百年老厂房如今依然静静伫立，斑斑印迹无声诉说着这个城市工业一路走来的艰辛。

城市需要留存记忆，世博需要空间支撑。两者确为一对矛盾体，碰撞无可避免，有时还很激烈，然而终能找寻到化解之道。

有资料表明，世博园区 5.28 平方公里范围内，历史建筑保护利用达到了 38 万平方米，其中 25 万平方米是产业遗址的再生利用。历史建筑保护利用占到整个世博园区总建筑面积的六分之一，创下了世博会举办以来保护利用历史建筑规模之最。

在“延续城市文脉”与“世博空间需求”之间谋求双赢，需要大智慧、大手笔、大担当。同济人的社会责任和专业精神又一次在其间闪耀，为上海世博蓝图又添浓墨重彩的一笔——

上篇：上钢三厂保护之旅

1. 自发普查厂房，拉开保护帷幕

2005 年阳春三月的一天，沐浴在一片春光中的浦东卢浦大桥西侧的“后滩”片区，迎来了一群来自同济大学建筑与城市规划学院的师生，他们步履匆匆，一路风尘。走在队伍最前头的，是莫天伟、卢永毅两位知名建筑专家。

这片地块位于世博园区浦东片区核心地段，集聚了大量厂房和历史建筑，尤其

莫天伟教授带学生在老建筑现场考察

是已形成历史产业建筑群落的宝钢集团浦东钢铁有限公司（原上钢三厂）厂区，占地面积达3 000余亩，被整体划入世博会红线范围。在世博园区规划伊始，这些成片的老建筑就面临被拆，处境堪忧。

在同济大学上海世博会研究中心紧急召集下，学校建筑专业的一批师生热切响应，他们自告奋勇，自发组织起一支普查队伍，并迅即行动起来。实地踏访、现场调查，当务之急是尽快摸清楚这里的总体实情。

这，对于同济人来说，是一件刻不容缓的大事情。

这一大片工业遗产，在我国民族工业史上占有的特殊地位，不能不让同济人为它们的未来揪心。

上钢三厂，始建于1913年，为上海实业家陆伯鸿集资引进德国技术创办的和兴化铁厂，1918年正式开工，这也标志着近代上海第一家，也是近代中国第一家民营钢铁厂的诞生。后几经改建，特别是在建国初期，随着大量厂房加建、设备更新，钢铁厂规模扩大，成为具有完整钢铁生产能力的重要工业基地。1988年又并入宝钢集团，更名为“宝钢集团浦江钢铁公司”。

无论是积满尘垢的空置厂房，还是炉火正旺的轧钢车间，同济师生现场踏勘一处也不落下。莫天伟、卢永毅两位教授带着岑伟副教授、在读博士生王珂等一群年轻人，手拿残缺不全的图纸，在厂区各点不倦地穿梭奔走，定睛凝望，用一双双专业的眼光追寻一栋栋老建筑的历史渊源，观察、记录现今的“生命体征”。

春归夏至，夏尽秋来，同济师生脚步未歇，一张张照片上季节的变幻可以真实的为他们作证。历时大半年的考察、调研，课题组不仅采集到了厂区内这些产业建筑翔实的历史信息，也掌握了包括空间尺度、立面材质等在内的各建筑单体空间的重要参数，对这些工业遗产的“生命轨迹”以及现今“生命体征”，了然于心。

最终，大家的目光落在厂区内几大主体建筑身上。

——转炉车间，原为转炉二车间，建于1956年，后改造为转炉炼钢厂。后几经改造，仍在使用中。

——电炉车间，1959年由原转炉一车间改造而来，1968年改扩建以适应当时军工生产需要。后经多次改造，仍在使用中。

——厚板车间，1987 年打桩，1989 年厂房开吊，1991 年建成开工。创国内首次将国外粗轧机与国内精轧机双机联动的先例。经多次改造，仍在生产中。

——和鑫仓库，建于 1930 年，隶属和兴码头，原用于储藏来往货船货物。1959 年划归上钢三厂，储存五金杂料，可称得上是上海早期城市工作场景的一块“活化石”。

——钢厂专用的货物铁轨及柴油小火车，穿越厂区各厂房，为厂区输送原料、搬运成品。

……

眼见如此开阔的一整片厂区，卢永毅教授不由得惊叹：“有这么一大片，把所有世博展馆放在里面都够了。”

面对老建筑群，这位曾在法国考察学习、研究历史建筑的女教授真情流露：“这些车间厂房都打上了中国钢铁工业发展的印记，不论是最初的建设，还是后来的改扩建，都印证着我国钢铁工业的发展轨迹。一旦被拆毁，就会完全抹去城市工业文明的珍贵记忆。”这番话语，让年轻人心头的使命感又加重几分。

可是，“保护”不能沦为空谈，只有将老厂房进行有效利用，才是对它们最大的保护。

这些厂房极大的空间资源，恰好契合世博展示的功能需求。这里的厂房特色尤为明显，多数为国内最早的大尺度大跨度建筑，连续跨度多在 100 米之上，内部空间高大、空旷，便于改造、分隔，来适应不同的功能需求，非常适用于世博会展览、展示。

“既能留存大工业的历史印记，又能结合世博园区的功能定位，对它们进行合理开发利用。”莫教授为这些老建筑或将面临的转机而欣喜，“世博办展，可以说让这些老厂房重获新生，带来了不可再遇的大好时机!”

不仅如此，其后续利用也前景可期。这位建筑专家认为，在世博会后时期，这些历史产业建筑还可延续其在世博会展期的功能，仍可用作城市的公共空间和服务设施，并且还能带动周边的会后开发。“如果让历史建筑保护、世博会使用、世博后利用这三张设计任务书，研究融合为一张综合的设计任务书，该有多好!”

基于这一思路，课题组在《2010 上海世博会上钢三厂区域产业建筑调查报告》中这样明确提出：“一方面，可让富有历史文化价值的工业建筑遗产留存于世；另一方面，改造后又能用来支撑世博需要；而且，在世博会后还可继续使用，并带动区域发展。”

对于厂区内的三大主体建筑，他们特别着墨：“电炉车间、转炉车间和厚板车间三座钢结构厂房，拥有关联的历史渊源，同时拥有极大的空间资源和可操作性：三幢建筑物拥有的可供再利用的空间元素，与世博会对展示空间的空间性质要求相符合。”

与现场调查相辅，卢永毅教授带领自己的研究生们，还对当今国外产业建筑保护和再利用的理论和成功经验做了大量研究，尤其对德国鲁尔地区工业遗产保护的著名案例进行专题研究，有力地支撑了调查报告的立论和策略分析。

与调查报告相伴而生的，是一项项急迫而可行的建议：“对电炉车间重新进行空间设计、立面设计；对转炉车间内历史产业设施适度保留，重新整体设计；适当保留厚板车间内部分设备，用于产业技术展示，并灵活分隔空间以适应世博会要求；和鑫仓库联同浮桥码头，进行整体保护，并更新其使用功能……”

老厂房命运危在旦夕，保护工作宜早不宜迟。就在2005年的初冬，同济大学不仅想方设法通过多种途径，将调查报告及建议呈交世博局相关部门，还主动与上钢三厂的新东家——宝钢集团沟通，争取厂方的积极支持。

言辞恳切，有理有据，在同济教授一次次的陈述下，世博会土地控股公司态度日渐明朗：采纳建议，希望课题组进一步着手老厂房的整体研究和改造概念设计。

2. 深入研究设计，巧绘世博新景

事实上，对上钢三厂的保护利用，其意义还不止于此。

让人兴奋的是，这恰好与本届上海世博会的主题高度契合。“对大面积的工业遗产进行保护并再生利用，确保了城市从过去到现在、再到未来的延续性发展，这正是对‘城市，让生活更美好’主题的最好诠释。”莫天伟教授说。

一是护卫了城市工业记忆，二来可极好地支撑世博办展，三是还可后续充分利用。课题组将这一理念用“锈”和“秀”两个汉字精炼概括，即从昔日的工业“锈”带，变为世博“秀”（show）的舞台。

“用一个设计，解决三个任务书”，可行性如何？在同济大学上海世博会研究中心组织的几次校内论证会上，中国工程院院士戴复东教授、罗小未教授、卢济威教授等均对此点头首肯，认为它为世博园区老厂房功能置换、改造再生提出了很好的思路。罗小未教授还建议，在“锈”、“秀”二字基础上，可再添一个“绣”字，寓意在世博会后，带动区域周边发展而开拓出一片“锦绣”天地。

这给研究小组吃下一颗定心丸。工业遗存保护工作，有了广为认可的设计思想作为强有力的支撑！

其实，更新城市老工业区产业功能，促进其成功转型的这一思想，在莫天伟教授课题组中并非首次尝试。在此之前，既有上海“新天地”对5万平方米建筑遗产的保护开发，营造出了极具活力的城市公共空间，又有杨树浦自来水厂、怡和纱厂等工业老厂房保护改造设计的成功实践经验，它们为此次世博园区历史产业建筑保护利用提供了极有说服力的例证和借鉴。

正在参加世博会园区总体规划的同济城市规划设计研究院，也对此给予支持。院长周俭教授及俞静等规划师，提供了相关规划资料，并积极把这一立意融入总体规划中，将老厂房改造体现在世博园区规划中。

怎样做好保护再利用这篇大文章？如何既能留住城市工业文明绵延百年的文脉，又能将老厂房改造成为世博会的支撑体系？受世博土地控股公司委托，在同济大学上海世博会研究中心组织下，莫天伟教授研究团队与同济大学建筑设计研究院联手，开始着手对几栋重点厂房进行深入研究和设计，不失时机地将保护利用工作一步一步向前推进。

上钢三厂“电炉车间”，是莫教授最为钟情的一幢大厂房。它在整个区域建筑中最高、体量最大，具有无可比拟的超大空间优势；特别是贯通浦东园区东西向的二层高架步道，从厂房最高两跨穿越，使其成为一个人流集散地。

“结合这块地段的规划和定位，将电炉车间改造为一个服务支撑体系，可以非常好地来服务世博。”在建筑与城市规划学院新楼三楼的一间办公室，指着桌上一张张改造设计效果图，面容清癯、和蔼可亲的莫先生娓娓道来。

这无疑是这位同济资深专家的又一“智慧＋激情”的设计手笔：尽量减少改、加建量，尽量保持内部空间完整性；显露其最有特色的巨型主体结构柱和屋顶桁架；充分利用其单层层高40余米的净空，引入二层平面，形成二层中心广场，与高架步道相连，既可疏散人流，还可遮阳避雨；利用其北侧面向黄浦江21米高屋顶，改造成为屋顶观景平台，成为观赏世博全景的最佳点；将底部空间用作展馆和集中服务设施……

支撑世博，更为世博增色添彩。“厂房经过改造，能够营造出一种前所未有的历史感、震撼力。”莫教授介绍道，“这样既能与园区其他产业建筑组成产业遗产特色观展线路，又能减少新建设量，形成世博会特色服务系统，为游客带来世博会的特别体验。”

沿用这一思路，作为上钢三厂轧钢厂房的“厚板车间”，改造方案也跃然纸上。

厚板车间被改造为中南美洲联合馆

它总长一公里，曾是上海最长的车间。它在世博园区规划中原定位为非洲联合馆，后又改作集中南美洲联合馆、物流库房及餐饮、服务设施等功能于一体的综合性建筑，也是世博会唯一利用老厂房改造而成的国家展馆。

“保留内部完整性，显露原有巨型结构；底部布置中南美洲联合馆，二层布置餐饮空间，并形成二层半室外观景广场；将新、老建筑元素穿插、融合，实现历史、现在和未来的时空对话。”这又为人们勾勒出了黄浦江边又一幅既斑斓又别致的美好图景。

灯火璀璨的夜空下，一栋栋宽体建筑深扎大地，巍然耸立，其巨型结构外露，空间开阔通透。如潮的人流徜徉其间，或休憩歇息用餐，或可登临二楼观景平台，放眼世博园区如诗如画美景……一幅幅效果图上，历史的印记与现代的气息和谐交融，孕育出了世博园区一道道别有意蕴的特色风景线，令人心中不由的生出无限向往……

历时整一年，2007 年 3 月，整体研究和全面概念设计才告一段落，涵盖几大钢铁车间以及和鑫仓库。在研究团队形成的《后滩区域老厂房改造研究报告》中，既有涉及厂房内部功能空间容量、空间形象的总体研究成果，又有涵盖厂房内联合馆布局、内部空间设计的概念设计，还提出了具体的建设方式、建设标准。

并且，就各方广为关心的改造资金问题，也明确作答：“厂房改造投资应该能略低于拆建和新造同等面积展馆的投资额。”

这些艰巨、扎实的基础性研究工作，为后续工程招投标中“设计任务书”的制定，提供了可靠的第一手的重要依据。

3. 全力争取保留，有成果也存遗憾

2008 年 10 月 14 日，全国博士生学术会议（建筑·规划）在同济大学开幕，在大会特设的“世博会专题报告会”上，当一幅幅世博园区历史产业建筑改造设计的鸟瞰图、透视图，接连呈现在背景屏上时，来自全国的百余名青年博士生们叹为观止，他们向台上仰慕已久的莫天伟教授报以经久不息的掌声。

然而，让我们扼腕叹息的是，这其中几大美轮美奂的产业建筑转型之作，只能永远定格在画面中，成为不可能实现的美丽梦境。而此时此刻，面前的这位长者，依然一脸平和、淡定。

“城市是慢慢发展的，是一步一步成为今天这个模样的，是逐渐越来越美好的，不是推倒重来的。”

“历史产业建筑一旦消失，就永远不可能再现了。”

“城市发展不能拒绝传统和历史，不能简单地以新代旧了之，不然将只剩下无处追寻的记忆。”……

这样的话语，老教授不知说了多少遍。

让我们将镜头回放到2007年初冬的一天。

这天午后，冬阳煦暖，莫教授乘车前往世博局。行经卢浦大桥时，他习惯性地摇下车窗，放眼那片再熟悉不过的地块，想找寻电炉车间时，不禁大吃一惊：“啊，怎么全拆掉了？不是说只是局部拆除吗?”他再一眼望过去，黄浦江边的“和鑫仓库”也开始了拆除。

的确，这位一直牵挂着老厂房最终命运的同济建筑专家尚不知情。就在当年的11月，一份《关于拆除世博园区内电炉、转炉车间的专报》，已由世博局工程建设指挥部刊发。其理由有四：一是两车间占地过大，影响周边展馆布局；二是两厂房体量巨大，对周边国家展馆有压迫感；三是高架步道穿越厂房，影响步道的通透性；四是保留、改造厂房的经济投入高于完全新建展馆的投入。

好不容易奏响的世博园区产业建筑保护进行曲，在关键时刻突然变了调，这是课题组始料未及的，也是最不愿看到的。

此前两个月，即2007年10月，世博局国展部提出，因为电炉车间本身体量巨大，位于车间西侧的加拿大馆认为对其造成压迫感，要求调整地块，为此他们建议拆除电炉车间。

“建议少量拆除电炉车间的部分结构，拆除全部外维护，弱化建筑体量，减少对加拿大馆的影响。”同济大学建筑设计研究院如此建议，并提供了少量拆除的方案。

尽管遇阻，但同济人并没有就此止步，一直在坚持、在努力。不仅莫教授的研究小组在竭尽全力争取，同济大学建筑设计院也为老厂房的保留而不遗余力。王珂

电炉车间的再利用方案

博士还被派驻世博工程指挥部两个月，每天与建筑设计院的建筑师们一道，为老厂房的改造一次又一次耐心细致地做着协调、沟通、局部妥协、修改图纸的工作。

一个月不到，又一个消息传来。11 月 4 日，工程建设指挥部又提出：高架步道如穿越电炉车间和厚板车间，会影响步道的整体性，施工难度也会增加；两栋厂房均过于高大，在卢浦大桥以西过于醒目，建议拆除。随后，同济大学建筑设计院以及承担转炉车间改造的北京建筑设计院，提供了完整保留和局部拆除方案，供指挥部参考。

然而，11 月 22 日，专报发布。

“我们尽了努力，还是没能保住电炉车间，真是很心疼、很遗憾啊!”莫教授听似平静的话语，道出的是深深的伤感。

这一份政协提案，见证了同济人为留存重要民族产业历史建筑“和鑫仓库”的又一份用心和努力。该仓库是上钢三厂厂区内的“元老”，正处世博轴端部。

那是 2007 年盛夏的一天，原本以为“和鑫仓库”已予保留的莫天伟教授，突然听闻仓库要拆的消息，寝食难安，又是同济大学上海世博会研究中心在这一重要时刻给予全力支持，研究中心副主任徐迪民老师想到了自己政协委员的身份。于是他郑重呈交一份政协提案，恳请保留“和鑫仓库”。

提案中这样写道：“‘和鑫仓库’是上海早期城市工作场景的活化石，尤其是其沿江的缓坡台阶，充分反映了当时码头工人扛大包搬运的工作方式。其建筑内部的无梁楼盖系统以及后期加建的斜向梁，外部仍保留着的早期名称标牌和建筑装饰细节，使其具有重要的保留价值。我们建议在世博园区保留这一仓库，既能留存城市的记忆，更是一个展示‘城市，让生活更美好’主题的平台。”

在一天天焦急地等盼中，38 个日子捱过，徐老师惊喜地收到了上海市规划局的答复函：“提案采纳”，大家一颗颗悬着的心这才落了地。

改造施工中的和鑫仓库

让课题组尚感欣慰的是，几大主体厂房中，好在厚板车间大部分得以成功保留，改作中南美洲馆。在同济大学建筑设计研究院一批建筑师、工程师的齐心协力下，如今，莫教授的设计思想正一天天化为眼前之景：原有结构最大限度得到利用，底层大部分面积用作中南美洲联合馆；二层则布置大面积餐厅，向园区开放成半室内餐饮广场……会后这里将成为面向周边市区居民开放的室内运动场馆。

“上钢三厂老厂房保护改造工作，是联合作战，集合了同济大学一群教授、青年博士以及多个机构的群体力量。”回首这一历程，莫教授感慨系之：“尽管留有遗憾，但同济大学在关乎老厂房命运的重大关头没有缺席，尽了努力，显现了同济人的学术良心和知识分子的社会责任心！”

下篇：百年建筑新生之路

世博园浦东片区上钢三厂部分钢铁车间最终得以成功留存，同济人是最大功臣，世博园区浦西片以原江南造船厂和求新船厂为主的这一区域，2004 年即已被确定为整体保留，同济人同样功不可没。

在上海申办世博会之前，中国科学院院士、同济大学建筑专家郑时龄教授就在一篇关于 2010 年上海世博会选址情况的文章中明确提出：“位于浦西世博会选址规划控制区域内有 10 多家工厂企业，在世博会场馆建设中，这些具有历史价值和利用价值的建筑，都应该得到有效保护并改造成为工业、商业类博物馆。”

在此之前，早在 20 世纪 90 年代中期，同济大学建筑规划专家吴长福教授就以杨浦区政协委员名义，呼吁上海通过建立工业博物馆，来保护工业历史资源。他说：“将城市工业化阶段遗产保护起来，是一个城市文化底蕴的标志。”

如何让历经百年风霜的老建筑重绽新颜？依然又是同济大学的建筑专家们，手握一支支生花妙笔，让一幢幢已届“风烛残年”的老厂房旧貌换新颜。

历史建筑改造——飞机库

1. 百年船厂：重现珍贵印痕

面对满身沧桑的老厂房，如何在保存历史记忆与再生利用之间找到最佳平衡点，成为摆在设计者面前的一道难题。同济大学建筑系主任常青教授无疑交出了一份漂亮的答卷。

自2007年起，常青教授率研究室的青年教师、研究生和历史建筑保护工程专业的本科生，对世博浦西片区飞机库（企业联合馆）、海军司令部、将军楼和求新船厂办公楼等4栋保护建筑，陆续进行了测绘和历史研究，承担了这些优秀经典历史建筑的修缮设计工作。

"工业建筑"改作"展览建筑"，这并非一道易解之题。尤其是原江南造船厂的飞机库，要用作世博期间的企业展馆，在功能类型上转变很大，对设计师来说是个大挑战。

而飞机库的纪念价值，不言而喻。这是中国首家飞机制造工厂——成立于1918年的海军制造飞机处在1931年迁往上海后的飞机制造车间，后用作普通机修车间。在其内部，弧形屋架下高敞的尺度，使其空间显得十分粗犷厚重。

历史研究、现场测绘、结构和材料分析、引入地理信息系统，常青教授团队样样都不少。基于一系列先期工作，团队提出了"立面修缮、复原和内部适应性再生"策略，明确定调："既要最大程度地保留原历史建筑、历史元素的完整性和可识别性，也要加强原特征与新的城市环境之间的适应性。"

珍贵的历史印痕，一一复归，其历史纪念性更加凸显。在飞机库主入口，民国海军标志、"海军制造飞机处"7个大字，在岁月风尘中日渐褪色、模糊。常教授介绍说，"我们依照历史照片并结合现场研判，对飞机库主要立面进行复原、整饬，包括这个海军标志和7个大字，以及立面门窗洞口。"

常青教授团队非常专业的手法和对历史建筑高度负责的精神，也充分显现在将军楼、海军司令部、求新船厂办公楼等另几栋历史建筑改造中。

对其中一栋屋顶的甄别，让你不得不佩服团队的"专业"和"敬业"。建于1923年的求新船厂办公楼，南立面有精美考究的铸铁外廊、清水砖墙，可是其"两坡屋顶、两侧山面格局"的造型，却被打上一个大大的问号：这是原初屋顶吗？

历史建筑改造——海军司令部

"此屋顶与外立面极不协调，为后来所改，原初屋顶应为有烟囱穿出的四坡顶。"基于这一判断，课题组决定在对这栋楼进行立面修缮中，将屋顶风格予以复原。"我们要在确保历史建筑真实性和完整性的基础上，再对它们进行符合保护原则的修复和再生设计。"常青教授说得毫不含糊。

事实上，近年来，常青教授主持的东外滩"工业文明遗产保护性再生概念设计研究"，在对既有工业建筑进行再生设计的策略和方法上，均进行了可贵的探索，这为上海世博会场地内历史性工业建筑与工业文明遗存的保护和再生，提供了有力的实证支撑。

2. 百年电厂：唱响绿色旋律

2009年12月初，冬寒日浓。毗邻黄浦江畔的一栋既显现代雅韵、又具工业历史风貌的建筑，重又进入公众的视野。

这就是始建于1897年的上海南市发电厂，改造设计的主体为1985年建成的南市发电厂主厂房和烟囱。改造后的主厂房成为世博会五大主题展馆之一——"城市未来探索馆"以及能源中心和以非物质的形式展示城市实践案例的城市最佳实践区案例报告厅。通过多项能源、生态建筑技术的引入，改造后的主厂房将成为一个展示新能源、新技术、新理念的平台，它已入选我国环保建筑中最高奖项"三星级绿色建筑"，老厂房能享有这一殊荣，此属国内首例。

从"传统燃煤电厂"转型为"绿色能源中心"，这出自同济大学又一位优秀青年设计师章明博士的设计手笔。

以"绿"着色，斑驳锈迹化为盎然生机。绿色混凝土、透水砖块、江水源热泵、太阳能光伏发电、主动式人工导光、膜处理水回用技术等十余项环保节能绿色科技，在一张张改造设计图中交融。这，恰是一扇“传统能源”向“新型能源”转变之窗。

工业文明记忆，需要妥善珍存。这里，特地保留了代表传统火力发电的发电机组和大量附属设施，作为日后追寻的记忆线索和传统火力发电的主题展示，大型吊车、发电机组、巨大的粉煤灰分离器……无不呈现出强烈的工业时代特征。

“我们希望人们在这里既能呼吸到历史的气息，又能感受到城市未来的发展方向和未来的生活模式。”章明博士说。

将南市发电厂主厂房外，一根高达165米、曾经黑烟袅袅的钢筋混凝土大烟囱，“改造成为一座201米高的动态观光塔，成为世博园区内集体验、互动、趣味于一身的观景制高点，成为园区内标志性的特色建筑之一”，这是章明博士又一神思妙想。

多组前后串联的太空舱，沿着烟囱周身封闭的双轨道螺旋缓缓上升，登顶后继而平稳下降……这曾激发起多少人的热切憧憬：“在2010年夏秋的某一日，乘坐螺旋式摩天轮，上和谐塔观光世博园。”令人遗憾的是，这一改建计划最终搁浅，但同济人巧用历史工业建筑，为上海世博会编织的又一瑰丽梦想，已然留在众多人心中……

3. 百年里弄：展露海派文化

世博园区内，一幢幢老厂房妆容一新、重现蓬勃生气，将为游客带来别样的体验感。而在世博园区之外，上海当如何挖掘并借助自身特有的历史建筑资源，向远道而来的客人尽情展现海派文化？

听听阮仪三教授，这位享有“都市文脉守护者”、“历史文化城镇卫士”之美誉的同济资深学人响亮而诚恳的声音：“上海极富特色的历史遗产资源大有可为，特别是带有城市生活鲜明记忆的里弄，可成为世博园区外展现海派文化的一个极好的载体。”

已近耄耋之年，仍终年奔忙在我国城镇历史建筑保护第一线的阮教授，近两年来总不忘在大小论坛上这样急切呼吁：

“里弄是惟上海才有的，上海能不能学习北京奥运会改造胡同和院落的经验，拿出几百条里弄，用来接待观展的外国游客？”

“里弄是上海的资源和品牌，我们完全可以将世博会视作一个契机，对里弄进行保护再利用！”

“通过世博会对里弄的试点经验，还能以活生生的实例向人们普及保护历史建筑的观念。”

面对媒体记者，他慷慨陈词：里弄从中国传统的四合院发展而来，记录了上海从传统向现代转变过程中城市居住模式的变化，既容纳了更多人口居住生活，又保持了亲切的人性化尺度。成片的里弄和高层建筑群共同组成了城市肌理，这在世界大城市中也是很特殊、很别致的景观。

“上海世博会不仅意味着新的场馆和新区建设，在世博园区之外，我们可以更新完善多处历史街区、里弄展示，向世人展示上海独具风味的海派文化。”

阮教授不仅大声建言，还跟惯常一样雷厉风行、满腔热忱。他又一次出发上路。

2008 年 9 月，由他掌门的同济大学国家历史文化名城研究中心，启动了对上海里弄的摸底调查。由数十位专家、教授、博士生和近二百位社会志愿者组成的调研团队，马不停蹄，拍照、走访、查阅资料，历时百余天，一共实地踏访、现场调查了四百多个地块、上千条里弄、近万幢建筑，大致摸清了上海里弄的“家底”。

“除已经划定的 12 个历史文化风貌区外，上海还有一些值得保护的里弄，我们建议新增、扩大以里弄为主的历史文化风貌区。”在同济教授的力谏之下，上海市相关部门已着手准备对全市优秀历史建筑和历史风貌区作一次全面调研，以求真正做到心中有数。

上海历史建筑保护，有望展开精彩续篇。

2010 年 5 月 1 日，全世界的目光将共同聚焦中国、聚焦上海。盛大恢弘、壮美绝伦的上海世博会大幕将隆重开启。

可以想象那一刻那一幕：在五月初夏的阳光下，一幢幢历史工业建筑以一派崭新容颜和特别景致，敞开怀抱，迎来川流不息的游客驻足流连；园区内还会挂出“上钢路”、“南厂路”这样一些路牌，时时唤起人们对脚下这片土地过往印痕的探寻与追忆……

莫天伟教授团队在讨论老建筑保护方案

而置身彼时彼境中的同济人，将尤感光荣和自豪，因为他们曾以学者的学术担当和纯熟的专业手笔，为这一部上海世博会雄壮激昂、气势磅礴的和谐城市交响曲，奏响了历史产业建筑风雨中重生的动人乐章！

历史终将铭记这一切。

别有洞天地下空间

——记同济专家在世博园区地下空间开发与利用中

·周宏武·

穿梭不息的人流，呼啸而过的地铁、繁华喧闹的街市，轻巧雅致的展馆……2010 年上海世博会这样的地下城就有 20 多万平方米：商铺、展馆、饭店、无月台地铁站、街具小景等。呼之欲出的“世博地下城”，如同精彩的世博地上世界一样，成为上海世博会的又一亮点。

世博园区地下空间概念规划

一个大规模的地下空间建设难度之大可想而知。同济大学地下空间相关学科领域的专家们为上海世博园区的地下空间建设殚思竭虑，用智慧打开一扇一扇门，描绘出一片绚烂天地。

从世博地下空间概念规划到地下空间技术运用集成研究，从地下建设关键技术支撑到施工监理三维技术应用……其中都融入了同济专家的智慧和汗水。

精心规划绘就地下精彩世界

20 世纪 90 年代美国电影《黑客帝国》中的地下世界曾让人如痴如醉，如今地下空间已经成为城市的一道风景。21 世纪是地下空间的世纪。如今城市的发展越来越受到土地的制约，地下空间资源的开发利用在一定程度上缓解了城市建设中土地稀缺的焦虑，同时也改善了城市的交通状况和环境污染。上海，寸土寸金。据资料查证，世博园区周边房价高达 4 万元/平方米，地价也达 2 万元/平方米以上。建一个功能全面、具有标杆地位的地下城业已是上海世博会的“重头戏”之一。

凡事预则立。世博会举办地址刚刚敲定，同济地下空间研究中心的专家们就在思考世博园区的地下空间规划。同济大学常务副校长、地下空间专家李永盛教授就是其中一员，他参与了世博园区地下空间利用的前期规划研究。

一开始规划，迎面而来的便是实实在在的困难。地下空间开发存在着很大的不确定性，就上海而言，地下资料很不完备，同时已有的资料相对分散，如自来水、煤气、电力、交通、环卫等部门都掌握一部分，并不系统、集中。另外规划的重点在哪？在世博局组织的第一次专家会议上，李永盛就提出：首先在制定地下空间分项规划时，利用各种先进的探测手段全面了解地下状况，把现有相关力量统一起来；其次在规划设计时应该注意联动性、整体性、前瞻性，充分考虑地下资源的整合利用；再次，规划还要考虑到当前技术水平和财力，量力而行。地下空间利用越深入，造价越高，而且是以几何级数增加。利用地下空间应该科学、慎重，一旦开发，几乎没有再行改变的可能。

李永盛等专家的建议给管理者、规划者及时的提醒。2010 年上海世博会将地下空间资源的开发利用系统作为世博园区建设十大系统之一，给予了前所未有的重视。

同济专家又一次大集合，朱合华、侯学渊、袁勇、束昱、彭芳乐等一批专家纷纷加入到同一个项目中。“2003 年，同济大学就着手研究世博会地下空间利用，学校组织了岩土工程等相关学科的一个团队研究制定世博会地下空间的概念规划”，看着案头厚厚的《世博会园区地下空间概念规划方案》，李永盛教授仿佛还沉浸在当时的规划设计中。2003 年 10 月底的上海微微有点凉意，在第一届上海世博会国际论坛上，李永盛教授代表专家组做了“关于上海世博会展区的地下空间利用”概念性演说，赢得了国内外专家的阵阵掌声。

“对地下空间的开发利用，可以把城市很多设施和功能逐步有序地转到地下，把地面空间释放出来，从某种程度上说，地下空间资源利用已成为城市可持续发展的重点”，基于这样的原则，规划本着“生态、功能、示范、人文、节约、安全”的开发理念，构建了生态型城市基础设施系统和生态型地下公共空间系统：世博轴地下空间、地铁、地下道路、地下车库、市政综合管沟、地下展示馆、地下公共步道、地下商业和餐饮街、地下文化娱乐设施等。粗略计算，规划面积达 40 万平方米，有 60 个足球场的面积。如此庞大的体量，就单一区域而言，世界上不多见。其中的精彩之处有：

一条标注为 1 米多高的综合管沟纵横于世博园区，将“自来水管、煤气管、电力电缆、通讯电缆、污水排放”全部包容，就像城市的地下血脉，输送着城市的给养，排放着城市的“排放”。

一道地下垃圾处理链处理每天40万人流产生的160吨垃圾：地面垃圾投放——聚汇地下垃圾站——垃圾分类后——可燃垃圾成为地下发电站的原料——产生的电能和热能可供园区使用。

一套地下污水处理系统净化着每天产生的大约14 000吨污水，可将生活污水提升为中水标准，再次加以循环利用，同时建设世博园区雨水回收利用生态系统，在减少园区污水排放量的同时，也解决园区建筑消防、保洁、绿地灌溉等用水需求。

一套地下绿色能源系统勾勒出上海世博会能源使用前景：低位能源盘管、能源桩等设施收集太阳能、地热能；污水处理以及地铁系统产生的废能利用；夏季储蓄“热”能，冬季收藏“冷”能，换季节供给，实现地下空间的动态平衡，达到自平衡的循环系统。这些将给世博园区节约能源30%以上。

绿色的阳光谷

与此同时，规划对自然光的利用也达到了极致：空间将采用上下相连的形势，在各边角与外界相连的地方设置天窗，让自然光线充分进入；世博轴中的阳光谷更是地下光线的输送带，白天，阳光通过输送可以到达地下二层，夜晚，地下光线通过阳光谷发射到茫茫的夜色中，描绘着世博园区夜幕下的五彩斑斓。

地铁站将与世博会地下空间完整融合在一起，淡化月台概念，乘客从地铁的两边皆可下车。乘客们从车里一出来就置身于巨大的广场上，直接感受世博会的气息。另外，地下还有一个顺畅的联络通道把地上一些主要场馆、设施联系起来，遇到紧急情况，即使不通过地面，也能将游客转移出世博园。

在世博轴地下综合体，地下建筑尽可能地融入中国元素，植入众多的文化符号，而不是举目皆见西式建筑，届时，游客们将可见到充满中国风味的人文设施。

大量适宜地下环境生长的绿色植物植入地下，让游客感觉与在地面上行走一样。另外在空气流通、空气温度控制等方面参照正常指标，让游客在地下也能与地上感受同样清新的空气。

……

世博轴地下空间

如今已是甘肃兰州市市长助理的王璇博士读博期间自始至终参与《世博会园区地下空间概念规划方案》编制。回想当时经历，他难掩心中激动："那是一段难忘的经历，尤其与老师和同学一道为了世博会，日日夜夜，苦中有乐，终身难忘。那时总想做得完美些、再完美些。"是啊，该想到的都已经想到，该表现的已完美表现，在投入与产出中、在现实与发展中规划者试图寻找一种均衡点，也确实体现出这种均衡。"世博园区地下空间的成功开发，将对整个城市地下空间开发提供示范作用"，这是同济大学地下空间研究者的追求。

应用集成实现地下空间新型技术

地下空间，乍听起来让人感到"狭仄"，常常有种"不见天日"的不适感。如何让地下空间舒适，体现"城市，让生活更美好"的上海世博会主旨，一直是同济人思考和研究的课题。

2005 年 10 月，同济大学地下空间研究中心束昱和彭芳乐教授领衔承担了"世博地下空间环境生态化综合指标与技术集成研究"课题。"通过我们的研究，世博地下空间环境可与地面环境一样健康舒适。"这是他们最初的动力，也是最终的目标。

少占、少用资源、减少环境负荷、高效率循环利用是地下空间环境生态化实施方案孜孜以求的目标。在束昱教授等课题组成员眼中，宜人的温度、温和的湿度、清洁的空气、充沛的光照、良好的声响、入眼的植物……一个都不能少。这样才能营造起安静、洁净、安全、便捷、赏心悦目的环境。

地下空间的特殊性要求环境生态化的高标准。课题组提出了上海世博园地下空间环境生态化指标体系：生态化光环境、生态化通风换气环境、生态化声环境、生态化装饰装修、生态化绿化、生态化节能等 6 个子系统，在分别研究各子系统环境生态化指标与技术的基础上，进行环境评价、系统集成，为世博会地下空间实际开发提出应用指南。

从拿到课题的第一天起，课题组迅速分解任务，成立了协调组和6个子系统项目组。课题组组长束昱更是马不停蹄。尽管已经领衔主持了许许多多的地下空间课题，在接受世博会这项任务时，还是感到责任非同寻常。“世博会地下空间规模庞大，呈现出功能高度聚集、空间高度集约、人流高度密集、安全性要求严、便捷性要求高、舒适性要求特别等诸多特点。”束昱说，那段日子一直深感重担在肩啊。

设计者从整体出发，注意整体系统的优化，能源和资源的综合利用。各小组既分工攻关又团结协作，他们查阅大量资料，向同行请教，并不时地与国外专家热线联系。这一切就是为了把地下空间环境营造得和地面环境一样健康舒适，甚至更为惬意。功夫不负有心人。专家们梳理并找到了实用经济、绿色生态、安全健康、快速高效的技术途径实现世博地下空间环境的生态化。

实验现场

自然光引入地下，是建立舒适地下环境的首要前提。除了传统的高侧窗、开天窗等被动式采光形式外，还可以通过光导管、阳光采集器、光纤等主动式阳光导入系统把自然光传入地下。主动式太阳光导入系统的基本原理是根据季节、时间计算出太阳位置的变化，采用定日镜跟踪系统作为阳光采集器，用高效率的光导系统将天然光送入深层地下空间需要光照的部位。如，超级反光的光导管收集自然光，弯头可调节，光线顺着导管可以自由弯曲、转动的光导管可准确地将光线传送你需要的地方，从黎明到黄昏，甚至是阴雨天气，地下空间环境的明亮程度与地面同步。这种技术在同济大学的图书馆、教学楼均得到应用，实践证明，经济又有效。世博轴上的阳光谷是最直接的光线导管，6个巨型的漏斗式索膜结构建筑“阳光谷”，最大的直径97米，下面直径20米，使位于地下的千米世博轴人行步道洒满了太阳光。

绿色是生命之色。目前国内在地下种植植物的案例不多，在世博会地下空间尽可能多的种植植物，这也是课题组提出的最新创意。由于国内几乎没有可查考案例，课题组四处寻找、收集，美国、德国、英国、法国、日本的案例，他们的视野很广——固定种植池绿化技术、立面垂直绿化技术、移动容器组合式绿化技术、水体绿化技术……选择耐阴性的植物也是必要条件。考虑到日本气候与上海相近的因素，课题组成员利用出席国际会议的机会，足迹几乎踏遍东京、大阪、名古屋的地下世界，一张张珍贵的照片拍摄了大量的地下植物。他们不是植物学家，初次看到那些植物，有的甚至叫不出名字。他们上网查资料核对名称，还专门向沪上的植物专家请教。绿萝、鱼尾葵、花叶万年青、沿街草、富贵竹、棕竹、鹅掌柴、漫长春花、巴西木……一个个易于养护、便于观赏的植物加入他们的方案，成为他们研究成果的一部分。负责这方面的王工程师称，他对于这些植物特点已了如指掌，几乎成为地下空间的植物专家。在课题报告中有这样一个细节：一张绿色植物种植示意图，标着种植池、基质层、隔离过滤层、排（蓄）水层、隔根层，就连用于固定的钢丝、螺栓都标注得一清二楚。

在空气新风方面，课题组提出利用地面空气与地下空间的压力差输送新鲜空气，人流、温度都成为参知系数，通过开敞式空间结构和变频控制系统，形成气压通风、地道通风，保证了地下空间的新风比例，达到舒适均衡效果。另外在建筑材料的绿色标准控制上，课题组提出了严格标准；在雨水利用、中水回用方面提出了循环系统；在节能方面上提出利用地源热泵技术采集地热，达到冬暖夏凉等。据了解，在世博轴的下面铺设了250公里长的管道，形成地源热泵，引入黄浦江水。夏季用过滤后的江水形成冷却系统，冬季则采用地源热量为主、黄浦江水为辅的供暖系统，使这个巨大的公共通道运用自然资源实现冬暖夏凉。

在束昱的办公室，课题展板、电脑桌面、书桌、书架上，有4个字随处可见，这也是他钻研近30年的专业领域：地下空间。系统的新型科技集成，打造着一个舒适宜人的地下世界，“生态化技术，让地下生活更美好”，既提出了地下空间的新命题，也是上海低碳城市建设的一次实证。

三维网络绘就地下施工平台

盾构机一点一点向前推进，注浆机不停旋转地工作，地下空间不断拓展……5分钟不到，一条表示为5公里的综合管沟挖掘成型。当然，这不是现实生活的场景，这是在朱合华教授电脑上演示的效果，随着数据的输入，一个虚拟地下工程跃于电脑屏幕上。

地下是个未知世界，地下工程可能出现意想不到的问题。而在我国，地下建设还仅仅停留在初始阶段，各市政施工单位分别掌握着自己的一套数据，部门间的数据交流很少。世博园建设之初，为打破地下空间建设的“坚冰”，同济大学地下空间研究中心与上海市政工程设计研究总院、上海岩土工程勘察设计研究院等单位，合作开展了世博园区地下空间基础信息平台的研究。朱合华教授是牵头人之一。

数据千种万种，标准千差万别。为了不同部门、不同工程的数据资源为我所用，朱合华教授领衔的课题组，制定了统一、开放的数据分类体系和采集标准。整天面对着不同来源的不同数据，分类、鉴别、提取、使用，“那段时间，满脑子都是数据，眼前漂浮着数据，甚至连睡觉也梦到数据”。规矩成就方圆，有了标准，原本乱七八糟的数据也有了自己的位置。有序的数据只是搭建平台的基石，就如造房子一样，才刚有了材料。课题组又开始了第二次攻关：建立了地下空间与工程的数字化标记语言 DML（Digitalization Markup Language），建立了电脑虚拟世界与现实工程世界的桥梁。随着数据储存的增多，世博园区数字地下空间基础数据库基本成型。世博园区工程地质数据、地下管线数据、地下工程数据等可以一一完整、准确地保留下来，为以后的地下空间运营、维护、防灾提供了第一手资料，为工程技术人员提供数字化、综合化、规范化的专业服务；为政府决策、城市规划、建设与管理及社会公众提供知识化、智能化信息服务。

只是建一个“数据库”，朱合华等课题组成员感到不满足，也觉得“不过瘾”。

电脑数字技术成就了一部非凡的电影《侏罗纪公园》，它再现 1.5 亿年前的恐龙时代。这部电影朱合华教授看过一遍又一遍。用三维数字化技术再现地下工程建设是他一直想做的事情。“展现三维的地下工程，是我一直在探索的，世博会课题提供了机会和便利”，指着电脑上的三维虚拟工程，朱合华教授介绍到，在实际运用中，电脑三维虚拟模拟完全可以与实体工程施工同步，一方面对地下工程建设数据进行管理分析，另一方面可以对地下工程施工过程进行远程可视化安全监控，还有一点，就是在后续的工程运营维护阶段，通过三维数字化工程实录，结合现场病害诊断，可以分析工程在运营中出现的问题，起到“病历”的作用，真正做到“对症下药”。

可喜的是，课题组的研究成果在世博 500 kV 地下变电站、世博电力隧道工程得到应用。朱合华教授既兴奋又激动。

世博电力隧道工程绵延 15 公里，多次穿越南北高架防汛墙、南浦大桥和频繁穿越轨道交通，仅穿越地铁线就达 12 次，最大距离为 4.7 米，最小距离仅 1.5 米。与南北高架并行段 3.6 千米，涉及 98 个桥垮，与桩基最小净距约 2 米。工程难度很大，业内人士称“工程上蹿下跳，举步维艰”。结合世博园区地下空间基础信息平台的研究，朱合华领衔的课题组提出了电力隧道施工微扰动概念以及控制原理、控制技术和指标体系，通过对掘进机的土压力、推力以及注浆量的精确数据测算与反馈，使得穿越既有地铁线期间的变形量控制在 4 毫米范围内，满足了地铁运行沉降±5 毫米的控制标准。在施工过程中，工程建设方实现了电力隧道远程监控和隧道施工安全的数字化管理。由此，地下工程施工建设翻开了新的一页。

电脑上的三维虚拟数字化工程还在不断扩大，地上地下一体化三维模型将复杂的地下工程变得“透明”，“如果有一天，上海的地下工程能全部通过这平台得到展现，那将是一个壮观的世界”，朱合华教授情不自禁道。是啊，有远见，方见韬略。未来上海的地下工程会越来越多，未来中国的地下建筑也越来越精彩，不断累计的虚拟工程汇成一幅绚丽的世界，那时中国的城市更加美好。

团队合力破解施工结构技术难题

在世博园区地下工程建设中，同济大学袁勇教授和他的团队就解决了一系列关键环节的技术难题。

世博轴是世博园区的“焦点”之一，长 1 045 米，宽 100 米，地下两层，局部三层。地下空间达 20 万平方米，是世博园区的地下工程的重中之重。世博轴分别与浦明路、北环路、南环路和雪野路相交，复杂化的地下空间承重结构给施工建设带来一定的困难。

世博园区地下空间实景图

按照规范建议，超长混凝土结构浇筑混凝土时，每隔 50 米留有一个变形缝，方便“热胀冷缩”。如此计算，1 045 米世博轴会分隔为 21 段，形成 20 个连接缝。而袁勇教授及其团队承担了超长地下结构裂缝控制课题研究：在混凝土中加入纤维材料，采用预应力技术，改善混凝土结构柔韧性、改善抗裂性，并提出混凝土合理浇筑方案。经过精细的数据计算，课题组提出“世博轴 1 045 米跨度空间只需要分为 6 个单元，设置 5 条变形缝”，其中最长的一个单元长达 286 米。这一计算结果为课题研究带来了突破，结论虽出人意料，却叫人兴奋。

细节决定成败，为了保证工程质量，课题组成员还精确计算混凝土的预置时间。2008年的盛夏，袁勇带着他的团队冒着35℃以上高温奔波于世博工地、学校和住处之间……工程检测对课题研究中最后一个环节，为了更多更好地采集到第一手资料。课题组在最长的286米世博单元，安置了60多个传感器，这些传感器被焊接在钢架上，包裹在混凝土中，采集钢板应变、钢筋应力和混凝土应变数据。数据反馈显示，与课题计算结果吻合良好。“当看到现场的实测数据与计算机预测结果基本吻合时，感觉一切努力都是很有价值的！那时激动得大叫起来”，参与课题研究的姜伟博士说，在他的电脑上，留存着工程计算的每一个数据。综合管沟（也叫共同沟）是市政管线工程的发展方向。一般共同沟傍着地面道路而行，而不直接修建在道路下面。而当共同沟置于重载道路下时，其结构设计有相当的难度。在世博园区，共同沟要穿越世博轴，置身在地下一层与地下二层之间。袁勇和他的学生们开展了重载路下综合管沟-建筑箱涵结构的一体化设计与施工技术研究，既要保证重压下共同沟的功能，又要减少地下支撑柱的数量，实现了地下空间最大化。

2010年5月世博轴地下空间将游人如潮。地下空间的宽敞、通畅对工程提出新的要求。为保障有效的建筑净空，减少大面积基坑开挖深度，课题组开展了预应力宽扁梁结构设计与施工控制技术研究和高强钢-高性能混凝土组合结构构件及体系的性能设计。在地下结构中采用预应力宽扁梁的设计方法与施工控制技术，与传统的钢筋混凝土梁相比，梁高减小达50%。同时采用Q420高性能钢和高性能混凝土接合，增强地下空间结构的坚固性。一切同样需要监测数据证明。可在这节骨眼上，供应商的传感器缺货，课题组成员心急如焚，而施工现场也不断打来电话：混凝土浇筑很快进行。2000年8月25日终于拿到传感器，根据工期安排，第二天混凝土就必须浇筑。工期就是命令。赵慧玲博士、姜伟博士等急忙赶到施工现场。似火阳光直直暴晒着裸露的工地，地面以及钢筋散发的热气阵阵上冲。5名研究生与工地施工人员一道作业在钢筋森林中。上午还是夏日炎炎，下午却暴雨如注，毫无遮拦的学生与工地一道被淋了个通透。作为唯一的女

主题馆下沉式广场

生，赵慧玲博士与其他男生一样，攀走在钢筋林立的网架上，不小心摔了一跤，牛仔裤被钢筋划破，腿上留下了伤疤……到傍晚时分，28 个传感器按要求全部安装完备。再谈起那次经历，赵慧玲淡淡一笑，“那是世博会留给我的永恒记忆”。

2010 年 5 月，上海，世博园区游人如织。站在世博轴的地下城，犹如置身于《骇客帝国》的场景中，人潮涌动，地铁飞驰，建筑古朴、环境雅致，舒适犹如地面世界。这里已经成为上海大都市一道独特的风景线，成为城市的又一个地标。在这里，难见同济人工作过的痕迹，但他们的智慧和汗水早已凝结在厚厚的混凝土中、灵巧的建筑物上、入目的绿色里、温暖的阳光中……还有游人喜悦的笑脸上。

世博 500 kV 地下变电站工程现场

世博园区地下大空间施工现场

城市安全守护神

——同济大学土木工程学科群体筹建世博

·章颖颉·

高层建筑能否抗衡强烈地震冲击？超大跨度构筑物能否经受住强风力作用？钢结构工程能否在火灾中幸存？城市的供水、供电、通信等生命线工程系统能否在地震、火灾突发时正常运行……

求解上述问题答案的过程，实质倾注的是对生命安全的关怀。

“城市，让生活更美好”作为中国2010年上海世博会的主题，早已深为人知。然而，城市在给人们带来美好生活的同时，自身也是一个需要安全护卫的系统。同济大学土木工程学院有一批专家教授，以护卫城市重大工程建设项目安全为己任，长期致力于重大工程结构抗震、抗风、抗火和重大生命线工程系统防灾领域的研究，在国内外树立起了特色鲜明、积淀深厚的学术群体形象。

土木工程防灾研究创新团队

2010年上海世博会，安全无疑是第一位的。筹建过程中，如何确保城市安全，对相关学科从理论到实践都提出了艰巨的挑战与考验。李杰、吕西林、李国强、顾明、张其林等，这些同济大学土木学科的著名学者以及他们身后的团队成员，秉持积极服务社会的同济传统，发挥学科专长，以满腔的热情，全力应对，攻坚克难，解除了建设过程的一个个后顾之忧。

知识服务社会：土木学科应对城市灾害

对于极具破坏性的灾害来说，防范胜于一切；防灾多投入一分，灾害造成的损失就会减少十分。近年来一系列灾难性事件接连发生，更加凸显了城市生命线工程系统和重大工程结构防灾抗灾问题的重要性，城市灾害已引起了社会各界的空前重视和警觉。工程防灾，已成为推动土木工程学科持续发展的巨大原动力。

追溯至20世纪70年代中期，名誉校长李国豪院士就身先士卒，开始了工程防灾的开创性研究工作。随着我国建设事业的日益发展，我校土木工程防灾研究队伍不断充实、壮大。在项海帆院士、范立础院士、朱伯龙教授、沈祖炎院士等老一辈学者的带领下，这支队伍长期坚守在土木工程结构抗震、抗风、抗火、生命线工程系统防灾等研究领域，逐渐形成了稳定的新一代科学研究群体，在重大土木工程结构抗震、抗火、抗风、城市生命线工程抗灾、超大跨度索膜及单层复杂壳体结构安全等研究方面，涌现出李杰、吕西林、李国强、顾明、张其林等中青年学术带头人。

世博轴风洞试验模型

他们在各自的研究领域成果卓著，已形成了明显的优势和影响力。吕西林教授长期从事结构抗震研究，在世博园区建设阶段，主持完成了中国馆的抗震性能研究、现场结构特性测试和地区馆短期健康监测评估，以及世博文化中心主看台、主题馆的消能减震结构安全评估等，为提高世博园区重要场馆结构的抗震安全作出了贡献。李国强教授主攻钢结构抗火研究，研究成果已被我国5部工程建设标准采纳，其主编的《钢结构防火技术规程》为我国第一部钢结构抗火设计规范。顾明教授长期从事高耸结构和高层建筑、大跨空间结构和大跨桥梁等大型结构的风致振动及风振控制的理论、实验和应用，负责和参加了上海金茂大厦、汕头海湾大桥、上海东方明珠广播电视塔等一批重大工程的抗风研究项目。李杰教授的研究成果为大规模的电力系统、城市供水、供气系统、现代大规模工业系统等生命线工程进行抗震改造、抗震设计提供理论支持，其系列成果成功地应用于7个大型工业系统、1个省级电力网络系统的抗震可靠性分析和6个城市的生命线工程抗震改造。张其林教授主持的研究工作涉及世博轴大型复杂索膜结构体系安全性的计算与监测、阳光谷钢结构海量制作加工图纸的计算机辅助系统研制等，其相关成果曾在国家体育场等重大工程中得到应用。

在城市重大工程建设中，安全问题解决得不好，大规模建设就失去了意义。从这个角度讲，世博场馆建设及其防灾研究，既是挑战，也是机遇。土木工程防灾是灾害学与土木工程学科的交叉地带，还有许多未知领域有待发现，关键的问题需要科学家们共同努力去探求答案。千载难逢的世博会，不仅仅是各国展示经济能量，文化风貌的舞台，也是科技实力、创新水平的竞技场，对于中国特别是同济的土木工程研究者而言，更是奋力拼搏，服务社会，向世人展示的契机。

领先源于理念："自觉的全局观念"

2008 年五月下旬，汶川大地震发生不久，我校生命线工程专家、上海防灾救灾研究所所长李杰教授就在思索："地震，给了我们什么启示?"他强烈感受到这是迫在眉睫的大事，并撰文呼吁为上海世博防灾早作准备——

"通过关注此次地震，我们还要重视上海的防灾工作。后年的世博会等一系列背景，也要求我们要加强上海的城市安全、城市防灾工作。"

随后，李杰教授在一份名为《现代城市与生命线工程安全》的报告指出：城市发展是当今社会发展的基本主题之一。可以断言，城市安全与防灾、城市生命线工程的健康监测将成为新世纪城市发展的全新主题。提高生命线工程系统的抗灾能力，合理地进行生命线工程系统的健康监测、系统改造与信息化管理，是保障都市安全的基石。

基于这样的认识，他提出启动"城市生命线工程系统抗灾能力改造示范工程"，保证上海这一国际大都市的生命线工程系统持续、稳定运行："以上海市生命线工程为背景，以 2010 年上海世博会核心园区为对象，展开生命线工程抗灾能力的示范性改造工程，包括城市供水、供气、供电系统关键薄弱环节的抗灾改造、世博园区重大基础性设施的健康监测、世博园区的综合防灾与灾害控制等……"

城市防灾，尤其是确保世博会的安全，是时代赋予的重任。土木工程防灾研究群体集结了土木工程结构抗震、抗风、抗火和生命线工程系统等多方面的研究力量，多角度、多侧面、多层次地开展防灾重大科学问题的综合研究，这促使群体中的每一成员看待问题时都有"自觉的全局观念"，也更有助于对一个整体的科学问题形成完整认识和系统研究。李杰教授认为："对问题进行总体把握，更符合东方人的思维习惯。"土木工程研究群体的成功合作也充分证明：一个研究群体在团结多方力量对一个科学重大问题协作攻关的同时，群体中各研究方向的科研优势不仅不会削弱，反而更能得到充分发挥和体现，这就是科学合作的意义和魅力所在。

有了这样的理念认识与思想准备，面对世博会重大攻关项目，土木工程学院的研究群体站在了更为宽广的平台上，展开多层次的合作，用学者的理性和责任书写中国重大土木工程防灾减灾又一页光辉的篇章。

创新决定成败：科研团队攻克技术难题

抗震：开发应用结构抗震新技术

世博园区工程建设开展以来，大量复杂建筑结构涌现，复杂因素前所未见，没有现成的规范和经验可供参考。在重大的挑战和机遇面前，吕西林教授团队通过广泛的震害调查和分析，总结规律，着手开发应用了一系列结构抗震新技术。

中国馆美丽造型在结构意义上是竖向不规则结构。为验证中国馆结构的抗震性能，吕西林教授组织课题组成员进行反复论证和研究，积极开展中国馆主体结构分析和模型结构振动台试验研究，并赶在主体结构施工前完成抗震性能研究报告，针对该结构的抗震薄弱环节，提出了改进措施和有效建议。

中国馆结构实验模型

主题馆展厅钢结构跨度大、层高大，结构设计和施工面临重重困难。吕西林团队不畏艰难，研究分析后采用粘滞阻尼器支撑体系作为主要抗侧力体系，既满足主题馆的建筑功能需求，同时也改善了结构抗震性能，大大提高了该永久场馆的安全性能，降低了场馆造价。

在世博场馆建设的冲刺阶段，文化中心的建设面临大悬挑结构采取何种抗震安全措施的问题。时间紧迫，现场施工各项工作繁复交织，开展工作的难度极大。吕西林教授组织团队克服重重困难，进行现场测试分析，每次测试时间都长达数十个小时，有时甚至持续到第二天凌晨。他们白天太阳暴晒，夜晚蚊虫叮咬，吃简单的盒饭，喝瓶装水，目的只有一个，尽早拿到测试数据，为文化中心大悬挑结构的安全保驾护航。

防火：大空间结构安全保障

2010年上海世博会超大型场馆比比皆是，巨大空间结构的安全性如何保障？一旦发生火灾等紧急情况，场馆内大量参观者如何迅速疏散？各大场馆的建筑体量庞大、大多为钢结构、功能复杂、人员密集、管理人员大多对环境的复杂性不够熟悉……这是摆在李国强教授面前的问题。经过缜密分析，李国强率领的“世博场馆大空间结构安全保障关键技术”课题组确定了主攻方向：重点解决防火设计问题。

中国馆、世博中心、文化中心、主题馆，这“四大场馆”是上海世博会主要人员集聚场所。比如世博中心，就是世博会期间上海的“城市客厅”，包括多功能厅、宴会厅、会议中心、政务厅，总计可以同时容纳超过11 000人，并且人流密集、社会影响大、重要性高，确保安全就成为这些工程开建之前必须解决的问题。

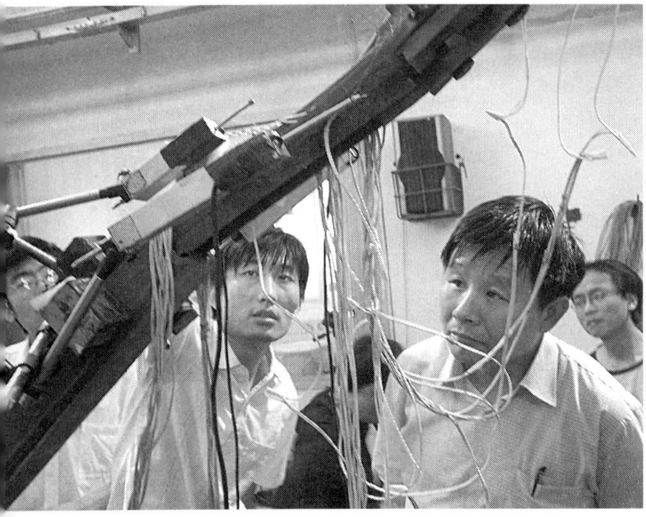

课题组成员在实验现场

为保障四大场馆火灾下的安全，同济大学建筑工程系多高层钢结构及钢结构抗火研究室采用基于计算的现代结构抗火设计方法，对这些场馆进行了抗火安全性评估与设计。首先针对各场馆的实际使用情况，进行数值模拟分析，得到火灾下空气升温过程，进而对钢构件在火灾下的升温进行计算，再进行火灾下的结构反应全过程分析，得到构件内力并验算其抗火承载力，制定安全可靠、经济合理的防火保护措施。

“主题馆巨形展厅长宽都超过100米，大大超出了火灾疏散通道不超过30米的要求。”李国强介绍，为了不影响主题馆整体设计的美感，但确保人员安全，建设过程中在展厅中央下方修建了一条拥有4个入口的避难通道，这样，万一发生火灾，人群可以从这些入口走向馆外的8个安全逃生出口。此外还建议在展厅中留出若干条12米宽的防火隔离带。“做足安全措施，用起来才会手脚舒展。”

世博中心结构复杂，多处超过国家相关规范，如平面扭转、层刚度比、楼板缺失、楼面质量分布不均匀，属于特别不规则结构。而其结构设计安全等级为一级，抗震设防类别为乙类，抗震措施按 8 度考虑，比常规工程的抗震性能目标更高更为严格。保证其自身安全就成为课题组面前一道必须破解的题。

经过反复比较研究，课题组采用性能优越的“屈曲约束支撑”构件。所谓“屈曲约束支撑”是指在钢芯外设置外围约束套管，受拉受压时都可以屈服，有效吸除部分能量。屈曲约束支撑构件与框架结合不仅是一种高效的抗侧结构体系，并且是一种新型的耗能减震体系，在中震与大震下具有更好的抗震耗能性能。课题组研发的具有自主知识产权的 TJI 型屈曲约束支撑技术，不但很好地解决了建筑地震等非常状态下的能量耗散问题，还有效降低了用钢量，仅减少用钢量一项就降低工程造价 2 400 万元。

抗风：世博轴及地下综合体

2008 年 9 月 14 日，上海世博会最大的单体工程——世博轴结构封顶。世博轴及地下综合体工程由膜面、阳光谷及地下空间结构组成，其中的膜面东西宽近 100 米，南北长 900 多米，是 2010 年上海世博会的标志性建筑，也是世博会期间园区空间景观和人流交通的主轴线，也是园区内最大的单体项目。

世博轴被称为“中国第一索膜结构建筑”。6 个巨型“阳光谷”，由 13 根大桅杆、数十根缆索和巨大的膜布巧妙织成。其中最大的直径 97 米，下部直径 20 米，使位于地下的千米世博轴人行步道巧借自然光。阳光谷用的索膜结构世界罕见，巨大白色膜布总面积近 8 万平方米，最大的一块有 1 700 平方米；膜布厚度仅为 1 毫米，但其设计张拉力每米达 5 吨，是当今世界强度最高的膜材；缆索重达 700 吨，最粗的一根直径 155 毫米；钢结构总重量超过 4 500 吨，焊缝就长达 34 公里。最为特殊之处就是柔性，白色膜布的最大风摆幅可以达到 3 米，大风吹来，翩翩起舞。

世博轴抗风课题研究组讨论

作为世博轴最大亮点的 6 个阳光谷犹如从地下生出的 6 朵鲜花，盛开在长超过千米、宽约 110 米的世博轴上，表面积 31 500 平方米；阳光谷从地下 6.5 米延展到地上约35米，总高度约41.5米，顶部如一个足球场大小。如此巨大的膜面，能够在长达184天的展览期间始终“笑靥如花”吗？同济大学“世博轴及地下综合体工程抗风研究”课题组负责人顾明团队的风洞试验和响应计算表明：世博轴、阳光谷及地下空间抗风性能良好，“花”开风中自从容。

顾明教授告诉笔者，“对世博轴来说，风荷载是控制结构设计的主要荷载之一”。抗风研究包括四部分内容，第一部分是阳光谷及膜结构模型的测压风洞试验；第二部分利用CFD数值方法计算世博轴屋顶膜结构的平均风荷载以及快速列车通过世博轴屋顶膜结构时产生的瞬态动压；第三、四部分分别是阳光谷结构及膜结构的风致效应计算。

关键是风洞试验。考虑到实际建筑物及周边建筑的情况，课题组选择了1/200的实验模型，在模型上设置了2 714个测压孔，通过试验获得了12级台风作用下膜结构上的风力以及风力对结构的作用效应。顾明教授介绍，由于世博轴屋顶的特殊结构，风在其上的流动非常复杂，风力特性和膜结构的非线性效应则更复杂。世博轴膜结构和阳光谷模型的风洞试验及其响应研究是世博轴设计的重要基础。试验结果表明，最为严酷的风环境，世博轴中的阳光谷及地下结构均能淡定从容立于风中，笑迎世界宾客。

另一方面，由于考虑到可能有快速列车通过世博轴，课题组还模拟了一列及两列时速100公里的列车进站减速后通过的两种情况，计算出其风扰动对世博轴屋顶膜结构表面净压力。结果表明，快速列车通过世博轴时，不会对膜结构产生大的影响。“我们的研究结果是阳光谷及膜结构的重要设计依据。”顾明教授如是说。

阳光谷节点试验现场讨论

超大跨度：世博轴索膜结构

2009年2月4日，同济大学土木工程学院副院长张其林教授牵头的“世博轴超大跨度索膜及单层复杂壳体结构专项技术研究”课题组，向上海市科委组织的专家组汇报了主要成果。课题研究的目的是确保超大跨度索膜结构和阳光谷钢结构的安全性、确保阳光谷钢结构建造设计的高精度和高效率。课题组的工作受到了业主单位、设计和施工单位的一致好评。

在课题研究中，课题组通过实验首先发现来自国外原设计中的结构关键连接节点存在较大的安全隐患，进而提出了改进的安全可靠的连接形式，消除了可能发生的重大安全隐患。作为迄今为止世界最大的全张拉结构体系，如果某根拉索突然破断结构会否整体坍塌？这是众多领导和专家所担心的，课题组制作了 1∶40 的宽 2 米长 25 米的巨型模型，模型实验表明，即使在数根拉索同时断裂情况下，世博轴整体仍能屹立不倒。鉴于世博轴屋面结构体系本身以及作用其上的影响因素的复杂性，现有科学技术水平还不能完全确保结构体系的安全性，课题组设计了在结构施工和运营阶段的安全性监测系统，以实时对结构安全性参数进行监控，一旦发现安全隐患可及时采取相关措施。

尤其值得一提的是，外方基于其专利技术提出了阳光谷钢结构建造图纸设计的天价费用，在谈判破裂的情况下，课题组向业主和设计单位主动请缨，在极短时间内研制完成了基于计算机辅助技术的复杂钢结构建造设计系统，为三家不同制作单位完成了全部阳光谷钢结构建造的设计详图，图纸总量达 7 万余张、总厚度比一人还高，为国家节约了大量设计费用，更为重要的是确保了世博轴的建设工期。

辛劳铸就荣誉：学科建设结出累累硕果

谈及参与世博科研的体验，张其林教授深有感触，他说：“在大型工程的科研工作中，可以发现许多需要深入研究的问题，有些是基础性的，有些是应用性的。闭门造车很难发现真正需要研究和解决的工程学科基础问题，而这些问题的解决又将促进学科的发展与进步。例如，通过对世博轴索膜结构安全性的研究工作，发现了膜材料强度模型和本构关系的不确定性，证实了现有设计方法无法精确预测结构的安全承载能力，由此促成了课题

世博中心结构实验现场

组将此作为下阶段攻关的目标。”

张其林课题组近十年以来，坚持进行膜结构从计算设计到工程应用方面的系列研究，主编了上海市膜结构技术系列规程，发展了系列的膜结构检测技术和设备。正是这样，才有可能为世博轴的建设起到关键的技术支撑作用。“工程学科的研究既要有前瞻性也要有实用性。”这是张教授的又一个感悟。

“我们将结构抗震新技术应用到了永久场馆，”吕西林教授自豪地说，“阻尼器的采用不仅提高了结构的抗震性能，而且大大降低了造价，先进的地震模拟和再现手段为抗震考核提供了有力的平台。”这一新技术包括结构试验技术、结构抗震技术和结构减隔震技术等。分析结果表明，中国馆振动台试验研究结果、数值建模分析结果与现场脉动测试结果非常吻合，充分证明了结构抗震新技术在复杂建筑结构中的成功实现。

对于顾明教授来说，最大压力是时间问题，项目工期非常紧，难度又特别大。世博轴是目前世界上最大的单体膜结构，关于大型膜结构的抗风研究在国际上尚未系统开展。为了力争做到最短时间内高质量完成试验工作，课题组对试验过程进行了合理规划，每天工作 15 个小时以上，提前近 20 天完成风洞试验，为结构设计和工程进度赢得了主动，受到有关部门的表扬。“能为世博做事很高兴，能完成世界上最大的单体膜结构的抗风研究很高兴”，顾教授连续说了两个“能”两个“高兴”，成功的喜悦溢于言表，虽然为此付出的代价是，“多年积累的身体问题在这个项目中曝了出来”。

顾教授还特地提到了研究方法的改进。关于大型膜结构的抗风研究在国际上尚未系统开展，目前只可查阅到一些类似结构的资料。课题组采用了目前最好的方法，再结合国际上的一些最新成果，进行研究。尽管如此，还有一些重要问题（比如气动阻尼问题、结构大变性带来的风力系数的变化等）还有待进一步细致研究。

“工程应用，基础先行”，无独有偶，顾教授也得出了类似的结论，“关于膜结构的抗风理论，还有很多基础性研究需要我们去做”，一个重大项目结束了，又牵出了更多的研究方向与课题，他和他的课题组仍在继续努力。

李国强教授和他率领的团队同样满载着收获，一言以蔽之，就是实现了“屈曲约束支撑”国产化。世博中心结构复杂，属特别不规则结构。为满足抗震设防要求，工程采用了屈曲约束支撑这一性能优越的抗震耗能构件。这是世界上较为先进的抗震技术，最早由日本科学家于 20 世纪 70 年代提出来，在实践中得到应用大概在 90 年代，日本阪神地震之后，这一成果得到了广泛使用。

过去我国没有这种产品，世博工程中，有关部门曾考虑进口，但是经过比较研究，最终采用了由同济大学自主开发研制的具有自主知识产权的TJI型屈曲约束支撑。经检测，屈曲约束支撑后的技术经济指标，与国外同类产品比较有显著优势。这一工程技术还可以广泛运用于机场、高速公路、铁路及大型公共建筑，“将来它有可能带动一个产业的发展”，李教授乐观地说。

李国强教授递给笔者一份材料，2009年11月18日的《解放日报》，登有这样一则新闻：同济学子研发大楼抗震“保险丝”——

“同济大学土木工程学院学生，在老师指导下研发全新的大楼抗震‘保险丝’——大吨位屈曲约束支撑系统，承载能力提升3～10倍，可节约建筑成本10%～40%，性能比肩国际先进水平，已应用于世博中心与虹桥综合交通枢纽建设。该项研究成果在第十一届‘挑战杯’全国大学生课外学术科技作品竞赛中获得世博专项特等奖……”

也许，相对于上海市科委对李国强承担的“世博场馆大空间结构安全保障关键技术”课题验收报告里提到的结论，“研究获得了包括9本规范指南、4项专利、97篇论文、1部著作，培养4名硕士、10名博士在内的系列成果……”李教授们更为在“挑战杯”中崭露头角、获得全国特等奖殊荣的本科学生感到欣喜。这昭示着，新一代同济土木工程研究者正在成长成熟，让师长们尤其欣慰。

中国馆结构实验现场学生正在听讲

化浊为清添新绿

——我校环境专家以专业智慧贡献“绿色世博”

·黄艾娇·

碧水、绿树、芳草、清风……放眼上海世博园这幅锦绣画卷，一片片鲜亮的新绿恣意跃动，随处点染，绿意盎然。

水草摇曳、碧波重现的白莲泾，未来馆示范性中水回用工程，由建筑垃圾化身而来的再生建材产品……翻阅上海世博会绿色华章，“同济印迹”清晰呈现。

白莲泾生态修复：再让莲花绽笑颜

微风轻拂下，河水漾起一道道清波，在阳光下闪着金光；河道两侧，一丛丛葱绿丰茂、一尺多高的水草迎风摇曳，一眼望去，宛若一座座绿色的小岛浮出水面；粉的、黄的、紫的各色花朵，在绿叶丛中静静吐露芬芳；再看河畔，深绿的常春藤从岸上自由伸展着枝蔓，一点点染绿了堤岸……

这是以巍峨屹立的中国馆为背景，摄下的一幅今日白莲泾实景照。这一充满诗情画意的美景缔造者，正是又一群同济人——同济大学生态环境专家杨健教授团队。

白莲泾，黄浦江支流，上海滩著名的八泾之一。说起它，老上海人并不陌生。这一带曾经生活着大批棚户区的居民，加上航运影响，这里河水严重污染，成为劣五类河道。

随着世博会选址浦江两岸，白莲泾有1公里左右岸线横穿上海世博会浦东园区，“白莲泾河道综合整治”随即提上议事日程。如何让这一滩浊水化为一泓碧波，在世博园区潺潺流淌，并且成为“绿色生态世博”的一扇重要窗口？

“白莲泾，从它的名字来看，过去它的生态条件本来非常好。”长期从事环境生态研究的杨健教授萌生了一个想法，“我们可以采用生态修复的办法，恢复白莲泾的原生态，让它回归本来的面目，再让莲花处处开遍。”

基于这一理念，2008年，由杨健教授领衔，同济大学携手华东师范大学、上海市政工程设计研究总院等单位，提出了“世博园区景观水体生态修复技术研究与示范应用”研究建议，获得科技部科技支撑计划“世博科技专项”资助。其关键词是

“原生态、近自然”6个字，核心是对白莲泾实施生态修复集成技术。

相较向水体投放药剂等物理化学方法来净化水质，生态修复方法优势在哪里？杨教授这样解释：“并不是水越清越好，‘水至清则无鱼’，关键是要恢复河道的生态健康，使它成为一个自然的活的水体，让草长起来，鱼游起来。而且，生态修复的同时还能美化水面的景观。”

这一想法得到了科技部、世博局、上海市科委、浦东新区等各方一致认同和合力支持。在当年10月举行的“白莲泾河道综合治理工程推进会”上，上海世博局局长、原上海市环保局局长洪浩在听取汇报后，当即给予充分肯定，并提出最终要实现“水清、岸绿、鱼游”的目标。这，与同济方案极度吻合。

要将这一美好蓝图化为世博园区活生生的生态景观，就必须确保百分之百成功，不得有半点闪失。课题组在徐汇区、南汇区分别找到一条与白莲泾类似的河道，进行先期试点。团队中青年教师陆志波博士还带领一批研究生，连续两年监测、记录、分析白莲泾的水质、水文情况，为生态修复工程积累第一手数据。

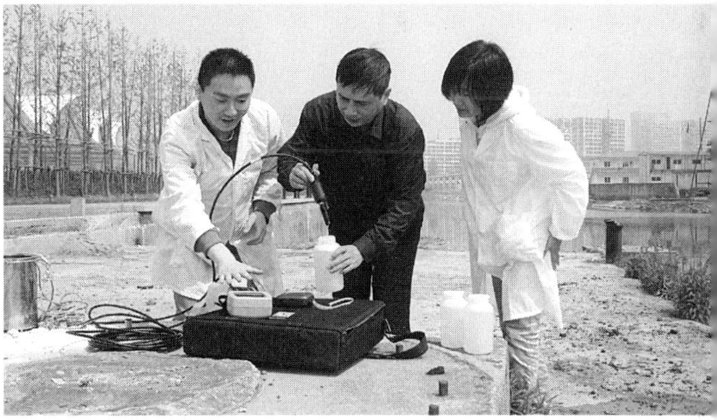

课题组成员现场采样

实行生态修复，首要任务是净化水体。白莲泾河宽、水深，“生态浮岛”应运而生。波光潋滟下，一簇簇水生植物蓬勃生长，仿佛绿岛崛起于水中。“利用水生植物根系良好的吸收能力，自然吸收氮、磷等污染物，从而净化水体，并实现自净化、自调节、自平衡。”杨教授介绍说。

如何确保这些植物能稳稳当当挺立水中不倒？在“生态浮岛”植入水中初期，可以细看究竟。原来，先采用月牙形PVC材料的框架，将这些水生植物装入框中，然后用绳索将框架拉住，最后固定在河床上的铆钉上。随着水草一天天长高，这些框架不久就完全隐没其中，“绿岛”就这样浑然天成。

如果这些植物不能适应白莲泾的水体怎么办？课题组早有周密考虑。杨健教授联手华东师范大学环境资源方面的专家，极其用心地选种。“一方面我们挑选适应性强的本土植物，另一方面我们也要考虑这些植物的生长周期，要与世博会举办期间相吻合，让它们在5月至10月能开出不同颜色的花朵，实现最佳观赏效果。”杨教授说。最终，美人蕉、再力花、香菇草、水罗兰、金边吊篮、花叶鸢尾等先后进入大家的视野。

将白莲泾光秃秃、硬邦邦的水泥驳岸进行绿化、软化，是生态修复中另一大亮点。这里的水泥堤岸，本是为防洪而设，但在生态专家看来，“这一水泥堤岸人为地将水上生态与陆地生态阻隔开来，而这两者本来应该是连成一片的。”

既要保留堤岸的防洪功能，又要让它尽可能回归到自然河坡状态，课题组提出了“生态护岸”理想模式：“在河坡上，先用沙石把底层泥土稳固好，然后在它的上面从岸脚到岸顶分层次种植不同种类的植物。”

生态驳岸水体水质实验

后来，经各方再三权衡，决定水泥驳岸予以保留。此种情势下，用蔷薇、常春藤、爬山虎等攀爬类植物实行垂直绿化，成为堤岸软化的最佳选择。一根根常绿枝叶，在阳光下尽情舒展，不知不觉间，千万条茂密的枝蔓自然垂挂下来，在堤岸上生成了一片片浓绿的植被。

“生态浮岛结构和固定曲臂牢固，植物新陈代谢旺盛，长势良好……”这是2010年5月8日一份来自白莲泾的现场工作报告。陆志波博士告诉记者，课题组的工作并没有随着世博会的开幕而画上句号，世博期间每天都有研究生驻守河道，实行一天一报。

“随着水草一天天长高，河水一天天变得清澈，飞鸟来此栖息、觅食，鱼戏莲叶间的那一天，已经不远了。”杨健教授说。

未来馆中水回用：巧将浊水化清流

黄浦江畔百年老厂——上海南市发电厂主厂房，经同济大学设计师之手，如今已成功变身为上海世博会五大主题展馆之一的城市未来馆。因其集十多项先进环保节能技术于一身，由此也入选我国环保建筑中最高奖项“三星级绿色建筑”。而其中一项重要绿色技术，就是安装在展馆地下室的来自同济大学的“雨污水回用系统”。

这也是世博园区内永久保留场馆的唯一雨污水回用系统工程。展馆内的屋面雨水、盥洗、冲厕水全部收集起来之后，进入这套由雨水池、调节池、酸化池、膜生物反应池等多个单元组成的处理系统，经生物处理、消毒之后，再回用作馆内公用的杂用补充水，可以用于冲厕、道路浇洒、绿地浇灌、地板清洁以及少量景观水体置换补充用水。

“这样既可减少污水外排量，又可节省水资源。”项目技术负责人、同济大学环境科学与工程学院夏四清教授说。

2007 年，同济大学建筑设计研究院成功中标上海世博会主题馆、未来馆等重点场馆的设计。闻知消息的夏四清教授很兴奋，他想：要是能将污水回用系统应用于世博展馆，既可为“绿色世博”作贡献，又可在世博会上起到示范作用，那该多有意义！

世博园区水资源综合利用

作为水处理专家，夏教授负责研发的“污水膜处理回用技术及装备”，此前已应用于同济大学学生浴室和同济大学环境学院生态实验楼的“从污水到纯水”研究装置中。以这一业已成熟的技术为起点，夏教授希望携手海南立昇净水设备公司，共同研制具有自主知识产权的膜材料及膜组件，以世博会展示为契机，扩大这一技术在国内的推广应用。

“21 世纪是膜的世纪。”这是在水处理领域流行的一个说法。膜之所以如此神奇，源于膜的特性。膜，是中空纤维膜，如头发丝一般。它有微小的孔径，能将水和微生物成功分离，在微生物将污水中的污染物吃掉之后，通过膜的微小孔径将水抽吸出来，从而达到污水净化的目的。

“与传统的采用沉淀方法分离污水相比，膜生物处理具有明显优势。”夏教授告诉记者，一方面，除了发挥膜的截留作用优化微生物的除污功能外，它不需要大面积、大容量的沉淀池，占地面积小，出水水质好；另一方面，可以实现无人管理的自动控制系统，操作简便高效。

夏教授与立昇公司共同承担的“先进材料膜生物反应器用于污水处理的性能和经济指标研究”项目，获得了世博科技专项的支持。随后，项目还纳入科技部中德国际合作重大项目“集成式分质供排水及资源化技术在上海世博会的应用研究”课题。

就这样，同济大学的又一项环境科技成果成功走进了世博园，支撑了绿色世博，也为城市未来馆申报“三星级绿色建筑”作出了贡献。

“对于未来馆的中水回用的整个系统，我们都考虑得非常严密，”夏教授介绍说，“我们还特别进行了废气的‘脱臭处理’，确保任何环节不会产生一丝异味，日处理水量 120 吨。”

事实上，夏教授的这一污水回用技术，日处理水量可从几升到几万吨不等。目前在中国铝业公司的一个项目，日处理水量达到了 3 万吨。2009 年，他还开始承担国家“863”重点课题“复合膜材料及膜组器的制备和应用关键技术及工程示范”的研究工作。

建筑垃圾再利用：变废为宝绿意浓

世博园区一条条崭新、宽敞的大道，将你轻松送达园区内任一目的地。说起来你也许不相信，就在你驻足的脚下，就在这平整、光洁的路面下，60%的路基竟是由建筑垃圾变身而来的！还有园区部分市政配套设施工程、部分检查井井盖，也均是世博园区工程废弃物的再生产物。

“将世博园区工程废弃物保留并再生利用，既显著降低了世博园区建筑垃圾运出、建筑材料运入给环境带来的影响，又大大节省了资源消耗和建设成本，加快了工程进度。”同济大学环境专家的一个金点子，为“绿色世博”作出的贡献难以估量！

2006 年，上海世博园区规划建设伊始，世博会土地控股公司就遇到了一个非常棘手的难题：园区内一大批建筑物、构筑物面临拆毁，产生出的巨量建筑垃圾应当如何处置？

如此多的旧建筑废弃物要运出世博园区，一是势必会给市内交通带来极大干扰，即便选在深更半夜启运，所产生的噪声也会扰民；二是运输过程既会消耗能源，又排放大量尾气，污染环境；此外还会带来许多安全隐患。这也有违“城市，让生活更美好”这一上海世博会主题。

环境专家能不能给出一个妥善解决的方案？他们想到了同济大学环境科学与工

程学院固体废弃物处理专家何品晶教授。

“完全可以尽可能地将拆毁下来的工程废弃物留在世博园区，经过分类、预处理之后，再运用到园区的道路等工程建设当中。”何教授的这一番话语，犹如“柳暗花明”，令人眼前豁然开朗！

“五六年前提出这一 idea，还是蛮新的。”何教授告诉记者，“我们当时考虑到，世博园区内要兴建大批新的建筑物、构筑物、道路及景观工程，还有大量用于施工的临时便道，这些都用得上园区内产生的那些工程废弃物。这样既解决了建筑垃圾外运带来的一系列问题，又能将建筑垃圾再生利用于世博建设，节省大量建筑建材。”

方案很快被采纳。“世博园区工程废弃物资源化利用”项目，得到了“国家科技支撑计划”和“上海世博科技专项”资助。

将这些拆掉的旧建筑的废弃物留在园区，仅仅是迈出了第一步。接下来，由同济大学、上海市政设计院等组成的课题组，面临的紧要任务是，如何将这些拆掉的旧建筑的废弃物，适时运用到世博园区新的建设之中？

“这些旧建筑拆毁的时间不一，地点不一，基于它们在时空上有不同的产生分布，我们就要根据世博工程建设的施工进度，将废弃物进行合理的周转利用。这就需要预先规划。”何教授解释说。

于是，课题组开始了在世博园区的现场调研分析，详细了解、掌握“工程废弃物产生量”与“世博建设工程材料需求”情况，在“废弃物产生”和“世博园区再生利用”两者之间寻找平衡。

世博园区废弃混凝土再生制造

与此同时，课题组联手建材企业，对这些园区内的工程废弃物进行分类，对废金属、木材、塑料、废混凝土、砖石、砂石等，一一分流，进行预处理，为它们在世博园区建设中寻找合适的“出口”。

作为废弃物的主体，废旧混凝土当如何加以有效再利用？在同济大学土木工程学院肖建庄教授等课题组成员的共同努力之下，添加了固结剂、刚度得以增强的数十万吨固结渣土，大量用于施工临时便道和正式道路的路基，替代了等量的黄沙、石子填入，大大节省了建材成本。

园区内一只只圆圆的轻型检查井井盖，正是用废旧的塑木复合材料制成。何教授介绍说，相比铸铁井盖，它不仅造价低，而且还杜绝了井盖偷盗行为发生，可有效保障世博园区内行人和车辆的安全。

同济教授的一个建言，就这样“开花结果”。让同济人颇感自豪的是，研究不仅形成了具有自主知识产权的再生建材的技术和示范性产品，而且在世博园区道路建设及虹桥枢纽站等重要工程中也有成功应用。此外，课题提出的有关再生建材利用市场引导政策，也被上海市政府及其市容环卫管理部门参考、采纳。特别值得一提的是，项目还培养了多名硕士生，开发了固体废物相关测试的本科生实验平台。

“课题很好地诠释了‘绿色世博’和‘生态世博’的理念，为展示上海世博园区工程废弃物3R（reduce，recycle，reuse）技术进行了探索，做出了贡献。”在2009年3月上海市科委在同济大学主持召开的“世博园区工程废弃物资源化利用”课题验收会上，专家组作出了这样的评价。

直饮水安全保障：银带舞出绿音符

只要用手将按钮轻轻一摁，一股银白色的细细的水柱就会翩然飞出，飘至你唇边。你汲上一口，原本干燥的口舌顿感润泽，精神为之一振。

158个遍布世博园区的水直饮点，让游客们随时随处享受到清冽、甘爽的饮水，解渴消乏，倍添游兴。这也是在世博会历史上第一次大规模推出“直饮水”。而成就上海世博会这又一个“第一”的，就是来自同济大学专家自主研发的水处理工艺。

2007年，上海市科委就“世博园区直饮水”立项，我校环境科学与工程学院副教授李伟英老师应邀承担了其中一个重要的子课题——“世博园区直接饮用水安全保障及优化布局研究”。

“不仅能将自己十多年在深度水处理方面的研究经验，走出实验室，在实战中落地，而且是应用在整个世博园区，以最直接的方式服务世博。”对于李老师来说，这是一次多么难得的机遇！

“活性炭＋超滤膜＋紫外线”，这一水净化的组合处理工艺，为李老师所首创。活性炭，吸附小分子有机物；超滤膜，物理筛分净化水质；紫外线，消毒杀菌。

“这三道工序都是纯物理过程，不会产生任何化学相变，确保百分之百的健康、安全，让游客可以放心饮用。”李伟英说。

这一全新的水处理技术，就这样开始在同济大学环境学院实验楼中试用、试验。18位同济大学学生直接参与其中，有研究生，也有参加国家创新训练计划的本科生。

实验以自来水为原水，首先经过第一道超滤膜，然后分别流经活性炭、第二道超滤膜、紫外线消毒装置，最终清亮之水涓涓流出。实验时，5个采样点分设其中，在一定累计产水量时各采样点随机取样，即送实验室检测。“几万个水样，都是我带着学生这样一步步做出来的。”让她颇感自豪的是，这让本科生有机会亲身体验了科研的过程。

在进入净水组合工艺前，为何增添一道超滤膜？“这是为了让我们实验室的试验原水水质指标，真正贴近世博园区内的水。”李伟英向记者解释道，“做世博园区直饮水研究，其处理原水应该是园区内的自来水。我们的试验是在同济大学进行，实验室内的自来水只是经过了常规水处理工艺，而世博园区内自来水则是经过了臭氧—活性炭深度处理工艺。因此，我们在试验中就特别添加了这道工序。”

经过层层净化，最终出水到底有多清澈？让数据说话。浑浊度、pH值、氨氮含量、细菌含量……这些水质主要指标，参照我国《饮用净水水质标准》及世界三大权威饮用水标准，最后出水均符合这些标准的各项限值！

游客在世博园内饮用直饮水

同济环境科学与工程学院直饮水研究团队不仅为直饮水的安全直接把关，而且还为直饮机人性化的外型设计给予专业支撑。前来饮水的人们惊喜地看到，从不同身高的儿童，到青少年，再到成年人，都有适合自己的台位；既可直接将水注入口中，也可拿水杯接水饮用。随着气温一天天升高，直饮机前迎来一拨又一拨人流。游客饮罢离去时，那一张张脸上流露出的满足的神情，是李老师最大的欣慰。

2010年5月，同济大学自主研发的直饮水高科技在世博园区的应用，以其受益

课题组成员研讨生态驳岸建造方案

面广、关注度高，从数百个世博项目中脱颖而出，入选上海世博会“感知世博”系列新闻发布会主题活动之一。5 月 19 日，李伟英老师以课题负责人身份，面向到场的数十家媒体记者介绍这一成果。同济学人与世博直饮水的亲密关联，就这样开始为大众所知。

“世博直饮水技术和设备，本身也成为绿色净水的最好展示。”李老师说，“今后完全可以在城市公共空间、居住小区、中小城镇、农村分散式供水系统等得到更大范围的应用。”

治理前

治理后

苏州河水环境治理前后

科技世博闪耀同济光芒

——记同济科技人员与“世博科技行动计划”

·张荣国·

时间如果能够闪回，就让我们首先回到2005年。

那一年的11月5日，初冬的上海，寒意逼人。然而，上海科技馆会议室却暖意融融，世博科技行动计划领导小组正在举行《世博科技行动计划》新闻发布会。此刻，隐藏在背后的同济大学一批“无名英雄”们的内心也是暖洋洋的。

《世博科技行动计划》从启动到获得科技部和上海市正式立项，直至世博建设过程中的一步步推进、落实，始终凝结着同济专家的智慧、心血和汗水。

想在前面：世博筹备需要大智慧

2002年12月3日，申博成功的喜讯从摩纳哥传来，时任同济大学校长吴启迪就把姜富明老师（时任科技处副处长）叫到办公室，指出“要抓住世博这一难得的发展机遇，发挥我校综合学科和人才优势，对接世博”，并要求科技处尽早动手准备。

12月16日，同济大学就成立了上海世博会研究中心，作为一个专门机构为世博提供服务支持。稍后不久，学校领导召开会议，研究部署下一步服务世博相关工作。校领导在会上强调：同济大学对世博的参与应该是全程的、全方位的，不仅参与世博的申办，而且还要参与世博的筹备和运行。

同济大学领导吹响了继续参与世博的集结号，向全校发出了服务世博的总动员。同济大学的院士、专家、教授和学生热血沸腾、跃跃欲试。

项海帆院士说：“世博的各项工作事关国体、事关学校未来，大家要有点奉献精神，要有点民族精神，要为世博出把力。”

吴志强教授说：“从事城市规划的人都有一个梦想：建设最美好的城市，让人们享受快乐的生活，世博给了我们实现梦想的舞台。”

我校上海世博会中心常务副主任姜富明说：“我们有综合学科优势，我们有众多优秀专家教授，我们要用严谨务实的科学精神参与世博、支撑世博、奉献世博，为世博增光彩。”

精彩世博，科技先行。要想把上海世博会办的成功、精彩与难忘，必须解决好与之相关的一系列科技问题，这的确是件非常困难的事情。

同济人在思考，如何利用自身的学科、人才优势与世博科技需求实现对接。

同济人在行动，姜富明、吕六平等老师拿起电话拨向了各个学院——

郑时龄院士来了，他虽年过六十但依然显得那么精神和富有激情，带着20多年的世博情节与梦想，他想的是如何让同济学科优势融入世博会总体规划之中；

李永盛教授来了，他想的是如何开发利用世博园的地下空间；

万钢教授来了，他想的如何开发新能源汽车应用于世博园区；

还有吴志强教授、唐子来教授、吕西林教授、赵建夫教授、诸大建教授、孙立军教授、李杰教授，加上校领导和科技处的老师们……

他们都来了。尽管属于不同学院、不同部门，但为了一个共同的目标走到了一起。

小小的会议室一下挤进来20多人。房间虽显狭小，却异常温暖。大家面对世博会筹办、建设过程中可能遇到的方方面面科技问题，纷纷建言献策。

为了使设想和建议更加贴近世博实际所需，讨论过程中，时常伴随激烈的争论。有一天行政楼门卫小朱师傅就向科技处老师发问："这几天，科技处会议室不断出现校领导、教授们的身影，似乎听到他们在大声嚷嚷什么，搞得像打仗似的，是不是学校发生什么事了？"科技处老师只报以浅浅一笑："是啊，是在打仗啊，但不为别的，是为了打一场科技世博的硬仗。"

通过讨论，很快形成一致意见：先起草20份项目建议书。

仅仅一周，一份份凝结着同济大学学科积淀和智慧的项目建议书先后完成，并陆续交到同济大学上海世博会研究中心临时办公室：

《世博会运作管理的方法和决策支持系统》项目建议书完成了。

《上海世博会建设项目融资模式的研究》项目建议书完成了。

《世博会的场址开发和后续利用策略》项目建议书完成了。

《复合材料在世博会场馆应用中的关键技术研究》项目建议书完成了。

《上海世博会场馆大空间建筑结构抗火研究》项目建议书交来了。

《新型结构体系在世博会建筑中的应用》项目建议书交来了。

《世博会燃料电池汽车示范车队建设》项目建议书交来了。

……

原先拟定的20份项目建议书无一例外，均顺利完成并递交上来！

身兼学校科技处和同济大学上海世博会研究中心办公室人员双重身份的吕六平老师，将这些项目建议书编印成册，随即马不停蹄，送交上海市政府有关部门。

市政府有关部门领导拿到项目建议书后，脸上的神情很快由惊讶转为满意，一边翻看一边自语：太好了……没想到……没想到……谢谢！

机遇垂青：同济协助启动世博科技行动计划

2003 年 3 月，上海市科委决定组织相关科研单位协助编写《2010 年上海世博会重大科技专项建议纲要》。

得知这一消息时已是中午时分。姜富明和吕六平老师午饭没顾上吃就直奔上海市科委，表达了同济愿担此重任的强烈愿望，并承诺一定按时保质完成。

上海市科委领导看到了同济前期所取得的成绩，感受到同济参与世博的诚意，欣然应允。

同济人明白，这次任务具有相当的挑战性：首先是目标层次更高，不仅要围绕世博会顺利筹建举办，还要考虑到与国家全面建设小康社会科技需求对接；其次是领域更宽泛，纲要涉及世博相关的各个领域，每个领域又细分若干方面……这些不是靠少数专家凭感觉、靠想象就能完成的，需要作认真深入的分析、调研和论证，需要众多学科的协同配合。

对于困难，学校领导非常清醒，他们以各种方式鼓励大家。校党委书记周家伦鼓劲说："只要同济人承诺的事，同济人一定能做到，而且一定能做得最好。"

一场新的战役随即打响。一场空前的人、财、物大集结开始了。

在校领导的参与组织、协调下，团队又扩充了新的力量，蒋昌俊、李光明、陈小鸿等一批专家、教授带着各自的学科团队加入其中。这是一次全校相关学院科研力量的大协作。建筑与城市规划、土木工程、交通运输工程、汽车工程、机械工程、环境科学与工程、经济管理等学科领域的带头人来了。

这是一次全市相关科研单位的大合作。上海交通大学、复旦大学、上海市城市综合交通规划研究所、上海市城市规划设计研究院和上海市环境科学研究院等单位的顶级专家来了。

经过一段时间"五加二、白加黑"式的奋战，《纲要》顺利完成。

上海市科委将《纲要》递呈科技部，科技部领导认为符合要求，质量不错。

全体参与工作的同济人脸上，这一刻展露出久违的灿烂笑容。

2003 年 7 月，科技部和上海市政府决定共同发起、组织实施"世博科技专项行动计划”。

这一次，不等同济人“上门”请缨，上海市科委主动委托同济大学协助起草《世博科技专项行动计划（2004—2010）》。

时间紧迫，任务繁重。同济专家教授们拿出了惯有的拼劲，经常加班加点，工作日以继夜。

有一天将近半夜12点钟，因为一个环境方面的问题需要商讨，科技处老师给赵建夫教授打电话。赵教授二话没说，立即赶到科技处办公室，一直讨论到凌晨。

还有一次也在半夜时分，编制小组为了求证一个问题，拨通了上海市科委社会发展处马兴发处长的电话。马处长问：“你们还在讨论问题啊，你们不困吗？”

是啊，编制小组的成员何曾不想早点休息。但为了及早高质量完成任务，他们饿了就在办公室吃盒饭、泡方便面，困了就在办公室打个盹，工作不计时间。形成正式文本时，为了表达精准，小组成员字斟句酌、反复推敲，前前后后易稿近20次。

向科技部部长万钢汇报世博科技行动计划进展

功夫不负有心人。2005年11月，凝聚着上海科技人员和同济人智慧和汗水的《世博科技专项行动计划》正式对外发布，围绕“科技，让世博更精彩”的目标，规划出“展示精彩的世博”、“运行有序的世博”、“环境友好的世博”、“安全健康的世博”、“弘扬科学的世博”等五大重点领域的行动计划。

从申博成功到“世博科技行动计划”发布，同济人为此拼搏了多少个日夜。他们付出了，付出了超出常人的精力与努力；他们收获了，收获到沉甸甸的成果和发自心底的快乐。

当然，成绩的取得也离不开一个在背后默默奉献的团队——同济大学上海世博会研究中心的老师们。

中心成立伊始，在学校党政负责人的亲自领导下，常务副主任姜富明老师与中心全体同志一起，秉持中心“展示学科、人才优势，为世博建言献策，汇聚学科专家，开展基础性、战略性、前瞻性研究”的宗旨，及时组织校内专家就世博有关科技问题进行深入研讨，深度参与科技世博，超前规划出一批世博科技重大课题建议；搭建了学科交叉、服务协调和信息交流三个平台，延展学校学科链条，实现了学校多学科融合、交叉与渗透，加强内外联合，实现了与上海市科委、上海世博局和相关科研单位的信息沟通与密切联系。

徐迪民教授，原同济大学科技处处长，虽然早已办理了退休手续，但为了中心工作的开展，他既没有退，也没有休，经常不辞劳苦奔波于上海市科协、上海世博局与专家教授之间，发挥了很好的穿针引线、铺路搭桥作用。他是科研管理方面的“老法师”，熟知科研项目流程，懂得如何将最合适的任务分配给最合适的人。对于辛勤付出，毫无怨言，他曾说：“一辈子能碰到为世博奉献的机会不容易，发挥点余热是我的荣幸。即使再辛苦，也值得。”

吕六平老师，作为一位长期从事重大科技项目管理工作者，有着丰富的项目管理经验，他脑子里有一个同济的专家库，对于每个专家的研究专长、研究成果都如数家珍。在组织落实重大世博课题过程中，需要协调多学科专家时，吕老师总能处理得游刃有余。他还参与了《2010 年上海世博会重大科技专项建议纲要》和《世博科技专项行动计划（2004—2010）》的起草工作。吕老师平时不苟言笑，但做起事情来却一丝不苟，交给他的任务总能按时按质完成。因此，姜富明老师在处理世博事务时总喜欢把他给拉上。说到自己在学校世博工作中的作用，吕六平总是谦虚地说：“我做的微不足道，不值得提”，而谈起其他老师为世博所作的贡献时却是滔滔不绝。

理念落地：同济人不辱使命

在世博会即将开幕的时候，“科技，让世博更精彩”的效应已经渐渐显现：世博园区内客运交通工具实现“零排放”；建筑和照明二氧化碳排放减少 30%；园区内雨污水收集处理率达到 100%；工程废弃物和垃圾 100%回收利用……这些都得益于世博科技行动计划的实施。

据统计，上海市科委共安排世博科技专项课题 180 项，取得了 1 000 多项科技成果，其中 70%的研究成果在世博筹建过程中得到了实际应用。

同济人功不可没。

世博科技行动计划发布后，下一步就重在落实。要成立机构，找办公场所，配备工作人员等，上海市科委犯难了。“有困难，找同济”，上海市科委向同济大学寻求帮助，周家伦书记当即表示，同济大学将在人力、物力、财力等方面给予鼎力支持。

同济先将环境科学与工程学院副院长李光明教授抽调过来，然后将中法中心C区整个楼层辟出来，专门作为上海市世博科技促进中心的办公场所。

有一个小插曲。上海市科委原先设想把办公地点设在我校设计院大楼，周家伦书记听后当即表态："那不行。"没等市科委有关领导回过神来，周家伦接着说："那里办公条件太普通了，我们要提供同济最好的大楼、最好的层面。"闻听此言，市科委领导会心地笑了。

2005年11月5日，上海市世博科技促进中心揭牌，李光明被任命为中心副主任，负责具体组织工作。

工作伊始，困难不少。手下没人，这么多工作一个人跑不过来怎么办？他拉来了环境学院的老师帮忙。很快，一个完整的工作团队组建起来了，同济校内选调了一部分老师，通过市科委借调了一些其他高校老师和社会企业人士加盟，组成了30多人的志愿服务团队。

短短一周过后，"促进中心"开始了正常办公。他们协助市科委推进世博科技专项开展、承办世博科技展览、举办世博科技国际论坛、策划"科技创新与城市未来"部长级论坛……工作虽忙，但非常有成效。

在这个团队中，同济大学老师发挥了主力军的作用。"促进中心"是一个临时性的、"松散"的机构，没有编制，不发工资，没有制度约束，领导也没有对他们许诺些什么，他们完全是凭着一份服务世博的热情做事情，凭着一份支撑科技世博的责任心在坚持。

李光明教授为中学生普及世博科技知识

李光明教授，既是"促进中心"副主任，也是上海世博会首批宣讲团成员，而他的本职工作是学校环境科学与工程学院副院长、研究生导师。身兼数职，工作繁忙可想而知。但从2003年至今，他一直坚持、再坚持，深度参与世博科技行动计划的相关工作。李光明曾说，从最初接触世博到现在，他没有真正享受到休息的滋味。由于工作太过繁重，压力也大，他曾一度想放弃，但实在又放心不下。当被问及是什么支撑他为世博奋斗了7年，他不假思索地说："这没什么，同济人都能做得到。"

出席相关活动时，李光明教授经常会受到上海市人民政府、上海世博局和市科委领导的赞扬。有人戏言，李光明给中心带来了"光明"。可李教授却不这么认为："荣誉属于中心全体人员，我只是做了我应该做的，我们团队中的每个人都是实干家。"

陆志波老师，年轻潇洒，幽默风趣，谈起工作时说的最多的字眼就是"责任"、"奉献"与"快乐"。想想取得的科技成果、想想工博会的世博科技专题展、想想举办的世博科技论坛以及每次重大活动之后来自领导和社会的赞扬时，陆志波的心里总是美滋滋的。但有时他也会道点"辛苦与委屈"。有时白天要给学生上课，下午5点在中心开始上班，总是加班到很晚，有时接到紧急任务，动不动就是熬通宵。有时做事不被理解，对于世博科技专项课题管理，你催他们，嫌你烦；推动成果应用时，甲方会考虑投入成本，不愿配合，要耐心说服，有时候工作很难推动。但想到取得的成就与收获，这点委屈又算得了什么呢？

新能源科技作品展示

祁凌云老师，不仅担任同济大学上海世博会研究中心办公室秘书工作，而且还同时兼任上海市世博科技促进中心的工作，负责信息资料的收集与整理，从事着基础性、繁杂性的后勤保障工作。虽然事无巨细，但她却干得井井有条，有声有色。她还负责了科技专项课题的推进工作。一个人担任两份工作，即使怀孕以后，她也没在家好好静养，急世博工作所急，天天挺着大肚子上班。孩子出生以后，产假没过完，她又急急地赶来上班。

张平老师，主要负责对外联络，为了中心工作，将原定的婚期一次又一次地往后拖延。还有张玉臣、徐竟成、贺文智、徐璐、马利民、周雪飞、李伟英、陈梅、曾小清、米小娟等老师，每个人背后都有令人感动的故事。

随着世博会开幕的日子越来越近，同济人不敢懈怠，同济人暗自发力，同济人为“精彩世博”做着最后的冲刺。

世博给同济以舞台，同济还世博以精彩。2010 年 5 月 1 日，上海世博会大幕正式开启。当你漫步在世博园区感叹规划的科学时，当你乘上新能源汽车感受生态世博时，当你在城市最佳实践区体验美好城市生活时，当你面对宏伟壮观的场馆惊叹不已时，当你置身如梦如幻的世博光影世界如痴如醉时……你一定会陶醉于精彩的世博之中。

而这一切，闪耀着同济和社会的智慧之光。

上海科技活动周世博科技主题展

你建设我把关

——同济监理在世博会筹建过程中

·冯 如 马 宁·

如果说建设是把世博的蓝图变为现实，那么监理则是这一过程中不可或缺的把关人。同济工程项目管理咨询有限公司先后承担了12个世博项目监理工作，为世博会的工程建设按时按质完成，作出了贡献。

这12个项目分别是：世博会西班牙馆、世博会韩国馆、世博会以色列馆、上海企业联合馆项目、上汽-通用企业馆及项目展演系统、世博水门其昌栈站项目、世博会园区浦西世博轴及临时高架人行平台、浦江镇世博家园-九街坊特色商铺工程、世博会园区浦西部分道路及市政配套工程Ⅱ标、迎世博600天综合改造——外高桥部分Ⅱ标段及高桥镇三年行动计划、迎世博600天川沙部分平改坡综合改造、交通银行上海世博二支行装饰工程。他们的监理工作，涵盖了房建、市政、港航等多种项目类型，合作方包括国内、国外各个层面。可谓点多面广，领先同行。

一

工地上走来一位长者，不高的个儿，深棕色的厚棉衣，头上一顶小毡帽，一张古铜色的面孔里透着淳朴、和善的笑意。这位相貌可亲、精神矍铄的长者就是上海同济工程项目管理咨询有限公司的老牌监理——尹学武高级工程师。

世博工程建设现场监理

小心避过被挖开的井盖，走过高低不平的工地，尹学武来到同济监理的办公处。临时搭建的简易办公室在冬天格外寒冷。环顾四周除了四张临时办公桌上堆积如山的图纸和文件，其他的一切都显得那么微不足道。

“你们就在这里办公?”

“对啊，这就是我们的流动办公室，工程建到哪里我们就把办公室搬到哪里，这样可以随时跟进建设工作，方便得很。”

“会不会太简陋了，不舒服?”

“这个根本不是问题，我们平时很少呆在办公室里，大部分时间都要到施工现场检查工作，除了开会和喝水，成天守在工地，这里很快也要搬走，所以看起来很乱，见笑啦。”

每当访客问起类似的问题时，尹总监面上总是显现出一种从容与淡定。

电话忽然响起，尹总监接过电话眉头微皱：“好，马上过去!”

放下电话，尹总监起身想走，似乎忘记了目前正在接待客人，其尽职尽责、亲力亲为的工作方式尽显无遗。刚要踏出办公室，他又想起了什么，转过头略显为难。

“要么一起去? 不过工地上比较脏比较乱，怕是……”

“没有问题!”一想到能够亲临施工现场感受到同济监理人员的日常工作，客人格外兴奋。

同济监理在浦西人行高架步道

“那就是我们监理的世博会园区浦西世博轴及高架人行平台工程，”顺着他手指的方向，一座宛若长虹的高架桥映入眼帘，“这条世博轴由南北走向的主轴和东西走向的次轴组合而成，北起西藏南路广场，南至西藏南路隧道工作井，并与次轴上的弧形高架平台连接，整个桥面宽36米，长445米。这上面将来还会修建许多休息区，参观世博的人累了就可以在上面休息，站在上面向下望可以看到浦西世博园区内的每一座场馆，所以我们更要把好质量关，让每位参观者都可以安心舒适地站在这里欣赏美景。”尹总监说着笑着，言语间的那种自豪感足以感染任何人。

穿过泥泞的羊肠小道，走在坑坑洼洼的施工路上，躲过迎面而来风尘滚滚的装卸卡车，正是这条令大多数都市人“望而却步”的道路，尹总监走起来却异常娴熟，不知道这样的道路他每天要走上多少回。

“尹总监，这边!”不远处一个年轻人向这边挥舞着手臂。

“那是我们的总监代表张文才工程师。别看他年纪不大，可是工作起来非常认真，而且很能吃苦，接到世博项目的时候激动得几乎睡不着，就连做梦都常常梦到世博工地。”

尹总监还没介绍完，我们已经走近了这位年轻人。只见他不停地用脚踩着人行道上刚刚铺好的每一块路砖，看它们铺的是否平整，空隙留的是否均匀。

“我们每天都要随时检查现场工人的工作情况，世博与我们以往监理的项目比起来最大的不同就是工期紧，这次接的两个项目面广点多，加上时间紧，所以我们力求所有的工作都一次性完成通过验收。”电话再次响起，打断了尹总监的话。

一旁的张工抬起头说：“是啊，我们团队里的每一个人从 2008 年 5 月开始监理工作的那一天起，坚持每天巡视工地。特别是在前期桩基工程、地下结构等连续性作业工程建设时，因为夜间也要随时巡视现场作业，很多人索性就住在工地，像小刘他的家属还特意跑到工地来给我们送吃的和用的，是吧，小刘?”张工转向身后。

一名同样年轻有为的监理工程师刘新国腼腆地笑了笑说：“没办法，工期紧，工程没有多余的时间去改正错误，监理人员必须在现场时刻跟踪工程进度，发现问题马上提出，我看许多人的洗发水都快用完了，大家又忙没时间去买，就打电话叫家人送来了一些。”

的确，2010 年上海世博会的开馆日期已向全世界宣布，承诺要按时兑现，开不得半点玩笑。因此，辛苦是肯定的。

“年轻人苦一点没什么，尹总监还不是跟我们一样。一想到能为世博作贡献，心里总有一种说不出的满足感，可能就是人们常说的荣誉吧，毕竟不是人人都有这样的机会。记得当初项目公开招标的时候，工程造价仅为 0.5 亿元的《世博会园区浦西市政Ⅱ标工程》就有 9 个市政甲级监理单位投标，我们之所以能中标一方面要归功于我们公司选派的优秀总监尹学武高级工程师，他可是上海路桥专业评标资深专家、建设部注册监理工程师，从事总监工作已经 19 年了，人家看中的正是他丰富的市政施工监理经验；另外就是我们的团队，不仅人人业务能力强，而且专业组织结构合理。”

“如果工作中三方意见不统一怎么办?”

“为了世博的项目我们还开创了一套新的工作方法，除了每周一次的例会大家聚到一起出谋划策之外，工地上也会不定期的召开现场协调会，如果遇到突出矛盾我们还采取了‘急事急办、特事特办’的措施。”张工程师不无自豪地说，“当初地铁七号线的盾构施工即将穿越我方顶管区域，也就是工期紧迫的世博线。如果盾构施工先做过去，顶管施工就需要先花费大量时间和高额费用来保护地铁工程时间也肯定来不及。为争取时间，监理组决定将几道程序合并在一起，召开了施工、设计、业主协调会，确认变更方案，经过方案比较，拟采用开槽埋管，会后立即投入变更施工，这一方案得到了业主的好评。”

正是因为在世博会园区浦西市政Ⅱ标工程中的出色表现，相关监理工作得到业主的高度认可，后来在工程造价为3.2亿元的“世博会园区浦西世博轴及高架人行平台工程”中，才顺利得以中标。这一项目仍由尹学武高级工程师带领的团队完成。

望着建设中的世博轴，张工程师动情地说：“世博会作为中国向世界人民展示改革开放发展成果的一个重要窗口，能参与世博的建设，首先就是一种光荣。特别是能够看到世博园区内一座座现代化，代表着世界先进建筑水平，凝聚着中国人民辛勤汗水的建筑物屹立在浦江两岸，我们作为参建者，心里激动不已。回想起参与世博建设数百个日夜的奋战，协调会上无数次的反复论证，施工现场无数次的大声疾呼，值了！”

二

诸多工期紧迫的世博项目让同济监理上上下下异常忙碌，节假日取消，作息时间被打乱，两只脚不知疲惫地奔波在公司与工地之间。如果这样的形容还不够，那么看看其中的项目负责人严亚非，就知道这当中监理人的劳心劳力了。

严亚非手上抓了三个世博项目：西班牙馆、上汽-通用企业馆和上海企业联合馆。虽然入行已经二十多年，监理工作驾轻就熟，但一下子承担起三个世博项目的任务，再结实的肩膀也会感到那种沉甸甸的分量。从前期参与投标，与国内外业主谈判，到工程项目管理，再到争取场馆布展监理，他都亲力亲为，想在前头，跑在前头，不敢有丝毫松懈。

毕业于我校经济与管理学院建设管理专业的严亚非，秉承着同济人严谨求实、团结创新的传统。标书合同到手里，他一个细节都不会放过，方方面面的问题都会预先想到；监理组进场后，图纸、土建、装饰、设备等等，重要环节和重大设施都了然于胸。严亚非还有一个特点是知人善用。世博馆三个项目他有针对性地安排了三名干将。拥有博士学位的张总监曾在施工单位工作过十几年，目前是大学硕士研究生导师，其理论、实践经验均很丰富，于是安排他挑起西班牙馆的大梁；朱丹平总监身经百战，熟悉施工，现场经验颇深，因此委任以上汽-通用企业馆总监；高级工程师王式治总监的强项在于安装，于是就被赋予了设备、装饰工程量最大的上海企业联合馆监理任务。

这三个场馆中，难度最大的要算是西班牙馆了。它是颇具特色的外国展馆之一，其设计曾获得世界设计大奖，由柳条编织成流线型的外墙，看上去宛如一个大的篮子。但“篮子”越漂亮，造型越独特，其建造难度也就越大。外人感觉不到，张总监一拿到图纸，就知道要把它做得完美，不是一件容易的事儿。

这个场馆的建筑主体是异性钢结构，每根柱子都要严格地定位、测量。这每根柱子的特点在于，它们不是直的，是S形的。每根柱子有三节，即三节拼装成一根S状的柱子。而每装一节，每组成一根立柱，这其中的每一个步骤都要定位、测量。

说说已经够复杂了，实际操作起来，更不是件容易的事情。对此张总监监理组要做的，就是紧密跟踪，监控每一个步骤，严格把关。这活儿，得细致到每一条焊缝都得盯紧盯牢。一旦发现不符合的构件，立刻退回厂里重新加工。每每推进一步，需要考虑的不单是质量问题，首先是安全问题。比如焊接中产生的火花容易引发火灾，监理小组要求施工者增加接火斗，预先摒除安全隐患。别小看这些细微举措，实际效果是防患于未然，避免给工程建设造成不必要的损失。

这种S形异性桁架柱，无疑加大了同济监理的工作量和工作难度。在将近半年的钢结构施工过程中，监理组进行定位和测量的次数，与业主方、施工方的沟通次数，多得数也数不过来。有时白天劳累一天，晚上梦里都在测量。这检验着人的细心，也考验着人的耐性。但监理组自始至终一丝不苟，睁大了眼检查每一节柱子，力求尽善尽美。

三

小章是来自同济大学的实习生。2009年7月，他第一次来到世博会西班牙馆的工地时，深受震动的不是宏大奇异的西班牙馆，而是场馆旁边一两排矮小的、由多个集装箱堆积起来的古怪建筑。

说它是建筑吧，可它都是由集装箱垒成，连附近建筑队的工棚都不如；说它不是建筑吧，它又垒得整齐划一，有模有样，还有一个简易楼梯搭在一旁。小章向工地的工人们一打听，才知道这处集装箱建筑，就是同济监理的驻扎地。

实习生的到来，让张总监十分高兴。这不仅因为同济的大学生好学、肯干，而且在他所负责的西班牙馆项目中，太需要这样有英语优势的人才了。当天，监理小组就带领小章巡视了工地，一一详细讲解、分析。巡视一圈下来，这些吃住都只能

同济监理在世博上汽通用馆工地

呆在集装箱里的监理人员，在小章眼中很快就变得可亲可敬。小章不仅留下来，与同济监理一道在工地上拼搏度过了上海最炎热的两个月，而且在实习期结束后，还主动提出在不影响学业的前提下继续在同济监理实习和学习。

与外方业主合作，对同济监理来说，既是一种新颖尝试和交流契机，又会出现一些从未有过的局面和难题。语言沟通是最大的障碍。但同济监理公司打开大门，每年都为在读学生提供大量实习岗位。有这样一批新生力量的加入，极大缓解了世博会外国馆项目建设过程中的交流压力。在众多同济学生的努力下，张总监手里的监理资料有了中英文双语版本，每月一期的监理月报，也有了双语版，那份英文版被准时送到外方负责人手中。

另一个让张总监头痛的问题是，外国公司与我国国内环境对接产生的差异影响到了原定的工期。通常情况下，国内外对于设计的要求并不一样。比如在西班牙馆建造过程中，外方要求每一步都需要做深化设计，而我国的许多施工单位并不擅长做深化设计图。于是施工图纸不到位，外方要求重新做图纸，然后重新审核、修改、再审核。这一来二去，自然就消耗掉了不少时间。在世博工地，别说一天时间，哪怕是一分一秒都非常宝贵。有时图纸变更还会引起工期、造价的差异，花费的时间就更多了。

对于这一状况，张总监看在眼里，急在心里。监理人的身份也让他一再兼任数职，充当起协调人甚至是技术顾问的角色。某一个环节出了问题，影响工期，张总监就积极奔走于施工方和设计方之间。而图纸、技术方面，他富有经验的指导也让施工方点头认可。

2010 年 1 月 11 日上午，申城的上空下着小雨，冬日的天气有些阴冷。世博工地在这一天举行了庄严的誓师大会，所有施工单位被要求立下“军令状”——3 月 31 日全部完工出场，以确保世博会如期顺利开幕。

同一时刻，张总监坐在昏暗的集装箱办公室里，啜了几口浓茶，凝眉看着桌上的图纸，手指敲打着图纸上那些未完工的地方。

因为深化设计，西班牙馆的工期被耽误不少，因此项目工程有所延期。但总体说来，在3月份前完工应该没有问题，内部装修也已近尾声。但是，愈是收官阶段，愈让人心境难平。回想2008年11月，他带领小组入驻世博工地时感受到的压力，再到2009年，项目推进中压力变为动力，变为一种激励，再到如今的2010年，这种前进的动力变成一种召唤，胜利在望的召唤。在这一刻，是否应该做一些总结，做一些思考，结合公司的发展前景，积极做一些“后世博”的谋划呢？

同济监理在世博上汽通用馆工地

这时，室内的光线一暗，一个身影挡住了狭窄的门口。张总监抬头看去，项目负责人严亚非大步走了进来。

从前严亚非一进门就询问工程的情况，可这一次，他开口却笑呵呵地说：“张老师，我带来一个大好消息！”

原来，继上汽-通用企业馆的布展工作交由同济监理来负责之后，严亚非又谈妥了上海企业联合馆的布展工作。

“而西班牙馆的布展，我们也会积极争取！”严亚非重重敲击西班牙馆的图纸，言笑铿锵有力，“争取同样由我们同济监理来完成！”

张总监面露微笑，这是他新年里听到的第一个喜讯，而这个喜讯很快传遍同济监理的每个团队、每个角落。

四

尽管承接的这些项目都是临时性建筑，但同济监理无论项目轻重，都派出了旗下最好的项目负责人、项目总监，仍然按照永久性建筑的要求来规范、来监管。单凭这一点，就在业界口碑相传。

也正是有了参与世博的契机，同济监理在与外国公司面对面沟通方面积累了丰富的经验，亦为将来走向国际市场打下了基础。从同济监理出来的工程项目，业内公认品质优越；在同济监理脚下走出来的道路，无疑日益宽畅。

竞速更竞技

——记同济人承建世博会信息通信馆

·冯　如·

2009 年 12 月 31 日，冰冻多日的申城开始回暖。人们从新年倒计时的钟楼下经过，喜气洋洋的脸上充满了对世博年的憧憬和期待。

也是在这一天，蓝天衬映下的浦西 E05 地块上，鼓乐欢腾，彩旗飘扬，上海世博会信息通信馆的交接仪式正红火进行。

发言席上，同济建设有限公司总经理张晔看着手里洋洋洒洒的《施工汇报》，神采飞扬、言辞激动：

“……信息通信馆是世博会 16 个企业自建馆中第一个取得施工许可证，第一个通过主体钢结构的质监验收，第一个通过消防检测验收，第一个通过工程项目质监备案验收，第一个进入档案资料验收程序的工程项目……”

同济承建的信息通讯馆近景

话音未落，全场爆出雷鸣般的掌声。

信息通信馆不是第一个开工的世博项目，却是第一个档案资料验收的工程。别的场馆建造好后是毛坯移交给业主方，但眼前这所信息通信馆，如今已里里外外全部装修完毕，一身绚丽多彩的 LED 发光墙体，漂漂亮亮地矗立在众人面前。

“……这‘五个第一’凝聚了我们建设方、设计方、监理方和施工方的共同心血，是我们共同奋战 8 个月的成果结晶!”

听着公司老总不无自豪的言语，现场参加交接仪式的同济建设人，从一般员工到公司管理者，脸上都露出了会心的笑容。确实，只有亲手栽种的人，才能体会到丰收的喜悦；也只有亲力亲为的人，才能明白酿造“成果”中的酸甜苦辣。

作为项目负责人，同济建设项目经理谢振宇此刻也缓缓摘下眼镜，抹了抹鬓角的霜风寒气，仰头望望晴空丽日，微微舒了口气：刚刚过去的两百多个日日夜夜里，他心头时刻紧绷着一根弦，到了这一刻，终于可以真正松弛下来。

“不辱使命。”既是谢振宇这一刻倍感欣慰的理由，也是同济建设者交给世博的建设答卷的成色。

一

2009年初，一个春寒料峭的日子里，谢振宇敲开了总经理张晔的门。

稍一寒暄，张晔就乐呵呵地拍着谢振宇的肩膀说：“老谢啊，公司有一个任务要交给你呢。”

领导把“任务”两个字咬得特别重，这让谢振宇感到一丝不寻常。

“这次我们同济建设要进军世博了！”张晔把桌上的一叠文件拿给谢振宇，兴奋地说，“中国移动和中国电信两大集团联手打造的上海世博会信息通信馆，会交给我们同济建设来完成。怎么样，老谢，你想不想做？敢不敢做？”

听到“世博”，谢振宇心里“咯噔”了一下。想做，当然想做！对于建筑行业的人来说，能参与百年一遇的世博会建设，是何等的幸运，何等的光荣！但看看文件要求，工期紧的难题不言而喻。从前接手的工程项目，工期至少在一年以上。而眼前这个信息通信馆，无论其意义还是规模都不同寻常，却规定必须在2009年年底，即要在不足一年的时间里竣工。这不禁让人要掂量掂量，因为这不是个人敢不敢做的问题，而是关系同济建设声誉、关系上海世博会大局的问题。

这些疑虑也曾在张晔脑子里闪现，所以在做决定时他也非常谨慎，再三思索，选中了公司里这位一级项目经理谢振宇。张晔眼前这位谢师傅，从18岁进入建筑行业起，已经有了四十多年丰富的业内经验，至今依旧身板笔直，嗓音洪亮，脸上常常挂着乐观的笑容。

疑虑不过一瞬之间。谢振宇把文件合上，稍一抬头，斩钉截铁地说：“做！不仅要做成这个项目，而且还要做得出色、做得漂亮！”

对于一个在业内打拼了几十年、见惯风云变幻的老行家来说，原本已经没有什么能令人激动不已的了。但这次呈现在面前的世博项目工程，却让谢振宇有了入行时热血沸腾的感觉。在他手里掂着的，不再只是一个项目一座建筑，而是一种荣誉一种责任。

当天，谢振宇就开始着手研究工程的实施方案，草拟节点目标，组织建设团队。

2009年4月25日，同济建设入驻世博工地。在2010上海世博会气势磅礴的版图里，又增添了一处同济人的足印。

二

头上顶着白晃晃的太阳，脚下蹿出热辣辣的地气，王海山觉得身上的衣服扒下来，都可以拧出水来了。可他连抹汗水的工夫都没有，所有的人都在争分夺秒地搭建展馆的钢结构，从早上六点开工到现在，数小时的高空作业，谁都没有停歇过。

这是2009年入夏后的第10个高温日，并且成为从7月中旬起出现的连续第4个高温日。王海山这一双劳作多年、布满茧子的手，触碰到给烈日晒得滚烫的钢筋，都会蹭破一层皮。工地上的尘土跟热气搅和在一起，扑入口鼻，更把人闷得口干舌燥，如置炉中。

焊接完一段钢板，他听见下方传来一阵欢呼。他低头一瞧，地面上有工友扬手大声招呼说："大家快下来歇歇，公司给我们送绿豆汤来了！"大伙儿鼓起掌来，盛夏之中，喝绿豆汤是工地上最惬意的事了。

盛上一碗散发着薄荷香味的绿豆汤，递上一块干净柔软的棉质毛巾，小赵又来代表公司来慰劳施工兄弟了。天气一天天热了，他眼中的信息通信馆，也一天天快速增高。

场馆工程的基础部分完成后不久，冒出的一个难题就是炎炎夏日的降临。世博工程的特殊性和紧迫性，不容得有任何外因阻碍进程，落下进度。所以在工程例会上，谢振宇特别强调，要及时做好施工人员的消暑降温工作，保障他们的身体健康和施工安全。

绿豆汤每天送到工地。公司上下无论是否参与了世博项目，都排上班次轮流送。因为大家都知道，这不是为了一个小集体的项目工程，而是为了同济建设这一个大团队的品牌。

晚上，工棚里没有空调，闷热得透不过气来，工人睡不好觉怎么办？谢振宇遂下令打开会议室空调，里面安置工人床铺。非施工人员，即便是管理者入夜也不得进入会议室中休息。这些看似无足轻重的措施都一一写入了会议纪要中。

这天晚上，劳碌了一天的王海山及其工友们，拖着疲惫的身体走进会议室，凉风扑面而来，一身的酷热顿时褪去大半。在精心布置的会议室里，工人们可以安然入睡了。进入梦乡前，王海山眼前浮现出在街头看见的世博宣传片：

一个乡村小女孩儿，高举一张照片，雀跃着对身边的小伙伴们说：“我爸爸在世博工地上造房子呢!”

三

谢振宇有个习惯：凡事想在前头，做在前头。尤其是目前这个须在240天内完成的世博项目，如果不及早做好规划做好安排，那么拖延一步，全局都会受到影响。

4月28日开始打桩，4月底5月初他就开始着手主体钢结构图纸的深化和加工；

5月25日基础完成，5月底钢结构吊装方案已现雏形；

8月15日钢结构刚一完成，外立面的深化设计就马上跳入了他的脑海中……

人员、设备、机位、图纸，几乎每一个施工环节，都差不多提前一个月做好准备，做好了与设计方的沟通协调。因此一旦节点目标启动，总能得心应手，游刃有余。

这期间，中国移动和中国电信的领导也常来工地视察，表达慰问之情。有一次，某领导走进在建中的信息通信馆，不禁为眼前的景象所震惊——

但见在一个体量庞大、光线晦暗的空间里，密密麻麻搭建了两三百处脚手架。由于场馆以后供设置展区之用，所以通体为一座没有窗户的密封式的建筑，外面的日光无法照进馆内，工人高空施工，全靠灯光照明。灯光自然比不了日光，照亮的也只能是局部，未施工或已完工的地方几乎处于黑暗之中。加上几百个脚手架错落在半空中，令人仰头望去，如同进入了非洲大森林里一般……

甲方领导乍一望见，不由得啧啧称奇。

但最让人称奇的，还不在于此。仔细想想，这种大规模的施工方式难免让人手心捏了一把汗。这所场馆高达22米，除去高空作业的因素，立体施工也加大了危险系数。脚手架的密集度最大达到了400号人同时在馆内施工，如果悬在空中的任一脚手架，其水平或垂直位置布置不当，或发生缠绕，或发生碰撞，都会牵一发而动全身，影响到其他脚手架的工作进度，甚至出现安全事故。

这些自然是谢振宇考虑的重点。其实，工程建设过程中，质量和安全是谢振宇最为注重的两个方面。他深深知道，安全口子上只要哪怕出一点小差错，工程马上就会被勒令停工。所以每次例会上，他总要花不少时间强调安全施工，落实安全责任。

组织场馆内立体施工时，他和下属更是费了一番力气，预先做好立体施工的实施方案。等到一个个脚手架搭起来，排布有序，错落有致。各个作业面间距得当，兼顾照明。工人们虽然身处“丛林”之中，手里的活儿也是丝毫不乱。

作为甲方，中国移动和中国电信的领导每次到工地，现场看到和听到的故事，让他们打心里对工程建设感到满意，临离开时，他们都会伸出双手，紧紧握住谢振宇，颔首微笑：“老谢，这个工程交给同济建设来做，一点儿也没选错！”

四

进入 2009 年 10 月，天气渐渐转冷，信息通信馆也渐渐显山露水，呈现规模。

从信息通信馆的效果图中可以看到，展馆的整体建筑将是作为一个流畅动感的形体呈现出来，整个展馆建筑的设计聚焦于“流动的信息”，所以它在建造中的显著特色就在于，场馆以圆形 LED 发光体作为外衣，利用 LED 色彩变化，形成丰富多彩的生动图像。

同济承建的信息通讯馆远景

这是其他世博场馆所没有的特色，也是同济建设在项目中碰到的新玩意儿。也正是这个新玩意儿，又一次给同济建设出了难题——该是安装 LED 的时候了，但多次打电话联系，亟待安装的 LED 货箱就是迟迟不见踪影。

按照计划，6 000 多平方米的外墙都应铺上 LED 灯管。因为这批 LED 总价不菲，须由甲方上报给世博部订购，然后再交由厂方按式样再度加工出厂。由于某些客观原因，等 LED 灯管运送到工地时，比预设的施工时间晚了一个月。

时间进入 11 月份，信息通信馆的地块上，出现了施工以来最为繁忙和紧张的景象。为了追回被延误的工期，同济建设夜以继日，每天必须连续施工 16 个小时以上。

张华是安装 LED 灯管的熟练工，应该说，这次挑担安装 LED 的工友们都是熟练工，换上新人是肯定追不上工程进度的。起初跟他一起上外立面安装的工友有七八人，但三两天后，安装工人突然增加了一二十个。毋庸多言，张华都清楚团队对外立面这一环节有多紧张多重视了。领导们心里绷了一根弦，他心里也悬了一块大石头。

从前安装LED灯饰，通常是六块板串一根控制线，可这次安装，要求是每块灯板接一根控制线。这样做的好处是，如果以后坏了一个LED灯，可以只拆换这一只灯，而不是拆换连成一条线的数只灯，不仅更换便捷，也无损于观赏之美。

但这样一来，安装难度就大大增加了。张华他们得小心装灯，细细排线，就跟媳妇儿们做针线活儿一样，得缝合周密、紧致。而最繁复的，是外立面所有成百上千根控制线，最终要汇总到一根线里，由总开关操控。

这样长时间悬身墙体、不分昼夜地作业了十多天以后，终于在11月15日，外立面的脚手架拆除了。

夜色如水，晚风徐徐。忽然间，浦西E05地块上一片流光溢彩、云蒸霞蔚，转眼又变幻成蓝天碧海。信息通信馆的外立面成功亮灯，引来工地上一片惊叹。每个LED都有多种彩色变化，由是汇成的外立面能展现出色彩斑斓的图案，甚至七彩霓虹。

看着如梦似幻的场馆夜景，谢振宇心里暗暗松了一口气。这时听见身边的助手陈琦欢喜赞道："真好！就像水立方一样美。"

是啊，像水立方一样美，这样以LED铺出来的奇妙外观，黄浦江两岸整个世博园区，也独此一家。

五

尽管有所延误，但同济建设承建的信息通信馆，还是成为整个浦西世博园区建设中第一个外立面全部完成的工程。之后开展内装修、空调、通风、消防、给排水、强电、弱电、综合布线、太阳能工程等，进度很快跟上，团队愈战愈勇。

世博工程是上海的形象工程，信息通信馆则是"同济建设"的形象工程。2009年底，富有经验的"同济建设"团队按时、按质、安全、文明地完成了信息通信馆的建设任务，同时也在世博会浦西项目部中，打响了同济品牌，树立起世博形象。

"……这'五个第一'凝聚了我们建设方、设计方、监理方和施工方的共同心血，是我们共同奋战八个月的成果结晶！"

高亢有力的声音在信息通信馆上空久久回荡，也在每个建设者、参与者的心里掀起阵阵涟漪。

八个月不算短，在工地上一天当作几天来用；八个月也不算长，昨天才在总经理室里接过任务，今天就已变蓝图为实景。

谢振宇回头望望团队，望望同济建设里的每一个人。在参与世博建设的重任里，他们是不平凡的；在垒筑一砖一瓦的点滴工作中，他们又平凡得默默无闻。在夙兴夜寐的努力拼搏中，无论施工者还是管理者，都本着一颗平常心、事业心、责任心在一起工作、生活和学习，细分配到自己手上的活儿虽然普普通通，但正是无数个普通的岗位凝聚在一起，无数个细微的环节集合在一处，才共同构筑了这样一个不寻常的工程，完成一个不简单的任务。

今天的信息通信馆，是同济建设献给 2010 上海世博会最好的礼物。而世博，正是同济品牌的又一次集中展现。

建设工程中间交接会议

讨论工作

愿做世博筹办铺路石

——彭运鹗、诸大建、单晓光与中国 2010 年上海世博会

·崔湘青　高　帅·

2010 年 5 月，上海世博会将呈现一场文化饕餮盛宴。在这繁华的背后凝结着无数国人的汗水与辛劳。在同济，有这样一群人，从申博迎博到建设融资，从主题演绎到概念接轨，从知识产权保护到后世博研究，从世博会宣传研究到场馆会展研究……他们活跃在上海世博会的台前幕后，积极奔走，倾囊奉献，甘做世博会的铺路石。彭运鹗、诸大建、单晓光就是其中的代表。

彭运鹗：甘做上海世博会探路者中的一员

2002 年 12 月 3 日下午，摩纳哥蒙特卡洛国际展览局会议厅，举世瞩目。2010 年世博会举办地花落谁家，即将揭晓。世界都屏住了呼吸。随着“中国上海”的公布，会场爆发了震天的欢呼声，拥抱、击掌、欢呼……大家沉浸在无限喜悦中。

此时，作为陈述人的彭运鹗教授深深地呼了一口气，按捺住心头的狂喜，他觉得自己没有辜负国家的厚望，没有辜负人民的委托，没有埋没他一生的理想，他终于完成了申博陈述人的重任，积聚 20 多年的人生夙愿终于明朗。

彭运鹗教授在上海世博会融资研讨会上

追溯起来，彭运鹗教授与世博的因缘得从 20 多年前说起。改革开放后上海生机勃勃，时任国务院上海经济区规划办公室主任、原上海市长的汪道涵在与彭运鹗教授的一次交谈中提到：“开发开放浦东是上海发展的关键契机，如果还可以争取到办一届世博会，这将对上海，乃至

中国各方面的发展会有极大促进的”。那是彭运鹗教授第一次把上海的发展和世博会联系起来。但由于当时的经济条件不成熟，上海举办世博会的愿望迟迟难以兑现。直到1998年底，上海市进行了认真的分析和研究，将申博的议案提上日程。

从1999年起，彭运鹗就参与到市政府关于申办世博会可行性的研究工作中来。彭运鹗和研究组的其他成员一方面仔细研究历届世博会的主题，另一方面试图提出完美呈现上海亮点的新主题。经过长时间的反复商榷、百般打磨，“城市让生活更美好”的主题终于应运而生。这一主题真正体现“以人为本”的发展理念，排斥片面追求财富效应的社会发展模式，强调经济社会全面协调发展，视野辽阔，统罩社会保障制度、医疗保险、义务教育、文化环境、人文道德方方面面。

2000年，彭运鹗受市政府邀请参加了德国汉诺威世博会上海馆的设计布局全过程。在中国馆里增设上海馆是探路工作的第一步，怎样使上海馆的风头既不盖过中国馆，又能吸引世界眼球，彭教授有一个堪称经典的创意，即把SHANGHAI（上海）八个英文字母拆开来，分别代表Service（服务）、Hi-tech（高科技）、Arts（艺术）、Nature（自然）、Globalization（全球化）、Health（健康）、Aspiration（毅力）和Information（信息）。每一个单词各自代表上海的一种特质，汇总到一起，便能面面俱到地展示出上海是一个服务业繁荣，崇尚高科技，集艺术、自然和全球化特征于一体，人民健康、有毅力，同时也是信息化程度发达的国际性大都市。

早在20世纪80年代，彭运鹗在世界银行工作期间，这个创意就初具雏形。作为咨询专家，他经常被问及中国，尤其是上海的第三产业、高科技、信息化、绿化发展的情况。每逢在报纸刊物上看到诸如此类的报道，他都很留心地剪下来贴在日记本上。一天他在翻阅“小豆腐块”之际突然发现这些常常徘徊在脑中和笔下的小主题都是属于“SHANGHAI”的。服务——Service、高科技——Hi-tech、自然生态——Nature、全球化——Globalization、健康——Health和信息——Information，唯独没有字母“A”。心血来潮的彭运鹗拿起笔在纸上比划着，上海需要的不仅仅是高精尖的科技、开创性的思维模式和前瞻的信息理念，还需要毅力——能够通过努力和创举将自身最光耀最艺术的一面展示给世界的毅力。想到这里，“Arts（艺术）”和“Aspiration（毅力）”就像一簇簇跳跃的小火花，让他眼前一亮。

2000年汉诺威世博会现场，彭运鹗教授向各国参观者详尽介绍了上海的经济社会发展情况，对SHANGHAI一词匠心独具的拆析介绍，好评如潮。会后，很多外国代表团团长都向他要演讲的PPT稿件。

2002年3月25日，对彭运鹗本人而言是极富挑战性的一天。因为有丰富的国际投融资经验和出色的英语表达能力，彭运鹗被市政府列为30亿美元“上海世博会投融资”计划的陈述人之一。作为我国首批引进世界银行项目管理理论和实践的学者，他曾担任国家计划委员会、财政部、铁道部与世界银行铁道贷款项目代表团的翻译和顾问，直接参与了我国向世界银行第一、第二、第三批总计6.6亿美元的贷款项目，但担当世博陈述人这一角色，他仍倍感压力。当时上海是所要考察的五个申办城市中的第一站，既无可以借鉴的经验，又不了解国际展览局评审官员的背景和喜恶，他为此寝食难安。

对于世博会投融资计划中30亿美元的来龙去脉，是不能有丝毫马虎的。上海有没有能力承受这些资金，当时很多国外人士对此抱有疑问。尽管在此之前彭运鹗对当时上海的经济发展和财力状况做了全方位的考评，认为上海完全有能力肩此重任，但他依旧踯躅不定。就在此时，朱镕基总理的亲笔签名信和项怀诚部长的来信，给彭运鹗吃了定心丹。两封信表述了同一个内容：如果上海世博会出现财政问题，中央政府将全力支持。

面对挑剔的国际展览局考察团官员，他说：“作为世界银行的特约顾问，我可以充满信心地告诉大家，上海在大型的建设的投融资方面，具有极强的能力。这一点已经为上海从世界银行融资建设的大量项目所证实。”他的陈述到位而精彩，没有遭到评审团的任何诘问，因此有人把这一功劳归于彭教授。而这一切在彭运鹗看来更取决于近年来上海显著的经济成效。2008年上海人均GDP达到10 529美元，首次突破万元大关。一连串响当当的数字既说明了上海的经济实力，同时也显示了上海在全国乃至世界上的地位。他说：“陈述成功的原因不是孤立的，不是偶然的，也不是个人的因素，这不是演戏，只要说得天花乱坠就行，而是需要实实在在的东西作后盾，这个后盾就是中央政府的大力支持和上海市经济实力的坚实地基。”

历届世博会的实践证明，能否在筹办过程中就投融资方式进行恰如其分的金融创新，直接关乎世博会的成败。1970年大阪世博会以5 282万美元的盈利为世人瞩目，其中很重要的一个原因是大阪世博会的举办刺激了金融领域的创新。与之形成巨大反差的是，2000年的德国汉诺威世博会，亏损高达24亿马克，金融创新方面的败笔使其财政赤字火上浇油。世博会给了上海一个平台，一个金融创新的最佳时机，也对上海金融业的发展提出了更高的要求。

彭运鹗又一次认真仔细查阅了历届世博会的资料，分析了各自的金融状况。他认为，2010年世博会将成为推动上海金融创新的契机。上海是国内最大的证券、保险和外汇交易市场，全国银行卡中心、黄金交易中心先后落户，票据市场也初具雏形。比较健全的全国性金融市场体系已经在上海形成并不断完善，上海作为金融中心的规模实力、技术水平、集聚能力和辐射功能正日益增强。上海完全可以借世博之“东风”，鼓励金融创新，努力建成我国金融产品的研发中心、金融行业标准设计中心和行业自律的示范中心。

从十年前酝酿申办世博时的犹疑到今天充满信心，彭教授自豪地说：“上海可以办好世博会，有财力，有技术力量。”通过世博会，能够极大提升上海各方面的国际声望。不仅仅是在经济方面让人家觉得上海是一个文明的现代的先进的城市，是一个有吸引力的让人向往的宜居城市，还是一个有着极好的自然环境和人文环境的城市，是一个大有发展前途的城市。

诸大建：探索上海世博会城市主题的精神遗产

他和上海世博会一路风雨中走来，作为可持续发展方面的研究专家组，参与主题演绎与解读；他以“读世界书，知中国事，说自己话”的风格，承担了多项世博研究课题，提出了有价值的建议。

诸大建教授与主管世博事务的领导在日本爱知世博会考察

他，就是 2010 上海世博会环境顾问、同济大学经济与管理学院诸大建教授。

2005 年 5 月的一个深夜，一阵急促的电话铃将正在美国哈佛大学做高级研究学者的诸大建从睡梦中惊醒——这是来自上海世博局的电话，由于时差关系，上海是工作时间。原来，2005 年 5 月 1 日上海世博会的《注册报告》正式提交国际展览局后，国际展览局对《注册报告》提出了修改意见。《注册报告》是上海世博会申博后的最重要活动，它将明确上海世博会的定位和主题的内涵，是向参展国发出邀请的纲领性文件。世博局的电话说，希望诸教授对修改注册报告、深化主题演绎提出建议。

随后的几天里，无论做什么事情，诸大建脑海里都是“主题演绎”的字眼。他再一次重新审查了有关世博会主题方面的全部资料，并加以分析和思考，从中看到了原来方案在可读性与可见性上的不足。

诸大建认为，要让2010年上海世博会“城市让生活更美好”的主题真正成为世界共同关注的话题，就需要使对于城市美好生活的解读与演绎具有国际上的可理解性和可展示性。同时，原来文稿中的副主题，内容涉及“文化”、“经济”、“科技”、“社区”和“城乡”等五个层面，相互之间缺乏合理的逻辑红线将其串联起来。诸大建建议上海世博会的城市主题应该充分反映可持续发展的观念，用可持续发展的经济、社会、环境三个支柱的思想来穿织原来界定的世博主题的五个方面，来表达“城市，让生活更美好”的基本内涵。这样，可以使上海世博会的城市主题既有中国化的表达方式，又结合国际社会的公认观点。诸大建的建议得到了上海世博局的重视。

建议得到了采纳。2006年9月召开的第四届上海世博会国际论坛，提出了主题演绎的双重切入点的看法，强调经济、社会、环境三者平衡是实现城市可持续发展的关键，世博会的主题演绎要可见性地落实到了城市人（社会）、城市物质系统（经济）、城市环境等三个方面。相应的，主题馆的设计包括了城市人、城市生命、城市地球三个主要部分。

世博会享有“经济、科技、文化领域内的奥林匹克盛会”的美誉，是人类思想的驿站。自从2000年汉诺威世博会以来，世博会的功能从传统的科技创新与展示提升到了理念创造与传播。上海世博会是历史上首届以“城市”为主题的综合类世博会，在我国建设和谐社会的环境下，探索和思考城市发展前景，努力为世界城市未来发展留下有益的理论和思想成果，具有重要的意义。诸大建教授及其团队一直致力于这样的研究。

还在1999—2001年申博阶段，上海市政府发展研究中心承担世博主题的研究工作时，诸大建作为上海市政府特邀决策咨询专家就参与了有关的选题咨询。世博申办成功后不久，诸大建承接了的一项世博课题：任务是从国际进展解读城市生活质量的蕴涵以及对上海城市发展的意义，为深入阐述世博主题以及研究上海未来发展方向提供建议。自此以来，诸大建越来越多地参与到世博会主题演绎的专家咨询、课题研究、论坛演讲等工作之中。

2003年和2005年他先后在上海世博会第一届国际论坛和第三届国际论坛（爱知世博会期间）上对世博会与城市可持续发展的关系做了有新意的阐述，国际展览局的通报与上海市政府的报告均刊登了他的研究文章。

2008年他应邀担任了上海世博会的环境顾问。2008年开始，上海世博局推出了一系列如何开展世博论坛的课题咨询和研究工作。诸大建教授及其团队承担了其中的“和谐社会中的宜居城市”论坛背景与设计研究课题，他们以“上海案例、中国立场、世界眼光”为指导思想，提出了基于可持续发展四重底线的宜居城市框架，进一步将世博会的主题和副主题与建设可持续发展的宜居城市结合起来，课题在验收时获得了最高评价等级，后来又获得了上海市政府决策咨询优秀成果奖。

随后，诸大建教授又被特别邀请承担了世博高峰论坛“城市创新与可持续发展”的论坛背景与设计研究课题。在课题中，他们强调了面向可持续发展的城市创新需要包括三个方面，即理念与战略创新、制度与政策创新、技术与物质创新，将城市创新与可持续发展组合成为一个 3×3 的理论模型。课题的研究成果再次得到了世博局主管部门的重视。

“我们做出的课题既要上天，又要落地：所谓上天，就是要有国际的眼光；所谓落地，是在中国的背景和体制中能够被接受和理解。”诸大建经常和同事们这样说。

从世博会的筹备工作开展以来，诸大建一直对一个问题萦绕于怀：几千万人来参展，巨大的能源消耗和碳排量怎么办？多年来从事可持续发展战略研究的他对此颇为敏感。世博会“城市，让生活更美好”的主题已经传播到世界各地，而什么样的城市是美好的，其中的一个重要方面毋庸置疑——低碳。对人口密集的国际大都市上海来说，这是一个薄弱的环节；具体到 2010 年上海世博会的建设，也必将是一次空前的挑战。

“世博会需要的正是‘低碳’的红线，正如一大堆珍珠，如果没有一根红线将其串连成价值连城的项链，零散的珍珠便难以聚焦世人瞩目的眼光，”诸大建谈道，“实际上，无论在场馆建设还是能源利用上，上海世博会都融入了‘低碳’理念，只不过当时这理念宣扬得不够响亮。”

用“低碳”来串连，所有看似散落的展览、活动、论坛便都有了主题思想，共生出让不同意识形态的人群可以接受的世界语言。低碳世博对中国是一个机会，主动把“低碳世博”的旗号打出去，才能使“城市，让生活更美好”的理念真正宣扬开来。

在诸大建等专家的建议和策划下，从 2009 年底开始，上海世博会亮出了“低碳世博”的新旗帜。低碳经济、低碳生活、低碳技术、低碳行动，作为上海世博会主题的核心内容，为具有 150 多年举办历史的世博会浓浓地添上“绿”意盎然的最新一笔。

2010 年 4 月，诸大建随上海市市长韩正访问台湾，做了有关世博会以来上海建设绿色城市的演讲。5 月，应荷兰政府的邀请，诸大建在上海世博会荷兰周上，与德国摇篮经济的倡导者布朗嘉一起就循环经济、摇篮经济与绿色世博进行演讲。诸大建就是这样一位将自己的可持续发展研究与世博会研究结合起来的专家。最近，为了延伸上海世博会主题的思想文化遗产，诸大建向有关部门提出了将上海世博会结束日定为世界城市日并在上海世博园区设立持久性的世界城市论坛的建议。

单晓光：为世博会撑起知识产权保护伞

鲁迅说："第一次吃螃蟹的人是很可佩服的，不是勇士谁敢去吃它呢？"作为上海世博会知识产权保护问题研究的最早的学者之一，单晓光教授就着着实实地吃了"螃蟹"，这不仅意味着他在捕捉和把握专业信息方面的敏锐果断，还意味着要比其他人付出更多的心血和汗水。

单晓光教授受聘为世博会知识产权咨询专家

2003年，上海市知识产权软科学研究项目招标发布。长期从事知识产权研究和教学工作的单晓光教授敏感地意识到，作为一场世界各国展示和交流最新社会、经济、文化和科技成果的盛会，失去知识产权的保护盾，上海世博会将有可能成为仿冒者的天堂、侵权者的乐园，这不仅直接违反了国际公约的规定，而且将会极大损害了我国的形象。各国参展商只有确信能得到切实保护，才能消除对中国知识产权保护状况的担忧和误解，放心地拿出最新的、最富创意的展品，世博会才能取得圆满成功。2003年8月单晓光教授率先向上海市知识产权局提交了"2010年上海世博会知识产权保护研究"课题申请书，9月正式签订合同，10月组建了由他挂帅、同济大学知识产权学院和上海大学知识产权学院部分教师和研究生为主要成员的课题组。

俗话说，"万事开头难。"鉴于相关资料的匮乏，单晓光教授领导的课题组开始了前期的资料搜集工作。国际层面，课题组成员主要通过互联网搜索、电子邮件和出国研究讲学等形式，搜集到了国际展览局、欧洲专利局、德国2000年汉诺威世博会、日本2005年爱知世博会、香港贸易发展局等颁布的与世博会、展览会知识产权保护有关的书面资料，并组织专人对外文资料进行了翻译和整理。国内层面，课题组采取了互联网查询、电话调研、实地调研相结合的方式，主要调研了上海世博局、上海市对外经济贸易委员会贸易发展处、上海市会展行业协会、上海市商业展览办公室、广交会、华交会、工业博览会等单位或展览会，搜集了国内有代表性的综合性商品交易会的知识产权侵权处理办法等资料。

在资料翔实的基础上，课题组进行了横向和纵向的对比，研究发现，我国不能简单地和发达国家进行比较。他说："以往的世博会都是在知识产权制度较为完备的发达国家举办的，而这些国家公序良俗的市场竞争氛围已基本形成，相关的法律体系、司法体制也颇为完善，不论制度层面、意识层面还是文化层面都是比较成熟的。在发达国家整个法治社会背景下，知识产权保护是层面化的，保护知识产权的理念深入人心，并不需要单独为世博会做工作。"相比而言，我国知识产权保护起步不久，尽管发展迅速，但仍需要大力宣传、普及和提高全民意识，包括管理和执法水平的提高，以此来加强中国整个知识产权的法制建设。知识产权保护是一个大的有机体，我们应当按照中国履行的国际立法去做，不能降低标准。中国和上海市政府庄严承诺要"努力把2010年上海世博会办成一届成功、精彩、难忘的世博会"，就必须着重研究如何根据国际展览局的要求，借鉴发达国家的成功经验，结合我国的具体国情，构建一个全面、动态、有效的世博会知识产权保护机制，为2010年上海世博会的成功举办提供充分有效的知识产权法律保障。这对中国来说，既是挑战，又是机遇，如何迎接挑战抓住机遇，任重而道远。

在接受课题的同时，单晓光教授领导的课题组成员还承担着艰巨的教学任务、繁忙的管理工作，他们把时间挤出来花，工作分隔开来做。其课题研究从我国世博会主办方、立法部门、知识产权行政管理部门、司法部门以及我国参展企业等五个方面，全面深入分析了2010年上海世博会所面临的知识产权问题，分析了《2010年上海世博会知识产权保护行动纲要》制定的必要性、可行性与合法性，研究框架完整，研究思路清晰，研究内容深入，研究问题有针对性和预见性，部分研究成果已被有关部门采纳，有直接的理论和现实指导意义。

"站在我个人的角度，这没有什么可担心的!"谈及2010年上海世博会知识产权保护方面可能遇到的困难时，作为中国2010年上海世博会知识产权咨询专家，单晓光教授如是说。"中国的法律已经进入WTO，与国际接轨，现实中即使出现点问题也是正常的，客观情况是复杂、瞬息万变的，我觉得没有必要大惊小怪，我国的商业法律已经完全与国际接轨，遇到问题，依法办事，认真执行法律就可以了。"这就是云淡风轻、泰然自若的单晓光教授，既不盲目乐观，也不消极悲观，而是以从容自信的心态预测和应对问题。

“知识产权保护并不是禁止创新，而是鼓励创新。在严格尊重别人权利的基础上，可以大胆创新，比如技术上的改进。不要因为有了知识产权的保护就什么事情都不敢干，什么事情都缩手缩脚，这绝对是对知识产权的误解。知识产权起的不只是保护的作用，还有鼓励创新的作用，更大程度上是鼓励和促进创新。通过世博会，我们从中看到很多先进的理念，这能够引导和激发一个民族的创新意识。”

“没有知识产权保护，就不可能有世博会的成功举办！”单晓光教授反复强调道。正因为意识到知识产权保护的重要性，单教授及其课题组成员精诚团结，奋进求索，为上海世博会的知识产权保护做出了他们的贡献。

中国 2010 年上海世博会的大幕已经拉开。“城市，让生活更美好”的主题下，承载了许多人的梦想和追求。他们就像铺路石，正是有了他们，世博之旅才会越发精彩，正是有了他们，世博之路也必将越走越宽阔！

申博成功后彭运鹗教授与部分陈述人合影

聘书

兹聘请 单晓光 担任中国 2010 年上海世博会知识产权咨询专家。

上海世博会事务协调局

二〇〇七年四月二十六日

单晓光的聘书和证书

第 三 辑

世博背后的那一抹蓝

——世博园区规划国际竞标“同济方案”诞生记

·苏运升·

在中国，在上海，在同济，许多个他们汇聚成了那一抹亮丽的色彩，他们忙碌的身影，他们激昂的声音，在无数个不眠的夜后，集结成一个个伟大的创造……

临危受命　快刀出鞘

2002 年 12 月 3 日，在国际展览局 132 次成员国大会上，中国提出的“城市，让生活更美好”的申博方案，征服了各方代表，上海赢得了 2010 年世博会的承办权。

2002 年 12 月 16 日，同济大学“上海世博会研究中心”在短短的 2 周内成立。

2003 年 10 月，中国上海世博会事物协调局成立。

2004 年 3 月，世博会场地红线重新界定……

2004 年 3 月的一天下午，阳光透过半高的窗洒落到同济大学规划设计研究院小小的会议室。副院长夏南凯教授此刻刚刚从市政府领任务回来，紧急召集规划院全体老中青规划师们集结一堂。

世博会规划设计在完成了基地勘察与用地红线的划定后，新一轮的规划设计招投标即将展开。为了更好地开展新一轮的国际招投标，世博局邀请上海市三家设计单位组建团队，就基地新一轮规划进行概念方案设计的讨论邀请。同济规划院是市里“钦定”的三家设计单位之一。

任务紧，一周后即完成概念方案；任务新，从来没有人真正做过世博会的规划设计。

即便如此，在夏老师的一呼之后，近 20 名来自各个部门和专业的规划师开始了一次最为特殊的头脑风暴。

当天下午，这些规划师们约定了分组，也约定了成果递交的时间。

一周之后，还是在这个楼梯隔层的小会议室里面。

一场围绕世博会规划设计的大讨论就此展开。整整一个下午，围绕五六个方案，大家畅所欲言，从中午讨论到星光点点。

建筑规划设计团队群像

谁也不曾想过，这个会议之后，同济将面临怎样的一次历练，将创造怎样的世博功绩。

2004 年 3 月，同济大学以最快速的方式提交了两个方案的效果图与模型。在初步成果基础上提出了“城市，让生活更美好”的演绎思考，即如何创建“和谐城市”

蓝图的探索。

吴志强老师代表同济大学，就初步概念设计做了汇报，获得规划局、市领导的高度肯定。

2004 年 4 月，同济大学规划团队在受邀请的 46 家设计单位中以最深入的思考、最打动人心的概念方案和最强大的后援支持，从 40 多个国内外顶级竞争者中脱颖而出，以总分第一名的成绩，拿到了上海世博会国际方案征集的门票。将与来自世界各地的其他 9 家设计单位及联合体共同为世博会贡献激情与才华。

同济团队的智慧在这一刻不断迸发。这样卓越的工作效率和令人赞叹的工作实绩，树起了团队合作的新标杆，不仅使学科得到更强的凝聚与提升，更使“同舟共济”的精神得到了再一次的彰显。

同济方案获胜后规划设计团队合影

这样的头脑风暴与快速行动，在同济历史上并非第一次。这也是同济大学建筑与城市规划学院重大项目运行方式的一种探索。从 20 世纪 80 年代同济整体规划大庆油田项目，到 1997 年武汉市中山舰爱国主义教育基地景观规划设计，再到后来的都江堰震后重建规划等，一系列涉及重大社会事件、带来重大社会影响的项目，都不约而同地选择了这样的一种启动方式。

土木学院、交通学院、机械学院、环境学院、和建筑与城市规划学院的各位专家教授齐聚一堂，快速反应、民主讨论、充分发表各自意见、最大限度结合多专业智慧。年轻的规划师们在这样的深度讨论下，得以有效集成，快速行动。

这是同济空前的大集合，各个院系的合作与交流，与其他部门的沟通与配合，同国际友人的竞争与学习……

激情点燃梦想　责任成就使命

2010 的世博对每一个中国人来说都是件大事，对于每一个同济人尤其是世博团队的成员来说更是一件大事。作为同济大学建筑与城市规划学院院长，吴志强对此更有着许多牵挂。“我等世博会等了很多年了。我知道我们的对手有很强的实力与经济背景，评审的办公室里也有许多包装精美的提案，它们也有精彩的内容或是更为丰富的内容，我们呢，没有雄厚的经济支持，只能靠自己，我们有着同济人的智慧与激情，有着同济人一拼到底，一定要赢的决心！”吴志强如是说。

同济世博规划团队所有的人，都与吴院长一样对2010上海世博有充满了热情。

团队建立之初，所有相关的教授老师包括研究生都积极报名参加，无法直接参与的就立即报名参加了志愿者队伍，咨询人员络绎不绝。短短两周时间里，便在建筑与城市规划学院组建了一支前所未有的囊括教授、博士、硕士、本科生的豪华版的规划设计队伍。

大家激情澎湃、意气风发，一心想着为世博奉献，为同济作点贡献的光荣。同时，在世博规划的创意与实施过程中，每个人也都清楚地知道自己作为同济的一分子，所有的努力并不仅仅是为了获得成功的满足与梦想的实现，更多的是一种对社会、对未来的责任与使命。

这种责任感可以在他们匆匆的身影中看到，可以在满地的CAD图纸中找出，更体现在世博团队“和谐城市”的一系列世博理念之中。

看过2008奥运会开幕式的人都会被那大大的“和”字所震撼，“和”对于中国人来说意义深远。而在2004年，同济就已提出“和谐城市”这样的世博会理念。

三大和谐，是中国大国崛起的必然战略，是中华民族“儒、释、道”文化的精髓的体现，是中华民族文化在当代的继承与发展，改革与创新。这样的前瞻与坚持，是中国人的骄傲更是同济人的骄傲。

谈到责任，不得不提的一个坚持不懈的项目组——历史建筑保护项目组。他们为历史建筑的保护而执着，这种精神令我们感动和佩服。在2010年世博会的总体规划中，一些具有历史价值和利用价值的工业建筑、船坞和构筑物，如宝钢大舞台、三山会馆、浦钢公司厚板车间、江南造船厂内飞机库以及原上海华伦印染有限公司厂房等，被纳入保护和再利用的范围，现有的工业设施将搬离，会后该地区将转变为第三产业区。

人们感叹历史建筑物的美丽的同时有多少人知道，参与历史建筑保护项目组的同仁在提出概念及后期操作时经历了多少的困难与挫折……但是他们还是勇敢的面对质疑，坚定的提出自己的想法。董一平，这个项目组成员，如今每次路过世博园，她都会特别感慨。要知道当初做方案时，为了能进飞机库实地勘测他们没少想办法，甚至想假装维修工混进去。

最后在没有办法的情况下大家只好最大限度的发挥自己专业设计与三维模拟的能力，靠着一张张照片，靠着现场短暂一瞥的记忆，在没有任何现有图纸数据的支持下，完成了整体保护及设计方案。

历史建筑改造——将军楼

而跨越 4 年之后，世博会的历史建筑保护也成为世博会的亮点与特色。受世博局的正式委托，江南造船厂的翻译楼、飞机库、将军楼、求新造船厂的红楼都由常青老师项目团队进行历史保护与修缮方案的设计。

虽过程艰难，但从董一平她那坚定的眼神中可以看到，她为能完成这样有意义的事而感到骄傲。

海纳百川　同舟共济

同济迅速成立了吴志强、周俭为主帅，苏运升、卢仲良、冯凡、俞静为主要成员的核心组，负责整体规划方案和核心设计理念的整合，夏南凯老师兼顾后勤保证体系，规划院顾振华老师等全面配合支持工作开展。郑时龄老师、唐子来老师、张庭伟老师则因其深厚的世博研究积累，作为特约顾问来指导年轻规划师们的工作。核心组的苏运升和俞静在继续世博方案的整合工作，同时吸纳创新血液，成长为规划院重大项目定位的六所。

系统组，则是各路精英各负其责。分别有郝洛西老师的照明和灯光设计、有戴慎志老师的安全体系规划、有胡玎老师的景观绿地设计、陈保胜老师的防灾设施规划；殷正声老师负责的标识系统、曹曙老师负责的南区城市设计协调、潘海啸老师负责的交通系统、刘滨谊老师负责的生态和景观系统，还有吴人韦老师、严国泰老师负责的旅游系统和金云峰老师负责的开放空间和绿地系统等等。

节详组，各位建筑师各司其职。有黄一如老师负责的中国馆、吴长福老师负责的主题馆、项秉仁老师负责的和谐塔创意、包小枫老师、张铁群老师负责的世博轴创意、常青老师负责的历史建筑保护与改造、章明老师负责的国家联合馆、俞泳老师老师负责的中国区馆、钱峰老师负责的表演中心和会议中心、蔡永洁老师负责的浦西北区城市设计、李京生老师负责的人与自然的和谐、周俭老师、庄宇老师、田宝江老师、王骏老师、于一凡老师负责的各个广场组以及李振宇老师负责的城市实验区等等。此外，世博地下空间利用、世博轴及地下综合体抗风研究、园区历史建筑保护与利用、新能源汽车的研发与示范运营，以及城市未来馆、企业联合馆、非洲联合馆、中南美洲联合馆、加勒比共同体联合馆、10 多个外国国家馆的建筑设计和参与设计，都留下了同济人的名字。这一切在世博会的发展史上也很少见。

同济大学交通与运输学院、同济大学环境科学与工程学院、同济大学机械工程学院、同济大学上海世博会研究中心、同济大学建筑设计研究院这些校内团队及杨东援、陈小鸿等老师都从各自不同的领域和层面提供协助或是相互合作。这是一次前所未有的大集合。认识的不认识的，本专业的其他领域的，相聚在一起，为了办好世博会的目标，进行深入的专业交流和广泛的学术贯通。

同济世博方案的最大亮点是在世博会的主轴线上，用一个跨越黄浦江的舟桥，替代原来法国设计者在申博方案中提出的花桥项目，将浦东浦西联系在一起。世博舟桥由于超越了一般意义上的地标建筑，需要桥梁、机械、建筑设计以及船舶专家共同合作，是一个整合创新的亮点项目。同济大学上海世博会研究中心的姜富明和徐迪民老师得知了这样的想法也非常兴奋，积极组织同济大学机械、桥梁学科的徐宝富、葛志才等教授加入世博核心小组，此后两个月内，形成了 7、8 个方案。

之后很久，葛志才教授回忆那段日子，言语中仍然饱含激动。“这不是一个部门可以解决的问题，也不是一个学科可以完成的研究。我们几个人不同学科，在一起沟通、讨论，进行方案研究，每个人都是身兼数职，全身心的投入其中。”他说，为了不影响整体进度，团队中的每一个人都放下手头上的其他事，以最快速度准备资料，撰写方案。那时候“谦虚”这个词根本都没机会出现，只要是能用得上自己的地方肯定是立马就上。陆续交上第一份方案之后，小组成员不约而同向葛教授发问：怎么样？没拖大家后腿吧？

世博园区的实际建设中，因为各种各样的原因，同济团队提出的“舟桥梦合”设想最终未能付诸实施。葛志才与团队成员心中的遗憾是肯定的，但没有人为曾经的付出后悔，因为这是一次多少金钱都换不到的经历。“在合作的过程中，我们每个人，包括学校都得以成长起来。”葛教授说。

在世博会期间，同济大学不仅动员了自身的各专业教授，更是链接海内外，汇集更大范围的思想与智慧。

德国 AS&P 规划设计师事务所、日本日建规划设计株式会社的加入更是将同济内部的国内合作上升为国际的学术交流与学习。昔日的竞争对手，成为我们今日的合作伙伴。他们对超大规模的建筑项目有深刻理解，他们带来了真实的世博会经历与经验，他们带来了更加先进的交通管理的经验、项目管理的经验，这些是对我们传统设计方法的补充。他们是严谨的而又专业的合作者。

世博会竞标后，十家方案的综合优化的过程，又给我们带来了一次深入学习和研究国际知名设计团队的机会。与这些事务所的交手，提升了同济设计的水平，也提升了我们的自信心与责任感。有国际团队的参与，是在更高的设计哲学、更先进的设计技术以及更为深入的设计经验上的比拼。同济以及更多的国内设计团队在这样的过程中，伴随着中国的城市化，快速成长。7 楼的工作间变为一个了解世界的窗口。

吴院长曾经说，世博会既是一次同济人对外设计力的集中展示，更是一次内部凝聚力的集中提高。B1 会议室内，坐满了来自各系、各专业、各层面的老师。我们不做则以，要做则倾力而为，做到最好。建筑系与规划系最前沿的思想在这里激发火花；年轻教师和资深的教授在同一平台演出一场对手戏。我想，这就是亮剑精神，一种为理想全力以赴的精神，在世博会的过程中深入每个人的内心。

事实证明，这样一个“集思广益，火花四射”的合作，创作出了具有同济色彩的“大方案”——亮点多，精彩多。在这样碰撞中产生了许多新的理念，就像专业发展方向，包括吴志强院长所提出的学科建设的思路也是在研究过程中慢慢形成的。

许多课题由沉淀吐芽，成长为新的课题、新的专业与新的学科。

如刘悦来老师项目小组的大规模室外降温技术的探索。从喷雾降温的概念提出，到最初的在 C 楼下的实践演练：购买风速仪、湿度计、测地表温度……后来变成生态世博的科研课题项目，并已经推动了风景旅游系成立景观学实验室……

世博的太阳在同济的夜晚升起

那段日子里，同济人不分白天黑夜地画图、制作、讨论，然后修改，再制作。

那段日子里，同济人不计报酬，没有埋怨唯有付出。

那段日子里，同济人有着志在必得之势、破釜沉舟之心。

那是段难忘的日子，更是值得纪念的日子。同济世博团队的成员，或是了解同济世博团队的人们，都不会对“吴三点”、“周四点”这样的称谓感到陌生。

而这样的故事，都发生在建筑与城市规划学院C楼的7楼。

回忆起那段日子，建筑系的董屹博士感慨道：“虽然我是负责外围工作，白天跑表现图公司、模型公司，一般是晚上才能回来汇报和讨论工作。夜深人静，喧嚣在耳旁已渐渐隐去，但每次当我从空无一人的马路上、寂静冷清的校园里走过，回到城规学院的新楼7楼，喧闹的灯火显得尤为特别和温暖。仿佛这里是不受时间约束，是另一个空间。推开门，一眼就可以看到周俭老师在电脑前画图。没有想过一个院长在电脑前亲自画图。在这个团队里没有等级差异，行政差异，而是一种近乎理想主义的同事间的平等关系。”

“不仅是在我们这个团队中，对待合作单位也是一样。在水晶石公司的时候，由于方案一直在修改，那里的同仁也一直加班，为了能够更好的合作把事情做好，吴老师亲自到水晶石感谢对方的付出和配合，无论是建模的人员还是行政人员，他们感到很意外但也觉得很感动……这样的团队，这样的工作氛围让我觉得很温暖也很受鼓舞。”

黄一如教授说：“有人喜欢泡酒吧，有人喜欢泡温泉……那段日子，同济人也在‘泡’——‘泡’在7楼的世博设计中。每个人都是以极高的热情投入到工作中，没有怨言，没有牢骚，甚至没有‘资深’或者‘大牌’。面红耳赤的争执不是为了个人的对错，思想火花的碰撞是为了方案的周全，简明激昂的发言不是为了彰显口才，观点的阐述是为了更好的表达与交流。”

被大家戏称为“吴三点”的是我们的吴志强院长。他通常不到凌晨3点从不休息，一日三餐的准点更是一种奢侈。周俭老师由于盯在设计师边上亲自改图，走得更晚，于是就有了“周四点”的称谓。到后来，大家不由自主跟着越熬越晚。到最后，夜以继日连轴转成了家常便饭。

在吴院长的带领下，多少个“吴三点”、“周四点”甚至“某五点”都出现了，他们为着共同的目标而努力着。“我不是在7楼，就是在去7楼的路上。”这是那段日子同济建筑与城规学院教师最常说的一句话。学生志愿者们也是工作热情高涨。后期制作文本的赵懿坤连熬了1个礼拜夜，活活把一个白面小生变成了一个熊猫！那时总会有同事打趣：小赵，你这烟熏妆在哪学的，画得还真够传神的。

都市的喧嚣也没有打搅到他们的沉思，夜晚的静谧是他们激烈讨论的背景，偶尔的鸟叫虫鸣则与键盘的敲打声汇聚成一曲世博的设计序曲。

这是一个非军事化却又十分严谨的团队。这是一群知识分子浪漫的战争：七八条枪谈方案，两三个博士画CAD，一群志愿者在待命，整个C楼都是世博人。所创作的图纸堆成了小山，所绘制的图装满了十台电脑。

7楼可以没有挂钟，但7楼一定要有咖啡和烟这两样东西。因为长时间的加班熬夜，咖啡成了“醒脑水”，而香烟则是脑力激荡前的“药引”和激烈讨论后的“蜜糖”。这是男士们加班的必备品。画图之余他们总是喜欢在阳台上叼着烟，稍做休憩，成为7楼景观窗口的一部分。真所谓“明月装饰了你的窗子，你们装饰了人们的世博梦！”

世博会是一场汇聚着人类物质文明与精神文明成果的全球性盛会，她的每一次举办，都会对社会的进步、科技的创新、城市的发展理念更新产生广泛而又深远的意义。同济人深深知晓世博对于同济的意义，对上海的意义，对中国的意义。

那段日子的艰难与辛苦，不是简单一个“累”字就可以表述的。大量的脑力付出，高密度、高强度的工作，说不累，不辛苦，那肯定是骗人的。但没有一个同济人叫过苦、喊过累，没有埋怨，没有忧伤，只有压抑不了的热情，面对一切积极甚至狂热的心。看到每一次的成果我们都会欢呼。领导细致入微的关心和支持，同事间的相互打气，都是我们前进的动力。脖子酸了，就抬抬头，揉揉肩膀，偶尔也学着健身教练即兴扭两下，活络活络筋骨，间或也给满是严肃气氛的办公室带来些许娱乐效果，稍后便再次埋头于工作之中。如此快速的自我调节，也只有在那样的日子才做得到。虽然辛苦，虽然疲惫，虽然有着无法预计的困难，结果如何也不可预知，但我们在其中收获了快乐，也收获了满足。

同济精神　世博成就

在团队奋战的日子里，校党委书记周家伦曾经多次来到我们的工作现场，给每一个成员以鼓励。“我相信，只要是想做的事，同济人一定能做到。”这是周书记鼓劲的话语，实际也是每一位团队成员内心的真实想法。

团队作战是个很有特点的“同济模式”。海纳百川，融会贯通，即为今天的同济精神。我们通过世博会，更深刻的提炼出了我们的同济精神。

在那段日子大家已经很难记清楚和谐城的方案几次被推翻，又几次被确认了。“每一次回到‘和谐城’的理念上来，大家的认识就升华一次。”记得在中期汇报后，为了更好地利用黄浦江，我们把所有的展馆沿江布置。但是，最后还是回到“和谐城”的理念上来，这时候的理念已经变得更加充实了，和谐城落到“圆形”上，横跨浦江的巨大圆形成为和谐城的完美诠释和载体。在多方案的支持与否定中达成共识。

万钢校长来参观时说的一句话，让我们印象深刻。“作为一个大事件，就是一件事情把两端联系在一起形成一个环，便是环环相扣的整个团队。团队的每个环节接受着同样的压力。每个人都是其中的一分子，都是大事件中的主人翁。”这句话对每个人而言，是一种团队精神的体现。在这个大项目里确实没有哪个环是不重要的，每个环节都不可或缺。当时虽然夏日炎炎，但密切关注项目开展进程的周家伦书记、吴启迪校长、万钢校长等校领导纷纷以各种方式勉励大家再接再厉。世博会研究中心的姜富明老师和徐迪民老师也不断来做沟通，有什么需求也积极回应。

世博模式也在重新塑造着同济的工作方法，我们在合作中认识别人，了解其他专业，在这样一个大型计划中互相支持，成为知己。通过世博会，每个人的电话簿里的号码变多了，有的甚至多了100多个，大家通过世博对彼此、对同济都有了更深的了解。

当然不是每一道美食都能够最终展示在世博舞台上，虽然每个人的想法都想放进去，谁的想法被删除都很困难。对于方案的筛选，尤其是节点册编制工作的同仁们来说，那些最终没能入选的设计想法是他们心中难以割舍的“痛”。冯凡老师建议“世博节目审查小组”可以仿效春晚，将那些没有能上春晚表演的节目，放在元宵节等其他重大晚会上表演。将那些没有变成现实的美丽的梦想呈现给大家。

完美的节点，继续奋斗的起点

那一刻美丽的烟花在黄浦江上空璀璨的绽放着，那是为中国庆祝，为上海世博庆祝，也是为同济庆祝。

还记得温家宝总理到同济大学参观时，那一天同学们一如往常一样地在课堂上和老师讨论着成果方案，激昂地讲解、全心地投入，没有人注意到教室里多了许多陌生又熟悉的身影。“不会吧，电视里的温总理居然就在我们身边，”同学们在回忆起那时的情景时还是那么激动，“你知道吗？那时的我真的很激动。原来温总理和电视里的他一样的哦，那么亲切。当时我差点忍不住地想说，同学们快看，温总理从电视里走出来了……”

那天，温总理轻轻拍了拍一位同学的肩膀，笑着说：“世博会重要场馆希望你们中标。”看着温总理亲切的笑脸，那位同学年轻的脸庞上没有紧张，他用自信的声音坚定地回答：“温总理，您放心，同济人不会让您，不会让全国人民失望的!”

是的，同济人用他们的智慧与汗水，以积极的投入、充分的准备和舍我其谁的豪迈，力求在世博这个大舞台中展现风采，向祖国交上一份完美的答卷！

还记得庆功宴时，所有参加工作的老师和同学都被邀请来。当专家为同济的世博方案震撼时，当大家为“同济·世博”鼓掌祝贺时，每一个同济人在自豪与喜悦时，我们也清楚，同济在整体的过程中，当时历经波折，并非一帆风顺。同时不能忘却的，是在那一个个没有炮火的战斗中，多少熟悉又陌生的身影在忙碌着。这是同济的精神，大家为了荣誉而战，为理念而战，更是为了责任而战。

那是一段难忘的日子，更是令我们骄傲的岁月！

我们感谢世博给了我们这样一个施展才能的平台，我们感谢一起战斗的伙伴们，我们感谢曾经提出质疑和意见的对手和领导们，我们也要感谢每一个自己、每一个小我的无私奉献。这些都为同济世博梦想的实现注入了丝丝甘泉！当曾经激越逐渐化作平淡，躁动变为平实，同济的精神与智慧已将过往渲染成深沉的美丽与不变的闲适。

风轻了，云淡了，但并不是不再铭刻，并不是代表遗忘。正因曾历经种种才如此深刻，才看淡了浓云，净化为一片浅淡的蓝，纯澈澄明，宁静而高远。

那一抹蓝，这个有意无形的礼物，将陪伴我们一生。

规划团队在讨论工作

用生命诠释使命与责任

——追记建筑设计研究院电气高级工程师麦强与世博会的故事

·童 轩·

上海世博会的环保节能理念为人称道，这其中有很多设计师的心血。来自同济大学建筑设计研究院二所的电气高级工程师麦强，他用近两年的时间全身心投入世博浦西园区建设，提出了经济合理、安全可靠的园区供电方案。

麦强与妻子

工作之余在和同事们聊天时，麦强对世博会的举行充满了向往。“到时候好好去看一下世博，好好欣赏一下世博会开幕式的盛况。”然而，这个愿望却再也无法实现，一向朴实勤奋的麦强，在世博会开幕前夕被肝癌夺走了年仅38岁的生命。

为了表彰麦强为世博建设作出的突出贡献，上海市市总工会和世博局追授麦强上海市五一劳动奖章和上海世博会重大工程建设建功立业劳动竞赛“百佳建设者”荣誉称号，并颁发了荣誉证书。

从住院到离世仅22天，遗憾没能看到世博会开幕

早在春节前夕麦强就已感到体力不支，3月13日他被查出已是肝癌晚期，3月15日入院，很快便陷入了半昏迷状态。直到4月6日去世，大家都对他隐瞒着他的病情，而在接受人们善意谎言的同时，他私底下却早已拟好了遗嘱，安排好两岁女儿今后的生活。

“我们真没想到，他会走得那么突然。从去医院看病到他离开，才22天的时间啊。”一起共事的同事至今都无法相信，一起并肩作战好几年的麦强已经天人永隔。

2010年春节前，麦强开始不停地拉肚子，一开始他以为只是小毛小病，没放在心上。由于以前忙于工作，原本麦强夫妻俩计划今年春节要回一次老家，但过年时，拉肚子的症状越来越厉害，不得不取消了回家探亲的计划。节后，麦强撑着上了一个多礼拜的班，实在顶不住了，才请假去看病，谁知竟已是肝癌晚期了。

由于很多设计都是他亲力亲为的，麦强不放心交给别人，甚至在他病情加重的3月份，在住院前，虚弱得说话都很困难的他，还硬撑着到设计院出了浦西最后一轮的电气总体修改图。当爱人心痛地叫他交给别人去做时，他很生气地说："你不懂的，世博的事多重要，我做了一半人家接手会耽误时间的。"

住院以后，身体越来越搞糟糕，尽管有种种不情愿，麦强不得不列了一份工作清单，将他热爱的世博设计工作原原本本地移交给接手的同事。

病重昏迷期间，他迷迷糊糊说的还是"回路"、"模块"之类的电气术语。

对工程从不说"不"，平凡人作出了不起成绩

凡是与麦强合作过的同事，几乎没有一个人对他的人品和技术有疑问。这样一个只知埋头做事，在技术上挑得起大梁，虚心好学，乐于接受技术挑战而又沉默寡言的好同志就这样走了，一时间大家无法接受。

从进入设计院起，麦强就一直把自己放在最低的位置，他愿意从打杂做起，什么活只要交到他手上，他一定尽心尽力，毫无怨言。天长日久，领导和同事对他的工作态度和能力慢慢认可。所里逐渐把一些重要工程交给他。比如，杭州市民中心，他在半途进入，基本从事扫尾工作，很多事情琐碎繁杂，他处理起来却不紧不慢，以高度负责的态度圆满完成任务。他参与的多项工程都获得各类奖项。

和众多默默无闻的设计师同事一样，麦强把加班加点当作家常便饭，从来不对任何一个工程说"不"，不管工程大小，无论重要与否，他都老实干活，勤奋努力，认真负责，以至妻子生孩子他都没请过一天假。

麦强平时衣着平常，对生活要求不高，但对引荐他的寿老师，他从不会忘记，每逢过年他都要到老师家拜年。他取得成绩也从不宣扬，在他服务过的每个单位，大家对他的好评都惊人的一致。电气总工夏林说："其实，像麦强这样的人在同济有很多，他就是平凡大众中的一员，但正是他这样的平凡人做出了那么多了不起的成绩，却不幸离开了我们。"

“我不在世博，就是在去世博的路上”

作为强电专业设计负责人，2008年以后，麦强先后参与了浦东C片区临时场馆及配套设施工程、浦西DE片区总体及配套设施工程、浦西园区设计电气总控等项目的设计工作。

在负责世博会浦西园区总体工程强电专业设计期间，在时间紧张，外围供电方案不明确的条件下，麦强配合供电部门，迅速提出了经济合理、安全可靠的园区供电方案。针对地块内的18家企业自建馆和所有在场的单体建筑，他逐一了解用电需求、制定合理的供电方案并予以落实。

可以说，整个浦西的电力系统在他的心里形成了一个清晰的网络，大到每个开关站的布局，每个箱变的设计和分配，小到每个配电箱的回路和开关，任何变动都清清楚楚地反映在他的图纸和计算表中。

在从设计结束到完全建成的14个月时间里，一张总图、十几张小小的Excel表，所有的线条和数据都要做到实时变动，这已不能用简单的工作量来衡量，而是他高度的责任心和对世博建设付出的热情。

麦强的网络个性签名至今还是“我不在世博，就在去世博的路上”，同事眼中的麦强，永远是那个谦虚、实干的设计骨干。

难得的悠闲

遗留下两岁女儿，同事捐款设教育基金

在设计院工作的这7年中，从来没有听麦强提到自己的困难。他总是提前把工作上的一切都安排得井井有条，却无暇关心自己的健康、年幼的女儿和年迈的老母亲。每次加班回家后看着女儿熟睡的样子，他总是有说不出的歉疚。

“麦强是一个好人，平时不抽烟、不喝酒，也没什么其他爱好，非常顾家，在接手世博工作前，他点点滴滴都为家人考虑好了，付水电煤账单、买奶粉都自己来，不希望老婆操心。以前空的时候，他会自己买一份饭，然后骑车给在医院工作的老婆送去。绝对是一个好男人。”同事蔡英琪惋惜地说，麦强对工作很上心，对家人很用心，却唯独忽视了自己。

麦强一家人租住在不到80平方米的旧公房里，留下妻子和才两岁的女儿。同济大学建筑设计研究院的同事们自发捐款，设立教育基金，希望让麦强的女儿今后读书无后顾之忧。

同济大学建筑设计研究院的领导也表示："麦强同志为奥运会、世博会、上海中心等一系列重点项目做出了重要的贡献，他的一生是克己服务的一生，他无私奉献、平和谦逊、勤恳踏实、不计得失的高尚品格让我们永远铭记，他为设计院做出的贡献和精神更让我们感动。祝福他的家人在今后的日子里能平安顺利，更祝福所有像他那样工作着的人们能一生平安！"

麦强和妻子在桂林

展示的魅力这样绽放

——世博局展馆展示部副部长吴国欣教授解读如何欣赏世博会

·程国政·

世博看什么，如何看世博？世博会正式开园前夕，我们找到我校建筑与城市规划学院、设计创意学院教授，上海世博会事务协调局原展馆展示部副部长，现任上海世博会工程建设指挥部办公室副总工程师吴国欣，请他为我们解读如何欣赏世博会。

吴国欣教授参与世博会筹办工作两年多来，先后主持和参与了中国馆、主题馆等各主办方场馆的筹划、评审、设计和管理工作，并参与了世博园区环境设计整体协调的相关工作。

主题演绎贯穿全过程

1851 年，英国伦敦万博工业博览会是按照“原材料、机器、制造和艺术”四大板块的分类表进行布展。此后的 80 多年时间内，这样的展示方式一直没有大的变化，吴国欣介绍，“自 1933 年美国芝加哥世博会确立了‘一个世纪的进步’的展示主题，展示的重心逐渐从实物和展销会的展示形式过渡到以关注内容、解决问题为宗旨的主题演绎模式。”

从那以后，参观者关注的已经不再是一件件精美的工艺品，而是通过世博会进行沟通、协调、交流和合作，以寻求解决人类社会诸多问题的方法。科学、技术、经济方面的进步，人类和社会发展中产生的问题，自然环境的保护一一成为展示主题。主题演绎成为贯穿世博会全过程的指导性工作。

2000 年德国汉诺威世博会上，日本建筑师坂茂从材料和结构的特性出发，切合世博会的主题“人类、自然、技术”，设计了一座建筑史上规模最大、重量最轻的纸造建筑，其骨架全是由再生纸管构成，覆盖墙面和屋顶的是一层半透明的再生纸膜。世博会结束后，这些材料全部回收利用，体现了“零废料”的生态设计理念，是此届世博会主题最直接的体现。这届世博会上，德国建造的世博大屋顶的外形设计灵感也源自于对主题的思考，采用原木为主要建筑材料，加以电子化手段，并充分考虑当地气候特点，也是对主题充分体现的杰作设计。

类似这样以建筑、装置、雕塑等形式淋漓尽致地展示世博会主题日渐成为流行趋势。

让建筑贯穿并融于展示

“建筑为展示服务，让建筑贯穿并融于展示是上海世博会很多展馆的共同选择。”吴国欣告诉我们，这种努力早就开始了。上海世博园区，瑞士馆、荷兰馆堪称范例。

吴国欣教授指导土耳其馆平面展示设计师欧操进行设计研究

瑞士馆的设计师将缆车作为一个游戏元素纳入到建筑设计中，带着乘客从负荷沉重的城市进入馆顶的“自然乐园”。设计师解释说：“瑞士馆通过城市和自然景观的空间平衡反映了本届世博会瑞士馆的主题。可持续发展表现在闭合的、无限循环的路线上。”吴国欣颇为感慨地说，“在建筑设计确定之前，展示的理念就已经贯穿其中，那么这样设计出来的建筑就可以更好地服务于展示设计。”

他介绍，荷兰馆更能体现“建筑贯穿并融于展示”的理念，甚至彻底颠覆了“展馆”这一概念，所有元素都围绕“展示”这一核心展开。荷兰馆总代表形容它：“荷兰馆是一个开放式的展馆，没有前门和后门，而展馆本身就是一个展览。”在以“快乐街”为主题的荷兰馆中，分布着一个个小型展馆，参观者将经过26栋“小房子”，每栋房子里都酝酿着快乐的情感，内含创新、文化和持久性发展的理念，展示了荷兰是一个开放性的社会，每个人都可以从各个方向进入其中，加入到快乐街当中来。这种展示主题与载体合二为一的创意方式为建筑设计和展示设计的思维提供了更多的可能。

吴国欣告诉我们，将规划、建筑、景观等各种要素贯穿到展示之中已逐渐成为世博会的设计理念之一。

体验、娱乐与互动一个都不能少

“世博会随着主题演绎展示体系的确立，以实物照片为主的展示形式逐渐被以体验性、娱乐性和互动性的展示形式所代替。”吴国欣娓娓道来，1893年芝加哥世博会大道乐园的引入，使全世界各民族多元文化在世博会上以体验的方式实现交流成

土耳其馆局部

为可能。

他说，上海世博会期间，近 2 万场的文化文艺活动将全面围绕主题，集中展示人类智慧的创新活力、世界城市的多元和谐以及未来生活的美好梦想。

“亲身体验十分重要，所有的参观者参与进来，在娱乐中理解、认同、接受。”吴国欣说道，西班牙萨拉戈萨世博会日本馆在影片播放完毕后，正面幕布打开，一条瀑布飞流直下，溅起的水花和雾气迎面扑来，参观者与水有了一次更加亲密的接触，从而引起参观者对主题“水”的重新思考。

吴教授认为，近年来，随着多媒体和 LED 技术的不断发展，展示形式有了新的变化，但是如何在体验性、娱乐性、互动性方面用好这些技术还需要在观念上有所突破和创新。展示所关注的应当不仅仅是参观者看到了什么，摸到了什么，闻到了什么，更重要的是感受到了什么，特别是要充分遵循创意设计过程的客观规律，发挥创意设计人员的主观能动性。从参观者对主题如何感受和理解的角度来考虑展示形式和手段的应用是改变展示设计理念的关键所在。

吴国欣教授在中国馆施工现场

追寻城市发展足迹

——记我校城市足迹馆研究团队

·程国政·

你能把巴比伦、埃及、玛雅、中华文明熔于一炉吗？你希望同时来到君士坦丁堡、长安、大运河吗？2010 年，来上海世博会城市足迹馆吧，跟随王小慧一起探寻人类城市文明的发展足迹，展望城市未来的曼妙前景。

王小慧教授在作世博新媒体艺术设计报告

整合力量、倾力世博

四年前，正在筹建我校新媒体艺术国际中心的王小慧教授，接到世博会组织方有关世博会新媒体艺术设计方面的邀请电话后，赶紧组织人马参与，全力投入。对于正筹建的新媒体艺术国际中心来说，对于王小慧来说，正是恰逢其时。

同济建筑学出身的王小慧旅德 20 余年，从事摄影、写作、影像创作及讲学等活动。2003 年她在同济大学创立“王小慧艺术中心”，2006 年创立“同济新媒体艺术国际中心”。近年来她活跃于欧洲和中国艺术界，在世界许多美术馆等机构举办过大量艺术展（以个展为多），作品屡次获国际奖项并为许多机构及私人收藏。在国内外出版过《我的视觉日记》等 30 余部个人摄影集和书籍。除艺术创作外，她还成功地主持了一些具有影响的中外文化交流活动，2005 年被德国自由摄影家联盟（BFF）授予荣誉会员称号并获“卓越摄影家”大奖。2006 年王小慧被香港《凤凰生活》杂志评为“影响世界未来华人榜”的 50 位人物之一。2007 年德国政府授予她“德中友谊奖”，同年在中国获 SMG“年度国际摄影家奖”和“年度艺术家奖”。2008 年获瑞士圣·莫瑞兹大师艺术节之“明星艺术家奖”。

世博会是人类文明的盛会，城市文明馆作为展现“城市让生活更美好”的展馆，将要展示什么？又如何面对全世界的观众展示？王小慧的脑子高速运转着，思索着……不可能把人类文明的实物、构筑物搬到现场来，那就要大量使用高技术手段，就要用新颖的空间设计，就要运用全新的展示理念……王小慧决心竖起多媒体展示“城市足迹”的大旗，吹响招贤纳才的集结号。

陈福民来了，他是同济大学计算中心教授，博士生导师，长期从事计算机系统结构、计算机网络、多媒体技术及其应用领域的教学和科研，先后承担科技部中小型企业创新基金、上海市火炬推广项目、上海市中小型科技型企业创新基金（种子基金）、上海市科技重大攻关项目、上海市科技发展基金等国家和省部委项目等十多项，现担任上海市多媒体行业协会顾问，上海世博会信息化部专家。

近年来，陈福民的主要研究方向是多媒体技术及其应用，着重研究高清晰度影视制作平台的课题，例如超大屏幕无缝拼接系统（包括硬件、软件设备），高清晰度影视渲染平台，大屏幕群体游戏，大屏幕虚拟实时仿真与交互等。

文汇出版社社长肖关鸿、著名作家祖慰、著名策展人张平杰等都来了。

各路精英齐聚同济大学新媒体艺术国际中心。

世界眼光、全景展示

城市足迹馆是上海世博会五大主题展馆之一，世博会期间将向来自世界的 7 000 万游客展示人类城市文明的演进历程。

可是，在近 9 000 平方米的面积内，如何展示全人类城市文明的进程与显著事件？声光电等高科技手段，再现古、近、现代著名城市模型，文物……显然单纯的手段还原不了城市文明的辉煌，王小慧告诉记者，“关键还是寻求理念上的创新”。

城市起源厅——两河晓星

王小慧介绍，同济大学与上海大学美术学院、华东师范大学等单位组成的团队，联合德国、法国、内地和中国台湾等学者，在 3 年的时间内对课题进行深入研究。2009 年 2 月参加上海世博会“城市足迹馆”的总设计承包投标，同济团队以第一名胜出，成为2万平方米城市足迹馆的总设计单位。

据悉，足迹馆将以城市发展的时间顺序为主线，着重展示人类从起源直至走向成熟的发展历程，揭示人们向往美好城市生活的追求。展厅分为序厅和“城市起源、城市发展、城市智慧”三个主厅。

届时您到足迹馆，就会看到红墙、尖窗，高屋顶、圆弧门，你知道这些都是什么吗？王小慧说，巨型“三维沉浸式场景”技术将历代城市建筑公约出几种几何体，例如长方体、拱体、长方柱体、圆柱体等，再加上四周墙面的异型巨幕，在这些几何体和异型巨幕上每3分钟变换一次，改变投影影像，于是观众立刻就可以来到巴比伦、漫步唐长安、走进文艺复兴时期的罗马、走在工业革命时期伦敦的街道、悠游当代的巴西利亚……“15分钟，走过人类5 000年”。

先进手段、展示新锐

世博会从实物展向虚拟、情景式展出的转变使得展示手段的创新尤显重要。王小慧介绍，主题馆展示手段的创新主要表现在创建集文化内涵、艺术创作、声、光、电、机械、计算机技术为一体的应用系统平台；三维虚实场景管理、三维虚拟场景的实时渲染及交互式动态控制、三维虚拟场景异型巨幕展示等系统的研发、应用。

陈福民教授牵头的这项名为“世博新媒体展示异型巨幕实时交互关键技术研究”课题，集结了包括同济新媒体艺术国际中心、电子与信息工程学院、电影学院、传媒与艺术学院、建筑与城市规划学院等单位在内的教学、研究、设计机构，他们先后完成了TV2000新闻管理系统、基于宽带网的电视台整体解决方案、宽带网数字电视采编播放系统平台、宽带流媒体服务平台等具有自主知识产权的多媒体系列产品研制开发，具体包括：梦幻组合的异型巨幕无缝拼接展示技术的实现，是基于上海世博会足迹馆展项展示的需求，必须研究运用交互式三维虚拟场景大屏幕展示技术和设备的自主开发，研究基于PC集群的、软件融合的、无缝拼接的异型巨幕展示技术，开发出具有自主知识产权的软件无缝拼接算法，使每台PC机的分辨率达到1 024×768，从而满足超大屏幕高清晰度展示的要求，弥补国内异型巨幕显示技术和产品方面的空白。

谈到梦幻组合虚实场景的建模理论和实现技术，陈福民介绍，上海世博会足迹馆主要展项几乎都是虚实结合的梦幻场景，让观众产生身临其境的梦幻享受。如“幻城2010”、“理想城市”、“田园城市”等都是虚实结合的梦幻场景，这些场景均由形态逼真的自然场景与影视制作的虚拟场景在大小异型屏幕上变化组合构成。而目前建立精细的虚拟三维场景一般都采用现有的三维制作工具例如3DXMAX、MAYA、OPENGL等，调用工具提供的函数，创建三维模型。但为了实现更精细的功能，例如画中特定位置的场景变化、增加交互功能、逼真的视觉效果，或者提高实时响应效果等功能时，这些工具所提供的函数就不够用了或者效率极差。

城市智慧厅——机器卓别林

这项课题借助通用的三维建模工具软件的开发包，创建适合影视娱乐、展览展示的三维场景模型，同时建立世博新媒体展示异型巨幕实时交互关键技术研究的数据模型接口，方便地实现通用三维模型与基于本应用系统平台的交互式三维虚拟场景大屏幕展示数据模型的自动转化，即读取由通用三维建模工具软件创建的场景模型，导出的相应纹理图片并进行相应的纹理映射，从而构造适合影视娱乐和展览展示的、可以自由控制的、交互式的三维虚拟场景空间。此项技术弥补了国内虚拟场景理论和实现技术方面的空白。

实时交互的超大屏幕展示技术与实现。实现实时交互的三维虚拟场景展示的核心技术是三维虚拟场景管理和三维虚拟场景的实时渲染。课题已经构建具有自主知识产权的、能够支持动漫、游戏、数字影视等交互的数字媒体展览展示产品开发的创作工具集和通用引擎，创建了通用的、同济自主开发的、基于PC的世博新媒体展示异型巨幕实时交互关键技术研究原型。

陈福民介绍，TongJi3D虚拟现实应用系统开发平台由基础平台、互动逻辑层和应用层组成。它提供了一整套创建3D交互式应用程序的标准解决方案，包括性能优异的3D客户端，功能强大的虚拟世界和内容构建工具以及稳定的服务器系统，允许用户在此平台上创建任何类型的应用，是创建虚拟现实3D应用的有效工具。

觉得表述太专业化？那我们还是来看效果吧。

观众都习惯了银幕一有晃动，平面影像就变形？或者转弯叠折处的影像扭曲？这些问题在同济新媒体艺术国际中心的实验室都不存在了。科研人员独立研发出一整套软件，对异型屏引起的图像变形进行校正还原，并让多屏搭接的“接头”在观众眼里消失。今后，无论屏幕变成球面穹顶还是不规则弧面，甚至“S”形柱面，投影效果都将“忠实”于原景，完全不受展示空间的限制。课题负责人陈福民介绍，整块异型巨幕由5个单元拼接而成，分别与5套投影机和5台电脑相对应。幕后，一个由电脑担纲的“总指挥”负责协调5个单元的放映步伐，让它们时刻保持高度一致，这就是“异形巨幕技术”。

还有更神的。“大型虚拟空间立体成像系统”的影像既不在屏幕上，也不在镜头里，而是如幻影般悬浮在空气中。为什么会这样？原来，所有的玄机都藏在“幻影”背后的“暗房”里——事先拍摄的影像先由一台投影仪投射穿过一块斜放的分光镜，再到达后面的凹面镜上；随后，从凹面镜射出的光线再次经分光镜反射到空气中，才最终将图像还原，颇有几分海市蜃楼的味道。陈福民表示，虽然虚拟成像系统对于凹面镜和分光镜的要求近乎苛刻，但能为参观者提供美妙的“海市蜃楼”、“虚拟舞蹈家”、“虚拟导游”，却很值得。这样的舞蹈家、导游似真人级一样大小。

据悉，课题组取得类似的具有自主知识产权的展示技术还有数项。

内容丰富、展示亮点多

足迹馆的主题展厅分别为起源厅、发展厅和智慧厅3个展区。

在起源厅，纵目扫描长江万里古城，你会看到四川三星堆、湖南城头山、安徽凌家滩、浙江良渚等“集市起源”型城市，团队认为长江文明早于黄河文明；而“雾媒体动态模型”展现的则是两河流域最早的城市乌尔城如何以神庙为晶核萌生而来；投影凹镜虚拟的是各大古文明城市保护神，以体现城市起源期的人文精神。不仅如此，团队还设置了“考古现场装置”，重现特洛伊考古现场，警示我们：城市起源之始就有着“人类既创造城市，人类又自毁城市”。

城市起源厅——特洛伊之城

还是起源厅，你会看见一个平面容器，按顺序升起的模块，演绎着苏美尔人乌尔城的发育过程——首先是塔庙模块升起，然后是手工业者的聚居区升起，然后是集市模块升起，然后是王宫模块的升起，最后是城墙的升起……当你跨进标示着“显灵圆”中，举起手，做一个手势，上方空气中便出现该城市颜色幽蓝的保护神。很有趣吧？这叫“凹镜空气幻影成像装置”。

“机器卓别林”还在拧螺丝，火车轮把人类送进了工业文明时代，当然还有“田园城市”、“运河成映”……虽然工业文明创造无比丰富的物质财富，也把人异化了；工业文明既带来了城市的大发展，也造成了城市的大污染。但人类还是智慧地让规划把纽约、伦敦、巴黎等引向“田园城市”，当然还有京杭大运河畔众多城市的梦幻情景——“半村半廊”。

艺术家气质浓郁的王小慧说起足迹馆的展示内容和展示亮点时，很是兴奋。王小慧说，各展示厅除了高科技手段、实例建造外，还必须从世界各国征集代表性文物。“我们的代甲方是上海博物馆，许多珍贵的文物只有博物馆出面才有可能借到”，她说。

布展装修、紧锣密鼓

2009 年 11 月底，我们随着我校建筑设计研究院的向导小张来到足迹馆探访，发现馆内正在紧锣密鼓地装修，我们见到了负责智慧厅设计的我校室内设计公司李保林工作小组。

李保林老师介绍说：“该展馆面积 2 200 平方米，由三部分组成。第一部分展示欧洲工业革命带来城市的进化与城市的弊端，给现代人提出城市改造的问题；第二部分展示人们希望的花园城市（理想中的人居环境），人们不断改造并创造着无穷的智慧；第三部分表现城市一路走来所形成的城市文化再现及人们在生活中所有的片段生活。”“城市足迹馆就是要创建一个以城市文明为主题的迪斯尼，要有强烈的视觉冲击力，采用多项新媒体展示手段让观众实际体验城市发展历程，并且要以知识性、参与性、娱乐性的高科技展示手段，展现五千年城市文明的历史足迹。”李保林告诉我们。

研究团队在现场讨论工作

王小慧介绍，新媒体展示主

要通过图像艺术、3D虚拟成像艺术、装置艺术、空间设计及影像与视频设计等手段，全方位展现人类城市文明的启蒙、发展与成熟，展示表现出鲜明的去物质化特点；带给观众强烈的身临其境感，观众甚至可以与参观对象瞬间互动，“只要你抬脚走过，莫奈的睡莲就朵朵绽开。”王小慧如数家珍，触觉感应、声音感应、光感应、动态感应、视觉感应、温度感应、识别感应等感应技术，雾幕技术、魔幻玻璃、空间立体成像……“新技术、新工艺在此被大规模集成。”王小慧说。

建设中的城市足迹馆

团队成员在城市足迹馆施工现场

2010，我们与世博同行

——同济学子参与世博筹备的故事

·周春玲·

上海世博会需要大量的志愿者，积极参与世博、奉献世博是同济大学学子的共同心愿。

早在2002年12月16日，上海申博成功之后仅仅13天，“同济大学世博青年志愿者服务队”便宣告成立。从那时以来，广大青年学子以积极的姿态、奉献的精神参与到世博相关的各种志愿服务中来——

是他们，通过一条条火红的标语、一句句深入人心的世博宣传话语，一项项丰富多彩的志愿服务活动，在同济校园里营造了浓郁的世博氛围，打造出独具特色的世博校园文化。

参与世博设计竞赛

是他们，加入到宣传世博的滚滚行列，让更多的人知道世博、了解世博、参与世博。

是他们，用丰富的才情，独特的艺术创意，设计、打造一个色彩斑斓、美轮美奂的世博园。

还是他们，发挥聪明才智，运用自己的专业知识和特长，为世博会的成功举办贡献了一份属于同济学子的科技创新力量。

宣传服务：人人争为世博出力

2009年5月1日，世博会志愿者招募（杨浦·同济）活动在四平路社区文化中心正式拉开了帷幕。

招募现场气氛热烈，来自同济大学的学生纷纷踊跃填写报名表格。截至招募仪式当天下午，我校就有近600名同学现场报名参加志愿服务，而经过事后统计，通过网上报名的学生则有近万名。

从F1世界锦标赛中国大奖赛，到世界工程师大会圆满落幕，从2007年世界特奥会到2008年奥运会上海赛区足球比赛，每逢上海迎来重大赛会活动，我校同学都会积极参与，他们灿烂的笑脸、优质的服务，总会成为会场上一道亮丽的风景线。“中国2010年上海世博会，也不例外。志愿服务历来是我校的传统，同济学子永远都满怀一颗奉献、友爱的心投入到各种公益事业中。”校团委陈一希老师说。

大学生围绕世博主题做社会调查

彩虹般的色彩，迎风飘舞的彩带，是上海热情的召唤。以志愿服务帮助他人，走向社会，展示自我，提升人生价值，是同济学子的真诚宣言。

带着一颗火热的心来报名

2009年5月1日上午，外国语学院的小杨同学早早就来到四平路社区文化中心的启动仪式点等候。他希望自己能在现场亲自递交志愿者申请书。

“我是英语专业的，我报的是语言翻译类服务。我们学院好多同学今天都来报名申请成为志愿者，世博会期间会有很多外国人来参观，这正好可以发挥我们的专业优势。同学们都希望能用自己专业所学的语言服务世博，这对我们来说也是一种锻炼”。

传播与艺术学院的王季，曾经在2008年奥运会期间，赴京为奥运热情服务。等到世博会举办的时候，她已经面临毕业了，在遗憾自己到时不能抽出更多精力为世博服务的同时，她想把自己丰富的志愿经历传授给学弟学妹们，“无论如何，能为世博出点力，是我最大的心愿”。

填报志愿者的时候，在世博会园区志愿者岗位的选择意向中，有“残障人士援助”这样一栏。我校手语社社长刘芳同学将其作为自己志愿服务的首选项，她很高兴能用自己的一技之长为世博服务。“我们手语社团平时学习常用的手语单词、句子、《手语100句》，以及一些手语歌曲，这些在做世博会志愿者时都可能会用得到”，刘芳说，“最近我们还计划开展一次手语世博讲座，向同学们普及一些常用的手语，带动大家更关心世博会中的残障人士”。

与刘芳相同的是，我校红十字协会的同学这次也把自己的“独门绝技”派上了用场。“同学们在报名选择岗位的时候，会出现冷热不均的情况，有一些生僻岗位就很少有人问津。但是，我们学校红十字协会和医学院的同学则刚好‘补了缺’，他们选择了应急救援的岗位，用他们的一些医学知识来为世博服务。”世博会工作站的负责同学蒋若薇说。我校红十字协会在上海高校中有良好的口碑，在现场急救的止血、包扎、骨折固定到搬运以及心肺复苏等应急救援方面，拥有精湛的技术。

青年学子开展世博感言征集活动

看到同济校园里掀起的“世博热”，留学生们也不甘落后。来自马里的泰雅同学，不仅自己报名了为期 6 个月的志愿者，还发动了身边的四位非洲同学。“我学习的是语言经贸专业”，她说，“这次世博志愿者，我选择的主要是翻译和引导类服务，既能够发挥自己的特长，又能为同济大学、为上海作一些贡献”。

“海宝暑期游”：让更多人了解世博

2009 年暑假，我校社会实践团的几十支队伍整装待发，他们利用社会实践的机会，带着可爱的“海宝”奔赴祖国各地，“希望通过我们的宣传，让更多的人知道世博、了解世博、参与世博。”

7 月 2 日，由我校学生会主席团组成的世博宣讲支教团一行 5 人从上海来到了宜宾，他们此行的目的是在同济的第二故乡宣传世博文化。

上午，同学们来到了李庄。在李庄中心小学，宣讲团介绍了世博logo、“海宝”的寓意，阐释了“城市，让生活更美好”世博主题，还播放了“上海协奏曲”等中国 2010 年上海世博会宣传视频资料，给李庄中心小学的孩子们介绍了最新的世博信息。3 日，宣讲团成员来到了宜宾市第二中学，他们用图文并茂的方式向同学们介绍了世博会举办的历史、世博会的趣闻以及世博与中国的关系等内容。

"上海世博会是全国人民的世博会，是各省区市的世博会。世博会不仅是展示上海的一个平台，更是展示中华民族灿烂文明、深厚文化积淀和中国改革开放成果的大平台。2010 年上海世博会一定会让更多的人了解上海、了解中国，也会让更多的人了解世界，这届世博会一定会给人们带来一个成功、精彩、难忘的世博会。作为一名上海的大学生，让更多的人知道世博、了解世博、参与世博，是我们义不容辞的任务。"宣教团的同学们这样表示。

与此同时，由同济大学机械工程学院 2008 级 6 名本科生组成的"与世博同行，与城市共发展"——南京世博环保宣传的大学生暑期社会实践团队，来到了南京，展开了暑期实践活动。

活动前，实践小组通过问卷对南京市民进行调查时发现，近 200 的受访者中，约 75%的市民对世博会了解很少，其中 20%的南京市民根本不知道有上海世博会这件事情。"这说明世博会在南京的宣传远远不够。"

于是，6 名同学成立了世博宣讲团队，除介绍上海世博会外，还利用机械学院能源类相关的节能专业知识进一步宣传精彩世博，环保世博的理念。同学们说："2008 北京奥运会的宣传力度非常大，全国上下都知道奥运会是怎么回事，但是世博会，很多人还不是很了解。通过我们的宣传，很多市民都开始关注起世博来，南京离上海挺近的，他们说到时候一定会来上海看世博会。"

"我校世博宣传活动开展得轰轰烈烈，这个假期里，学校共组织了 55 支世博专项实践团队，涌现了一批如"世博小蜜蜂"、"把世博带回家"、"世博进山区"等富有特色的世博宣传实践项目，同学们的足迹到达了全国 28 个省市、100 多个地区，'海宝暑期游'的宣传活动取得了良好的社会效益，同学们把世博文化传播到了祖国的四面八方。"校团委书记杨元飞说。

世博展示中心：来自同济的优秀讲解员们

2008 年 6 月 20 日，距离世博志愿者正式招募差不多一年前，在我校文远楼报告厅内，举行了上海世博会展示中心在上海高校中的第一个志愿者实践基地签约仪式。

上海世博会展示中心现场总监张建君先生和我校建筑城规学院常务副院长吴长福教授分别代表双方签字，宣告志愿者实践基地正式成立。

从那以后，志愿者实践基地已经在全校范围内开展过多次报名，在世博会开幕前已为世博展示中心累计输送了 500 多名志愿者。这些志愿者除了担负讲解宣传的重任之外，还承担了展示厅内的多项辅助工作。

展厅中心每天都迎来许多参观者，每天 8 小时的讲解，展厅秩序的维护和展品的维护，对每位志愿者的体力和精力来说都是不小的挑战，可大家仍然自始至终为每一位观众热情服务。世博会展示中心开放期间，参展各国陆续举办主题周、特色展示月，从瑞士周到芬兰月，从荷兰展到澳门展，不仅要重新撰写和背诵讲解词，志愿者还要在最短的时间内熟悉多媒体项目操作，对各国新展品的背景故事，含义和特色做到了如指掌。展示中心世博会金牌讲解员获得者、我校理学院 05 应用化学专业的孙辰奕回忆说："最辛苦就是主题周的时候。市民们对各国展示周较感兴趣，都算好了时间赶来，每个主题周都是超负荷的，周末一天最多要讲 10 场。通常一天讲解下来，喉咙根本发不出声音了。到后来，谁还能发出声音，就谁顶上。这份工作的确很辛苦，但是一想到我们是世博志愿者的先行军、先遣队，就觉得我们应该做得更好，做出榜样来。"

志愿者为来参观的游客讲解

在世博会展示中心的主页上，可以看到"志愿者社区"这样一个板块。志愿者们在这里交流日志、感言。每当完成工作之后，虽然很疲倦，但这里写满的仍旧是作为一名世博志愿者的收获感和成就感。

同学们的付出，得到了最直接的回报。来展示中心的参观者对志愿者们的服务赞不绝口，时常有观众握着同学们的手说："你讲解得真不错!"也有的在留言上这样写道："志愿者的讲解太好了，让我知道了很多世博知识!"

而我校志愿者的服务更是得到了展示中心领导的赞扬："同济学生上手快、热情高、真是好样的!"在 2008 年上海市志愿者评优活动中，我校满载而归，取得了 1 名金牌讲解员奖，2 名银牌讲解员奖，22 名志愿者贡献奖的佳绩。

设计创意：用我们的才情打造更美的世博园

"身居同济，心系世博"一直是每个同济学子的愿望，而对于建筑与城市规划学院设计专业的同学来说，参与世博似乎有着更为特殊的意义："世博会，对于我们来说，是个千载难逢的锻炼自己的好机会，在世博会这个大主题下我们有了更多发挥和创造的空间。”

从 2008 年 7 月开始，上海世博土地控股有限公司、上海世博文化艺术有限公司与我校建筑与城市规划学院联合举办了“参与世博——学生设计竞赛”系列活动。活动旨在为学生搭建了一个参与世博的实践平台，也让学生得到一次施展自己艺术才能的机会。竞赛分别以上海世博会建筑设计中的阳光谷、塔吊 2 个真实项目以及城市最佳实践区城市街具方案设计为赛题。我校建筑设计专业的学生积极参赛，同学们在创意设计中，各显身手，尽情展现出丰富的想象力和才情。

阳光谷雕塑作品

阳光谷：以绿色生态的名义

世博轴是世博园区的人行立体交通枢纽，由地上 2 层、地下 2 层组成。轴上的阳光谷和水波状膜是其核心建筑语言，被膜结构环绕的玻璃阳光谷形如开放的花朵，六个巨大的阳光谷撑起的顶棚设计，将阳光、绿化和自然空气引入地下空间。

阳光谷自然的形态、富有张力的体型如同雕塑，丰富了世博轴地下地上空间效果，营造出和谐的空间气氛，使世博轴在会展期间成为参观者集聚的重要场所。

在“阳光谷”雕塑方案设计竞赛中，同学们共提交了 22 件作品。通过对阳光谷的“再修饰”，作品展现了人和自然和谐统一，传达出绿色、环保的世博理念。

在由李洁、黄琛、刘迎、王家琦四位同学提交的作品《绿色阳光》中，同学们分别将水草、常春藤、吊兰、仙人柱、蒲公英、睡莲六种植物植入阳光谷中，不同的植物各有各的寓意，对阳光谷起着不同的美化作用，增添了人文气息。

水的柔波与水草曼妙的形态为阳光谷增添了丰富的视觉欣赏元素，而由常春藤带来的绿色织网给人以新鲜活力之感。吊兰植入谷内，不仅使谷内空气清新，葱葱郁郁，而且带有明显的绿色气息。巨型仙人掌，有效减少了阳光直射，为使用者提供休憩之所，赋予“植物艺术品”最实际最合理的功能利用。蒲公英，传播春天的气息，表现了顽强的生命力，在谷内起到净化空气的作用，同时是一道独特的视觉景观。睡莲则在谷内营造出微显蓝色的舒适空间，令人在炎热的夏季得到一丝清凉。

同学们新颖的创意赋予了阳光谷浪漫的诗意和优美的形态，并且通过植物绿化的方式使它变得更亲切、实用和宜人。作品受到了评委老师戚广平的高度评价："通过简单的六种植载手段达到了改善环境的目的，而且随着时间的推移，植物的生长，整个过程还呈现出一种动态的变化。我认为《绿色阳光》到目前为止是所有阳光谷方案中最好的。"

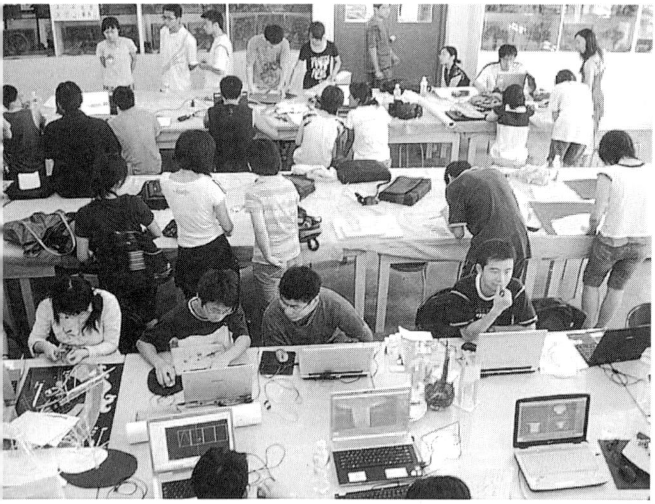

设计竞赛现场

殷正声教授指导学生设计竞赛方案

作品《树谷》是将六种不同意象、虚实相生的树的形态，通过光影的变化植入阳光谷中，分为雾之树、谐之树、空之树、水之树、光之树、屏之树。在这里，有形与无形、实形与虚形、有声与无声，以及不同的色彩变化，为阳光谷塑造出一种亦梦亦幻的感觉。

《墨迹》将水墨丹青对应金、木、水、火、土，在六个玻璃曲面谷中浮现，风生形起，光影生成。缤纷的雕塑色彩使原有阳光谷单元的结构魅力更加凸显，飘逸的雕塑形态更显阳光谷的轻灵。作品对中国文化的诠释表达出作者对历史文脉的尊重。

由目静德、吴东才、幼品三名留学生设计的作品《五行载生》则因其主题而引人注目，作品表现出了可贵的反思和批判精神。他们通过互动艺术的方式，将五行中的元素数量和人群的数量联系起来，人越多对环境的破坏越大，自然的五行元素就越少。“过程和答案虽然都简单直白，但也许事实就是如此。《五行载生》这个作品有意义的地方就在于，它不是从中国学生惯有的思维出发，而是从另外的角度提出了自己的思考：世博会除了一味的‘歌功颂德’，是不是也可以有点别的，比如，会议规模小一点、资金节约一点，人数少一点，这样对环境是不是就破坏少一点呢？”评委老师给出这样的点评。

塔吊：工业遗存物焕发新生命

白莲泾地区曾是20世纪浦江沿岸的重要工业基地，在世博会总体规划中，该地区被用作为滨江景观公园用地，在满足游憩与休闲功能的前提下，设计赛围绕港机厂遗留下来的塔吊、脚手架、工业废料等重工业元素重构该地区的工业记忆。

餐厅、酒吧、咖啡厅、在塔吊上安装风力发展装置……同学们的奇思妙想，使这些历史工业遗存物焕发新生。

作品《浦江水》通过膜模拟出富有张力的水，通过起伏的膜结构与塔吊的结合做出水波荡漾的感觉，将城市的工业记忆与城市气质联系起来，营造出“浦江水”的意象，打造了一个属于城市的滨水空间。

同学们这样描述他们的设计初衷：生长在黄浦江边的这座城市，浦江水赋予了她如水般的流动以及宽阔的胸怀，这座城市是开放的，柔性的，可以说，她是一种水文化。塔吊既是工业时代的遗留者，也是浦江水文化的见证者。所以，运用灯光控制为塔吊营造出不同的氛围，形成绚丽的光色效果，赋予塔吊“浦江水”的意象，使得这个工业时代的记忆形成世博会上独特的地标式景观之一。

“这个作品是这次竞赛中最有气势的一个，作品通过以‘膜’示‘水’，从而将‘水’固态化、形式化、雕塑化，方式新颖令人过目不忘，更让人印象深刻的是该模型中光学实验室中的模拟图片向我们展示了一系列多姿多彩的绚丽场景，让一个平凡的塔吊焕发出‘惊人’的力量。”戚广平老师说。

你去过以工业塔吊做成的时尚酒吧吗？由范颖慧、祁乃理、曾秋韵提交的作品《塔吧》，将塔吊当作时尚酒吧的载体，把晶莹剔透的玻璃体纳于其中，演绎生成了极具时尚元素和独特个性魅力的形态，使这一工业遗存构筑物重新焕发了新的生命。作品构思巧妙得体，玻璃体的光色变幻更使它成为世博夜景中的视觉焦点。

如何将静态的塔吊变得动感十足呢？且看《记忆延伸》所提出的设想，该方案从改善登高方式和保持塔吊形象的完整性出发，结合攀岩、滑板运动，采用将塔吊下的混凝土基础和轨道进行扩展延伸，形成数条波浪形折板。灰色折板的流畅造型与红色塔吊的力量造型形成强烈对比，突显了塔吊本身的美感。整个造型犹如乘风破浪的弄潮儿，仿佛又再现了当年黄浦江边塔吊繁忙运转的壮观场景。

城市街具：遵循可持续发展的理念

“街具”是城市环境中不可缺少的重要元素。优秀的“街具”不仅可以为社会生活提供活动场所，还可以推动人的行为活动。现代建筑体形简洁明快，不尚繁琐装饰，因此需要丰富的“街具”来软化环境，增添亲切感。对于上海世博会来说，城市最佳实践区城市街具更需要别出心裁的独特设计。

竞赛中，街具设计分为桌椅类、援助设施及功能设施 3 类。“我们遵循‘街具’的体量，尺度亲和、色彩较单纯、在场所中起点缀作用的原则，尽量实现街具的人性化、艺术性、原创性和可持续性。”同学们这样阐述自己的设计理念。

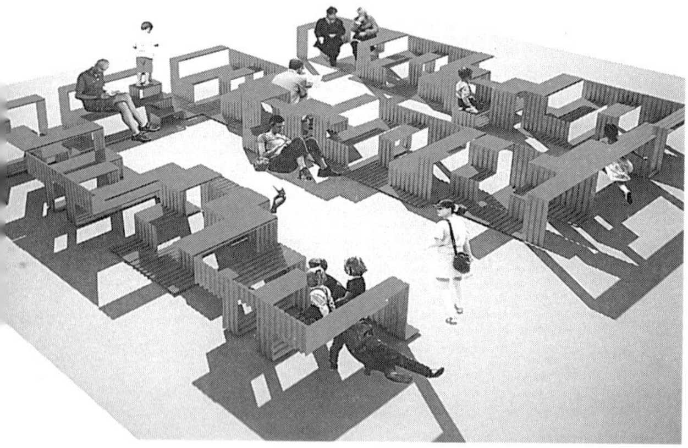

街具设计作品《城市记忆》

于是，集装箱、丢弃的矿泉水瓶子、竹子……一些常见而又环保的材质，经过同学们的巧妙搭建和利用，变成了奇特的街具。

由邓蓓蓓、周哲苑设计的《城市记忆》，以废弃的集装箱为元素，经过拼装、组合，形成了样式简单、舒适耐用的休闲坐椅、休闲吧台，“坐在用集装箱拼成的椅子上，你会感到很结实，而且挺有意思，肯定和平常的木头座椅不一样，最主要的是，特别的环保。”

而一些废弃的矿泉水瓶子，通过叠加、搭建、黏合，变成了绿化柱、卫生间、多功能岗亭、售货亭……这是周泽渥、吴燕雯两位同学的作品。“实用、美观、环保、节能……同学们的作品体现了可持续发展的理念。”评委老师莫天伟说。

你能想象出到一个“贝壳”样的屋子里购物会有怎样新奇的感受吗？看到一个海螺，你能想到它竟然是个公共厕所吗？由陈冠华、邢昕完成的作品《海之宝》，会使你疑惑自己是否置身于奇妙的海底世界中。贝壳商亭由月牙形塑材及月牙形有机玻璃两种材料组成，这些构件根据需要可绕轴转动，打开、阖上，就形成一个贝壳的造型。水母状的多功能亭，由三块曲面玻璃围合而成，中间封闭的空间可以灌水，“这里能养真正的水母呢!”人们进去海螺厕所的时候，只要把海螺的滑盖一推，就能看到一个干净、明亮的现代化装置厕所。

竞赛获得了圆满成功，“通过竞赛，同学们的奇思妙想得到了有效地激发和释放，更为重要的是把竞赛作品里有创意的内容用到世博建设的实际项目中去，这是我校学生发挥专业特长参与世博、奉献世博的最好证明和表现。”活动主要策划人之一、建筑与城市规划学院的张建龙老师说。

科技创新：为世博会出谋划策

在同济，历来有非常浓厚的科技创新氛围。在学校的大学生创新实践基地里，时时可见同学们刻苦钻研、勤奋进取的身影。世博会在上海举办，更是给我们这些爱动脑筋的同学提供了更多的机会，激发出更大的科技创新兴趣。这不，在第十一届“挑战杯”全国大学生课外学术科技作品竞赛上，我校一举获得五项世博专项奖。同学们纷纷用自己的才智，为世博会出谋划策，献上一份属于同济学子的科技创新力量。

为世博中心提供了同济学子的抗震技术

2007 年，世博中心开建。它是上海世博会一轴四馆永久性建筑之一，南临世博大道，东至世博轴，项目占地面积 6.65 公顷，总建筑面积 14.2 万平方米，其中地上 10 万平方米，地下 4.2 万平方米。

世博中心作为上海的“城市客厅”，建筑结构非常复杂，如平面扭转、层刚度比、楼板缺失、楼面质量分布不均匀等，均超出了国家相关规范。在施工中，它的抗震性能要求比常规工程高出许多。

在传统抗震技术中，建筑物里会设计安装一种耗能抗震构件，一旦发生地震，它将是主要受力点，最大限度消耗地震能量，减少变形，确保建筑安全。20 世纪 70 年代，日本着手研发全新耗能抗震构建——屈曲约束支撑系统，该系统优异的承载性能使其迅速在世界范围内被推广应用。

以往，国内也有少量工程型屈曲约束支撑，但都为进口，其成本极高且工期很长，不便于工程应用。这就要求国内技术能够提供既拥有自主知识产权、造价与成本较低、性能优良的产品，以满足世博工程需求。从 2005 年起，我校土木工程学院建筑工程系师生开始着手关于大承载力抗震屈曲约束支撑的实证研究。在土木工程学院杨飞飞老师的指导下，经过两年多紧张艰苦的科研攻关，由郭小康、贺旻斐、金华健三位同学直接参与的大承载力抗震屈曲约束支撑项目得以顺利结题。

同学们研发完成的抗震屈曲约束打破了国外对此项技术的垄断，在技术上也取得了新突破，完全采用国产技术与钢材，节省了成本，更有利于在国内的推广与应用，而且“性能完全和国际先进水平相当”。

经过有关技术部门鉴定后，同学们的抗震产品与日本构造件同时被世博中心选中。

消息传来，项目组成员们兴奋异常。因为这不仅仅意味着世博中心用上了同济学子的抗震技术，更为重要的是，仅此一项技术，就为世博中心减少了 2 000 吨用钢量，节省造价 2 000 多万元，而承载和抗震能力却提升了数倍。

2008 年 7 月，这一拥有自主知识产权的研究成果在虹桥综合交通枢纽工程中再次大显身手。

虹桥综合交通枢纽磁浮虹桥站地上二层比地上一层减少了约 40%的框架柱。为了减小刚度突变和满足层间位移角的要求，需要在地上二层设置支撑。如果选用普通钢支撑，在满足刚度需要的同时还要满足支撑本身的稳定要求，支撑要做的截面很大，就会引起地上二层的刚度过大，而大承载力抗震屈曲约束支撑技术则恰恰解决了这个难题。“选用屈曲约束支撑，支撑有效截面不会太大，又会使整个结构的刚度比较适中，有利于结构抗震。同时，由于屈曲约束支撑实现了国产化，节约成本约 300 万元人民币。从建筑效果上来说，相对于普通钢支撑，磁浮站结构采用屈曲约束支撑会产生更好的美观效果。”专家对同学们的技术给予了高度评价。

该项研究成果在第十一届“挑战杯”全国大学生课外学术科技作品竞赛中获得世博专项特等奖。

为世博交通“量身定做”应急方案

上海作为一个特大型城市，车多、人多、路堵，道路交通承受着巨大的压力。在这样紧绷的交通体系下，一旦发生紧急交通事故，如何在第一时间以最有效的方式予以处理、尽快恢复道路通行，就显得非常迫切而且重要。

我校交通学院的李迪同学是个有心人，他联系了学院里的几位同学，决心发挥专业特长，致力于解决世博会紧急交通事故处理这个难题。

同学们心中从一开始就有一本账：“上海世博会在 184 天时间里要接待 7 000 万人次的游客，高峰时每天的流量达到 60 万～80 万人次，那么在高峰时段，交通就要满足 20 万人次每小时的输送能力，这无疑是个严峻的考验。此时，一旦发生紧急交通事故，后果真的是不堪设想！”

李迪、杨宇笛、孙哲、李俊根、高航等同学在学院老师的指导和帮助下，对上海世博会交通规划、需求特征以及周边路网交通特征做了认真调研，搜集了大量资料，经过无数次的研讨、论证和测试后，最终，同学们开发出了面向世博的紧急交通事故动态处理决策支持系统。

该系统采用地理信息系统技术形成实时交通数据，再通过数据完成事故的检测和实时交通状态的判别，形成科学有效的管控策略。然后通过可视化的界面和预案管理库，为紧急交通事故的处理提供决策支持。同时，通过调用后台的仿真平台，实现事故条件下路网状态的模拟与分析，有效提升了事故条件下预案生成的效率及预案的科学性。

据李迪介绍，目前，国内在突发交通事故条件下的动态交通控制和诱导策略研究方面有一定的积累，但实际系统尚未投入应用。而国外如日本、美国等在部分道路和区域已经有所应用。

“我们开发出这套系统，就是想用自己的力量为世博会尽一份绵薄之力，为上海成功举办 2010 世博会提供基础保障和技术支撑，为上海市居民和来自世界各地的参观者营造畅通的交通环境，从而更好地演绎出‘城市，让生活更美好’的世博主题。”同学们发出由衷的希望。

他们的研究成果，除可用作世博紧急交通事故管理中的决策分析工具之外，也可为日常交通管理及交通信息服务提供技术支持和帮助。

造一辆舒适、灵动的“世博同心号”场馆车

低碳、绿色、环保是世博会的主题之一。世博会期间，在园区内，将有超过 1 000 辆的新能源汽车服务于世博，其中约 300 辆车为超级电容车、纯电动车，200 辆为燃料电池车，它们将在园区内服务，实现零碳排放；其余 500 辆车为包括混合动力车在内的低碳排放车，将在世博园区周边服务。

这些车辆均在室外运行，那么，在场馆内参观者也能驾驶一辆舒适、灵活、完全无污染的电动车吗？我校汽车学院的叶大卫、郭春实、刘寅童、刘天均、龚健、陈乐敏六位同学以此为出发点，决意为中国馆设计一辆独一无二的“世博同心号”场馆电动车，并以此参加“挑战杯”科技创新大赛。

“作为汽车学院的学生，我们也想让自己设计的车出现在世博会上，我们为中国馆设计了一辆既安全舒适又灵巧独特的场馆车，名为‘世博同心号’，在宣传环保节能理念的同时，也能为参观者提供便利。这正契合了世博会的主题——科技创新与节能、环保。”叶大为同学说。他是这个创新小组的组长。

参与场馆车设计的几名同学都是来自汽车学院创新实践基地的成员，他们给自己的团队起名为“同心车队”。“‘同心’就是志同道合、团结一致的意思，寓意我们大家为了共同的目标而坚持奋斗，不断创新，不断超越。”同学们说。

经过初期磨合、前期准备、中期制造、后期调试，一辆安全、舒适的线控转向电动车基本完成了。

“这辆车最大的特点就是机动、灵活。车身结合了线传操控技术和独特的悬架技术，做到线控全轮独立转向，能实现原地转动。”叶大卫说，“最主要的是，这辆车在转向模式选择上引入了游戏操控和人机控制，使驾驶者可以通过显示屏了解车辆当前的行驶状态，利用触摸屏来选择其行驶模式。所以，驾驶起来，很好玩。”

“世博同心号”电控车在“挑战杯”竞赛上广受关注，也赢得了评委们的好评。“作品有很大的科技含量，将轮式移动机器人技术、信息技术等与电动汽车技术有机融合了起来”。

“除此之外，这件作品还可适用于各种窄小场地的清洁能源智能化、自动化储运交通工具，比如港口，机场等繁忙而拥挤的场合，所以有很大的发展空间。”指导老师陈辛波对同学们的成果颇为满意。

我校志愿者在西班牙萨拉戈萨世博会上与国外志愿者合影

从最初一个模糊的想法到一辆整车的出现，同学们经历了一个虽然艰难却也非常快乐的过程。叶大为说：“我们遇到过很多困难和问题，比如，最开始，车架设计就人体工程学而言不够合理、设计弹簧及其套筒时给轴承预留的空间过小、轮毂电机轴端长度不利于锁紧……经过无数次的改造和完善后，‘同心号’基本上实现了我们最初的设想。”在这个过程中，同学们走过了功能确立、方案设计、零部件设计匹配、部件采购、零件加工以及整车装配等与实车设计紧密相关的一整套环节，这着实让他们提前过了一把工程师的瘾！“最为重要的是，看到‘世博同心号’在自己的手中慢慢成形，想到它可能会在中国馆内被参观者们试驾并受到欢迎，这才最让我们感到自豪和骄傲！”叶大为笑着说。

"小白菜"，世博园区最美丽

——九组镜头记录我校世博会青年志愿者的倾力服务

·周春玲·

承继同济人服务世博、奉献世博的一贯做法，2010年上海世博会正式开园以后，同济青年志愿者在不同的岗位上交出了令人满意的答卷。

志愿者出征仪式

同济大学世博志愿者人数近6 000人，服务了整个5月份。由此，同济大学成为了上海高校参与志愿服务人数最多、服务时间最长的高校之一。世博会正式开园一个月以后，同济青年志愿者中的园区志愿者已经圆满完成了任务，其他一些特殊岗位志愿者将继续履行志愿服务职责，直至世博会结束。

同济大学校长裴钢赴世博园区慰问首批试运行阶段我校志愿者

这里，我们选取同济青年人在志愿服务过程中的一组镜头，真实记录他们在奉献中成长的心路历程。

镜头一：累并快乐着

5月2日凌晨一点，夜色已深，同济校园静谧无声。

一阵急促的汽车鸣笛声打破了宁静，是志愿者们从世博园回来了！同学们鱼贯走下车，校园开始沸腾起来。大家三三两两走向学苑食堂，那里有为他们提供的美味夜宵，狼吞虎咽后，同学们又涌向澡堂，用热水洗去一身的疲惫。

土木工程学院的张琪就是这些志愿者中的一员。5月1日下午13:00，张琪与学校近3 000名园区志愿者陆续来到早已规定好的集合点；13:20，在队长的带领下，志愿者们整队集合；13:55，50辆大巴载着学校的志愿者大军，奔赴世博园；14:55，志愿者们抵达园区；15:05，通过安检后，志愿者们走向各自的岗位。

张琪在中国馆的41米层，这一层共设有20个岗位。由于馆内参观采取单向路线，因此志愿者的工作以秩序引导为主，在41米层的环形步道、童心畅想、寻觅之旅入口处、出口处和快速浏览通道等处都有志愿者对游客进行秩序引导，同时提醒游客不要逆行。

作为41米层志愿者的小组长，张琪的任务主要是给组里的志愿者安排岗位、巡岗，游客多、任务重的地方就帮着在岗志愿者一起引导，另外还要保持和馆内工作人员的联系。

“开园日当天中国馆游客人很多，几乎是爆满，当然了，进到世博园谁不想去中国馆看看呢?”张琪笑着说。经过了三次试运行后，志愿者们在岗位上显得熟练多了，维持秩序时也更加自信。

在游客面前，志愿者们始终保持端正的站立姿势，并不停地重复着同样的引导动作，有时还要为游客进行讲解。可能是因为张琪本人长得高高胖胖，很有亲和力，游客们都爱围着他询问。

转眼间，志愿者们已经工作了2个小时。这期间，张琪一刻不停地在回答游客的问题。

18:50，张琪和小组里的志愿者一起到餐厅就餐。这时，他才发现，自己的嗓子有些哑了。稍作休息后，张琪和同学们重新回到了岗位上。

23:00，张琪和小组的志愿者们结束一天的工作，准备离园。

24:00，在返校的大巴上，由于劳累，志愿者们都在座位上睡着了。

凌晨两点，终于可以躺在宿舍的床上了，张琪感觉自己的腿脚有些发硬，“可能是累的。不过没关系，能为这么多人服务，我感到很快乐！”

镜头二：师生同为志愿者

我校 5 573 名世博志愿者当中，有近百名是教职工。他们服务世博的热情并不亚于学生。

今年 45 岁的周乐是土木工程学院的一名教师。2009 年 5 月份，当她偶然从学生口中得知世博会志愿者招募的事后，就决定报名参加。“我从来没有当过志愿者，这次也不是为了凑热闹，只是真心想为上海世博会做点什么。”周乐这样说道。

经过严格的筛选、培训，周乐成为了一名正式的世博志愿者。5 月 1 日当天，她身着“白菜服”出现在世博园中国馆的 49 米层。

“原来以为做一名志愿者就是站岗、维持秩序，其实，到了现场，才发现能不厌其烦地回答游客的问题，才是最不容易的。做一名志愿者，考验的是耐心和体力。”周乐说。

在与周乐一起服务中国馆 49 米层的志愿者中，有她的学生。平时除了上课、答疑外，周乐还真不怎么与学生有太多交流，“好像没有合适的机会和渠道，课堂上主要是以学习为主，下课后就各自忙各自的了。”不过，这次，“大白菜”周乐和“小白菜们”迅速打成了一片。在来往的班车上、在食堂、在中国馆的地下休息室，都能听到他们的欢声笑语。几天下来，除了尊敬，同学们对周乐更有了一份亲切，而周乐也对这些“90 后”的孩子们有了新的看法，“他们其实很出色，到底是同济的学生，脚踏实地，干起事来不张扬，虽然很累，甚至遇到委屈，但依然坚持、执着，充满热情和活力。”周乐的话中充满了赞许。

和同学们一样，在志愿者服务的日子里，周乐每天下午 1 点就急忙赶到学校的集合点，有时候午饭也来不及吃，晚上很晚才能回到学校，而回到家基本上都是第二天的凌晨了。

“确实是挺辛苦的。但这些天坚持下来，感觉很开心。”就像学生给她的昵称“乐乐”一样，作为一名世博志愿者，周乐非常享受这段难忘而又开心的时光。

镜头三：志愿母子兵

在同济志愿者大军中，有两个人物特别引人注目。他们是一对母子兵，两人接力服务世博的故事在志愿者中被传为佳话。

母亲叫陈敏，是我校专家楼（同济迎宾馆）的经理，儿子陈毅骙则是机械学院大三的学生。当初，在儿子的鼓励下，母亲和儿子一道在网上报了名，都希望能成为世博志愿者。幸运的是，俩人双双被选中而且同在园区服务。不过，妈妈是第一批进园，儿子则是在第二批入园服务的队伍中。

陈敏的岗位是在主题馆的城市地球馆，和小组里的另外五名大学生一起站岗服务。陈敏坦言，“刚开始，以为和这些孩子们在一起会不习惯，怕有代沟，其实他们非常优秀，我们相处得非常融洽。”为了做一名优秀的志愿者，成为百问不倒的“世博百事通”，她和组里的同学一有时间就认真研究世博地图，做足准备功课，“可以说，20天下来，我对园区已经很熟悉了，游客的问题基本上都能回答上来，听到他们对我说谢谢，我的心里有说不出的高兴。”

志愿者在园区服务

除了在世博园服务，陈敏也不耽误自己的本职工作，早上8点之前赶到单位上班，中午急忙到志愿者班车集合点乘车前往世博园，晚上到家已经是深夜了。“一天下来感觉是挺累的，有时候回到家，连一句话也不想说，不过，相对于世博服务这半个月的收获来说，这些不算什么！”陈敏说。

妈妈为期两周的志愿工作结束了。5月16日，在世博会志愿者一、二批交接仪式上，陈敏和儿子陈毅骙站在了一起。当儿子将一束鲜花送到了作为志愿者奖章代表的妈妈手中时，妈妈禁不住留下了幸福而又激动的眼泪。

接力棒传到了儿子手中，陈毅骙服务的岗位在宝钢大舞台附近的露天场所，周围是客运巴士和轮渡，每天要接受大量的游客咨询。虽然很辛苦，但儿子从来没有抱怨过，“老妈都能完成志愿任务，我更不能示弱，再苦再累，我也能扛着。再说，能为世博出份力，是我由来已久的心愿！”

有这样不落伍的妈妈和这样积极投入志愿服务、勇于承担社会责任的儿子，母子俩都为彼此感到无比骄傲！

镜头四：以微笑履行职责

有人说，微笑是一个人最美丽的表情。同济的“小白菜们”就是在用微笑和汗水诠释着“志愿者”这个崇高却又平凡的称谓，在他们“微笑”的背后，是包容、忍耐，也是真诚、爱心和奉献。

志愿者小刘遇到过这样一件事情。小刘是第二批入园服务的志愿者，5 月 19 日，他和几位同学在中国馆入口处帮助工作人员维持秩序。这时，有一名游客强行插队，引起了骚乱，小刘上前劝说，希望他能够回到自己原来的位置。这名游客不但不听劝阻，反而大声训斥小刘。“当时，场面很尴尬，我几乎就要失态，和他争吵起来。突然，我意识到这是没用的，可能会引发更大的不满。我不能忘记自己的职责。”小刘平复了自己的情绪，继续面带微笑和工作人员一起继续劝说这位游客，直到他回到原来的位置。事情平息后，游客们一起为小刘鼓起掌来，还有一个游客向他竖起了大拇指，连连说道“志愿者真是了不起”。面对游客的理解和鼓励，小刘也特别感动，“那一刻，我觉得自己所有的辛苦和委屈都值得!”

“因为天气炎热，再加上人多，排队时间长，有些游客火气大，这些我们可以理解。所以，我们选择微笑，用微笑来化解矛盾、抚平情绪，这应该是最好的方法。”很多志愿者都用乐观、善解人意的态度来对待工作中的委屈。有趣的是，因为身着白菜服，志愿者无论走到哪里都很显眼，即便是去食堂的路上，他们也会被游客围住询问，“10 分钟的路程可能要走上半个小时或更多，但即使疲惫，我们仍然用自己最灿烂的微笑服务游客。”同学们说。

微笑也可以消除距离，表达友善和温暖。来自机械学院的小王同学在世博园 DE 片区服务，5 月 12 日，在她当班的期间，发现有一位外国游客东张西望、看到志愿者又欲言又止，小王立即迎了上去，并给了他一个友好的微笑。原来，这是一名美国游客，他想知道怎样才能到浦西，看到志愿者他又不好意思开口。凭借自己早已储备好的世博交通知识和流利的英语，小王很快为这位游客解决了问题。在离开之前，外国游客对小王由衷地赞美：

志愿者为外国游客服务

“谢谢你，你的微笑真美!”

镜头五：懊恼中体现真心

每一名世博志愿者几乎都有这样的感受：当回答了游客的咨询，帮助他们解决了问题，听到一声谢谢时，都会感到十分高兴。可是，志愿者们也有过因为回答不上问题而感到懊恼的时候。

小白是一名大一的新生。世博志愿者招募的时候，他还是高三的学生。当时，他通过网上报名参加世博志愿者。进入同济大学后，经过选拔、面试，他很幸运地被录取了。

5月1日上岗后，除了对自己所在的非洲联合馆的情况非常熟悉外，小白还用心记下了世博会每日的节目表，因为也有很多游客对此感兴趣。一天下午，一名游客向小白询问花车巡游的情况。小白先是想了一下，然后凭着印象告诉这名女士，下午没有花车巡游。

等这名游客走远后，小白拿出打印的节目单看了一下。糟了，原来下午竟然真的有一场花车巡游。他急忙想去追赶那名女士，可是在人头攒动的世博园里，早已看不到那位游客的身影了。“我当时非常懊恼，因为自己一时疏忽，竟犯了这么一个错误！真担心因为我的失误而使那位游客对所有的志愿者失望。”懊恼过后的小白，从此更加热心搜集世博园的各种信息，并牢牢记在脑海里，再也不允许自己犯错。

与小白相似的经历在交通学院的小张身上也发生过。因为家在上海，她对上海的交通特别熟悉，有一次，一名游客向她咨询怎样乘地铁到达中山公园，小张想都没想，就把换乘的路线告诉了游客。等游客离开一段时间后，小张突然想到自己忘了考虑末班车的时间，游客很可能因为赶不上末班车而不能顺利到达。想到这些，小张飞奔出去，狂追了几百米，可还是未能找到那名游客。回到自己的岗位，小张难受了很长时间，不停埋怨自己，“要是再考虑周到一点就能避免这个错误，只怪自己还是没有用心。”

的确，游客的问题五花八门，志愿者很难快速反应全部回答上来，甚至会因为一时的疏忽犯错，自己懊恼。其实，这些懊恼的背后恰恰体现出志愿者的一颗真心，以及他们在世博志愿服务上全力以赴、追求完美的态度。

镜头六："老外"志愿者

在中国馆的AB片区，有一位引人注目的志愿者，如果不是一身"白菜服"的着装，没人会把她当作志愿者，因为她有一张棕色的面孔。她就是来自非洲马里的23岁姑娘泰雅。

留学生志愿者在园区服务

泰雅是同济大学国际文化交流学院大三的学生。2009年5月，学校招募世博志愿者的消息刚传开来，泰雅就拉着身边的同学，赶到招募点现场报了名。"我觉得做一名志愿者，可以认识更多的人，也可以开阔眼界，是一次近距离感受中国文化的好机会。"

几次培训后，泰雅信心满满。上岗的第一天，泰雅却有点沮丧。因为游客看到她后，担心她听不懂中国话，都不来向她咨询。"别的志愿者都挺累的，我却很清闲，一天也没说上几句话。"第二天，泰雅决定自己主动出击。每当有游客走过来时，泰雅就走上前，用流利的中文向他们问好。这一招果然奏效，游客们都围拢过来，一方面是向泰雅咨询，另一方面是对这位会说中国话的非洲姑娘感兴趣，有的游客还邀请泰雅和自己合影留念。"真的，有的游客也不向我问问题，只是想跟我合影，合就合吧，我也很高兴。"每次，泰雅都会摆个漂亮的POSE，这位开朗大方的非洲姑娘吸引了很多游客。

其实，就在泰雅接到上岗通知的时候，她也收到了一封来自非洲联合馆的邀请信。得知泰雅多才多艺，而且中文说得又好，非洲联合国想邀请泰雅在世博期间做馆里的主持人。这可怎么办？一人不能兼顾两职，泰雅一开始也有点犹豫，因为做主持人有很高的酬金，志愿者则是无偿服务，"不过，既然自己报名要当志愿者，再说也不是为了钱，是想交到更多的朋友。"最终，泰雅婉拒了非洲联合馆的邀请，坚持履行自己当初要为世博志愿服务的诺言。

除了会说汉语、英语外，泰雅的法语也说得非常好，因为法语也是她的母语之一。这个优势让泰雅在做志愿者的时候派上了大用场。一天，泰雅看到一群外国游客拿着一张地图在来回比划，显出很为难的样子，泰雅和身边的志愿者决定上去问个究竟。他们先用汉语向游客打招呼，可是对方好像听不懂，改用英语后，游客勉强用英语做了回答，听出游客有法语的口音，泰雅就用法语和游客交流起来。原来，这批法国游客迷路了，想知道怎样才能到达八号出口，和正在那里等待他们的另一批人汇合。

“那些游客听到我的法语后，连说他们得救了，我给他们指路后，他们一个劲地感谢我。当时真没想到，自己的法语发挥了这么大的作用！”回想起这件事情，泰雅脸上露出了得意的笑容。

镜头七：这样的生日最难忘

对于传播与艺术学院的程曦来说，今年的生日她过得特别难忘，也特别温暖。因为，在为世博会服务的日子里，她过了三次生日。

5 月 17 日是程曦 20 岁的生日。作为同济大学的第二批世博志愿者，生日当天，她恰好在世博园里服务，“原本打算就这么默默地在园区里度过，没有蜡烛，没有蛋糕和礼物也颇有意义。”

没想到，中午时分，一向支持程曦做志愿活动的老爸，特意赶到园区为她送来蛋糕，祝她生日快乐的同时，鼓励她继续全力投入世博服务。

在返校的 26 号车上，程曦更是收获了一份惊喜。“队长突然说今天有一名同学过生日，我们一起为她唱起生日歌，祝她生日快乐！然后，神秘兮兮地看了我一眼，这时，我才知道同学们早为我准备了生日会。”程曦回忆说，“有这么多人的祝福，我真是非常感动，倍感温暖，这是我有生以来最难忘的一个生日！”

5 月 20 日是校庆日，学校为服务期间过生日的 7 位同学又组织了一次生日会。程曦是其中之一。学校为他们准备了蛋糕，还给每位寿星送了明信片、后勤组同学写满祝福的贺卡以及校庆的纪念版徽章。程曦兴奋地说：“当灯光全部熄灭，所有中国馆志愿者们一起唱响生日歌的时候，我简直觉得以后不过生日都值了！”

与程曦一样感到温暖和幸福的还有非洲联合馆的志愿者耿佳宁。5 月 13 日是耿佳宁的生日，非洲联合馆的同学们一直想怎样能给耿佳宁过一个独特而又难忘的生日会。在队长徐星天的组织下，大家暗地里成立了特别行动小组，秘密策划了一场生日会。

在提前征求了馆部长期志愿者王雯靖老师的意见后，同学们决定在休息室里举办生日会。借着学校组织大家参观中国馆的机会，已参观过的同学留守在休息室悄悄布置场地。他们熄灭了休息室里的日光灯，将点燃的蜡烛围成了一个心形，还在桌子上摆放了蛋糕和礼物。当耿佳宁参观完中国馆回到休息室的时候，同学齐声向她唱起了

《生日快乐》歌，此时的耿佳宁，感动之外就是激动。“这真的很意外，更觉惊喜，这个在世博园里度过的生日会我将永远难忘!”小耿说。

镜头八：特岗志愿者

来自外国语学院日语系的刘小龙是世博语言类特岗志愿者，和其他我校425名特殊类志愿者一样，他将为世博会提供长期志愿服务。

对于语言类特岗志愿者来说，他们必须要对所服务园区的场馆分布和地形交通熟稔在心，这样才能在接到任务时迅速赶到现场，及时为外国友人服务。在试运行的几天里，刘小龙和组里的志愿者们每天都认真研究园区导览图，并实地踩点，熟悉园区环境，力求做到第一时间赶到现场进行语言服务。

考验的时刻到来了！随着世博园正式对外开放，境外游客大批入园，向语言类特岗小组寻求服务的电话一个接一个。

一天中午，刘小龙接到了一个电话，一名日本女性游客和自己的家人走失了，现在非常着急。刘小龙立即和另外一名志愿者迅速赶到了现场。原来这名游客让丈夫照看两个孩子在外休息，自己进入了一所场馆参观。入馆后她随着人群前进，因为是单向浏览通道，当参观完后这位游客实际上是从出口处出来了。发现门口没有丈夫和孩子，周围的建筑也很陌生，这名游客有些慌乱，她想回到入口处，却越走越远，无奈之下，她向询问处寻求帮助。刘小龙他们赶到后，首先安慰了这名日本游客，并让她描述一下刚才参观的场馆，原来是世博博物馆。刘小龙他们决定先回到世博博物馆的入口处看一看，也许她的家人还在原处。在走向世博博物馆入口的路上，他们边走边与游客交谈来减轻她的不安情绪。果然，在入口处，这名游客的丈夫和孩子还在原处，正焦急地等待着她。

一家人高兴地拥抱在了一起，这名游客用生硬的中文连连对刘小龙和他的同伴说道：谢谢！谢谢！看着日本游客一家人高高兴兴离开的背影，两名志愿者感到非常欣慰。因为正是他们的志愿服务，拉近了世界各地游客和世博会的距离，使他们毫无障碍地与世博、与上海对话，也正是他们的努力，向外国游客们展现了一个亲切美丽的上海！

镜头九：美好的回忆

未离开，已难忘。

15天的志愿服务很长也很短。在即将离开世博园的时候，每一名志愿者都依依不舍。

志愿者郭潇楠说："当最后一天真的来临的时候，我才发现我已经习惯并且喜欢上这样的生活了。"宋宇伦说："一年的辛勤付出，只为这15天的真情服务；15天的真心相处，只为离别这一刻的不舍与感激。"

最后一天，志愿者们终于有机会穿着便装在园区里，在自己志愿服务的地方转一转、看一看。可是，他们依然难忘自己志愿者的身份：听到有人喊志愿者，他们会不自觉地四周搜寻；看到有人迷茫，会身不由己地跑上去问有什么需要帮忙。

回到校园，同学们都有些不习惯了。"现在在学校上课也老是惦记着今天园区又来了多少游客，这大概就是志愿者综合征吧。想想我们真的就这样离开了，很不舍。"志愿者小狄在自己的博客上这样写道。"习惯了每天中午不吃午饭，一点十分出发，一点半集合，两点半到世博园区城市最佳实践区未来馆；习惯了每天晚上拖着沉重的脚步，从车上走到食堂领夜宵，再接着走在寂静的回寝室的路上；习惯了到寝室倒头就睡，不去想什么，专心为第二天的服务工作做准备；习惯了岗位上对游客无数问题认真解答后得到的感谢……"志愿者杨了然更是表达了对志愿工作的不舍。

辛勤的付出必将得到丰厚的回报。15天的志愿服务，让同学们收获了很多，他们表达了这样的感受：成为一名志愿者不仅仅只是原来想想的所谓"锻炼一下自己"，真正明白这句"口号"是在经过这么多磨砺之后；认识了很多人，帮助了很多人，接触了很多人，思考了很多事；志愿者的经历使自己变得更加成熟，相信在以后的日子里能够以更乐观、积极、开放的心态来对待学习与生活。

这15天的志愿者服务经历，将成为同济大学"小白菜"们一生都弥足珍贵的记忆！

志愿者在园区为老年人服务

上海世博会：同济人精彩的展示舞台

——校党委副书记、同济大学上海世博会研究中心常务副主任姜富明访谈

·王伯瑛·

为打造一届成功、精彩、难忘的世博会，无数同济人以满腔的热情，奉献出超群的智慧，付出了辛勤的汗水。为多方位展示同济人从申博、规划、科研、设计、建设、管理、施工、运行到后续利用等领域为上海世博会作出的巨大贡献，展示同济人为实现百年校庆时对社会的庄严承诺而努力拼搏的精神风貌，2010年初，《同济人》杂志记者（以下简称“记”）对校党委副书记、同济大学上海世博会研究中心常务副主任姜富明（以下简称“姜”）进行了专访，请他讲述了同济师生和校友参与上海世博会的总体情况。

领导与志愿者合影

记：在整个2010上海世博会的准备、申办和规划建设过程中，同济大学是参与最早、最广、最深的高校，您能给我们具体地阐述一下这三个“最”吗？

姜：我们学校是最早参与世博会申办工作的高校，并与世博会有着特殊的历史渊源。早在20世纪80年代，时任上海市市长汪道涵就上海能不能承办世博会一事，委托同济大学进行了可行性研究。在上海市科委支持下，我校科研人员完成了上海举办世博会的可行性研究报告。

1999年，中国向世界宣布申请举办世博会时，同济大学又迅速派出了优秀的师生团队参与申博。2001年9月，郑时龄院士随时任上海市常务副市长蒋以任出席国际展

览局在法国巴黎召开的2010年世博会研讨会，并在会议上就上海世博会的规划问题作了陈述。2002年初，在国际展览局来华考察时，郑时龄院士全程陪同并详细介绍了上海世博会的规划及其他准备情况。唐子来教授以陈述人的身份向国际展览局阐述了上海世博会在选址、规划、会后利用、交通组织等方面的准备情况。彭运鹗教授作为投融资领域的专家，也担当起陈述人重任，向国际展览局的官员陈述了“上海世博会的投融资”计划。

此外，作为申博办公室的工作人员，李梅博士负责三大洲四个国家的联络工作，博士研究生陈迅、硕士研究生寿月娴、本科生包莉莉到上海世博会申办工作小组办公室做志愿者，出色地完成了各项工作，得到了市领导及申博办公室的高度评价。

申博期间，同济校园内还组织了多次支持申博的活动，掀起了一次又一次宣传申博的高潮。2000年，建筑与城市规划学院与上海世博会申办工作领导小组等单位，合作举办了以“2010上海世博会”为主题的城市规划设计竞赛暨研讨会；2001年，以“规划21世纪城市：机遇与挑战”为主题的首届世界规划院校大会在我校召开，积极呼应和丰富了上海世博会主题“城市，让生活更美好”的内涵；时任校长吴启迪教授代表学校向国际展览局递交了申博支持信；传播与艺术学院发起全国大学生视觉艺术大赛，把世博会主题作为重点设计内容；学校团委发布倡议书，筹备志愿者服务队。总之，全校师生以自己的实际行动，以自己的不懈努力，为申办世博作出了应有的贡献。

2002年12月3日，中国申博成功的喜讯，极大地鼓舞了同济师生，学校领导敏锐地意识到，2010上海世博会将会给同济带来极大的机遇，为学校的发展赢得更大的空间。时任校长吴启迪把我叫到她的办公室（我当时任科技处副处长），她明确要求“要抓住世博这一难得的发展机遇，发挥我校综合学科和人才优势，对接世博”，并要求我们尽早拿出相关方案。

两天后，我们经过认真研究，向吴启迪校长提议成立同济大学上海世博会研究中心，形成具有协同效应、高效运作的研究决策与管理服务平台，起到“组织学科队伍，面向世博需求；超前规划部署，聚焦世博重点；发挥人才优势，再塑同济辉煌”的工作目标和机制。在吴校长支持下，申博成功之后第13天，即2002年12月16日，学校成立了“同济大学上海世博会研究中心”。时任上海市常务副市长蒋以任出席成立大会并致贺词，他对同济大学以敏锐的眼光，超前的意识率先成立世博会研究中心给予了充分肯定和由衷的赞赏。“同济大学上海世博会研究中心”（以下简称“世博中心”）的成立，标志着同济大学迈上了科技支撑世博、服务世博新的征途。

记：同济大学上海世博会研究中心的宗旨是什么？它在学校参与世博工作中的具体作用是怎么体现的？已经取得了哪些重大成果？

姜："世博中心"的宗旨是：海纳百川、放眼世界、联合开放、自主创新、学科集聚、团队作战、聚焦世博、服务世博。

学校高度重视"世博中心"工作，历任主任均由校长兼任，吴启迪、万钢曾先后任主任，现任主任为校长裴钢院士。校党委书记周家伦对"世博中心"的工作给予了全力支持，经常到现场了解工作进展情况，给予参与世博工作的师生以指导和鼓励。

由于有了充分的准备、超前的意识和学科综合优势，"世博中心"成立才短短一个月，便向上海市科委、上海市政府发展研究中心等政府部门提交了筹办世博会的相关研究课题100多项，涉及到十几个学科领域。随后，世博中心接受上海市科委委托，编制完成了《2010年上海世博会重大科技专项建议书》，并获得科技部批准立项。不久，主持工作的时任副校长万钢代表学校专门向上海市委领导汇报了我校对办好2010年上海世博会的高层战略思考。

严谨求实的风格，使"世博中心"独有的影响力快速凸显，成立不到一年，就被上海市政府聘为上海世博会决策咨询研究机构之一（上海仅两家）。

有200多位同济各学科专家参与并联合了日本、德国、上海的三家知名设计机构共同编制的《2010世博会园区规划方案》，在国内外40多个投标方案中脱颖而出，成为三个优秀方案之一，是国内参赛单位中唯一入选方案，获得了广泛好评。

我校专家、教授承担了大量的世博会研究项目，其中包括"世博会工程建设总体项目管理"、"燃料电池汽车研发与世博示范"、"世博园区工程废弃物资源化利用"、"世博园区景观水体生物生态修复技术研究与示范应用"、"世博智能交通技术综合集成系统"、"世博大空间场馆的安全保障关键技术"、"世博轴及地下综合体工程抗风研究"、"世博轴阳光谷结构与屋面索膜结构研究"、"世博园区地下大空间结构技术"以及"上海世博会与知识产权保护"等。

截至2009年底，我校先后承担世博会科研项目170余项，承担世博会规划、设计和咨询项目90多项，参与教师近2000人，涵盖建筑与城市规划、车辆工程、环境科学、道路与交通工程、土木工程、经济与管理、法律、工程管理信息化、信息安全、城市综合防灾、城市可持续发展以及人文学科等十几个相关学科。世博会正式运行过程中，将有近6000名大学生参与世博志愿者服务工作。

记：在承担大量科研、规划、设计等项目的同时，同济的专家教授还担任了世博会上一些十分重要的岗位和一些标志性建筑的规划设计任务，可以说是举足轻重。您能具体地介绍一下吗？

姜：在世博会筹建工作中，同济的院士、教授承担了一些非常重要的业务工作。例如：郑时龄院士任世博会主题演绎总策划师，吴志强教授任世博会园区总规划师，唐子来教授任世博会城市最佳实践区总策划师，乐云教授任世博会工程建设总体项目管理负责人，杨东援、陈小鸿团队承担世博交通规划方案总策划，丁洁民教授任世博村总体规划及设计总协调，曾群教授任世博会主题馆总设计师，郝洛西教授任世博园区夜景照明总体策划总负责等。

记：大量同济师生为世博献策出力，更有无数的同济校友活跃在世博建设的各个岗位，与同济师生交融在一起，共同谱写同济人无私奉献的精彩篇章。具体有哪些校友，参加了哪些项目？

姜：我校培养人才方面历来注重理论与实践相结合，同济的校友遍布规划、设计、交通、建设、施工、管理等行业，而这些行业又与世博会建设有着密切的关系。世博会为同济校友提供了平台，他们纷纷担任重大工程的重要职务。钟燕群校友担任上海世博会执委会专职副主任，黄融校友担任上海市建设交通委员会主任，丁浩校友担任上海世博会事务协调局副局长，沈迪校友担任上海世博会总建筑师，钮晓鸣校友担任上海世博科技促进中心主任。蒋志权校友任董事长的上海建工集团，张桦校友任总裁的上海现代建筑设计集团等单位的一大批校友，秉承同济人开阔的胸怀、深厚的基础、求实的作风、创新的精神，奋战在各自的岗位上，为世博会奉献智慧，挥洒汗水。

记：世博会对上海来说，是一个史无前例的巨大工程，同济很早就积极地、全方位地参与其中，这是基于对社会发展的高度敏锐和远见卓识。那么是什么样的土壤孕育出了这种高度敏锐和远见卓识？

姜：走过百年历程的同济大学，有着自己深厚而独特的文化积淀，而这种文化积淀的核心和灵魂就是“同心同德同舟楫，济人济事济天下”。同济大学的百年历史就是一部与祖国同行、以科教济世的历史。正是在这种精神的指引下，百年校庆时，学校许下了对社会的庄严承诺：“聚焦国家科技发展战略，服务社会经济发展”。根据学科优势和人才资源，构筑自身特色，主动与区域经济产业对接，主动为社会提供人才、知识和技术。正是对社会的庄严承诺，赋予了所有同济人积极广泛深入地参与世博会的强大动力。“为世博添光彩”，已成为同济人的责任共识。

参与世博，奉献世博，再一次体现了同济对国家和社会的责任，又一次证明了同济人为中华民族伟大复兴的坚定信心，证明了我们诺言如山。参与世博，奉献世博，也为同济的精神和传统注入了新的时代内涵，再一次向社会昭示了这所百年学府的品格与志向。

近几年，在组织师生参与世博的工作中，我感到总有一种意识激发我们敏锐地思考世博会的科研工作，总有一种力量在激励着我们主动参与、主动融入国家建设，使学校的发展和国家的发展紧密联系在一起。

自 1912 年学校设立工学堂以来，学校就十分重视工程教育。近百年来，虽然经历了重重变迁、调整与发展，学校工程教育的理念仍然得到了很好的传承，目前，学校已经成为教育部工程教育改革的核心试点高校之一。教育与实践相结合、服务社会，参与国家重大工程建设是工程教育的重要内容，同时，也促进了工程教育的深化。特别是改革开放以来，学校参与了北京奥运工程和上海的宝钢建设、洋山深水港、浦江大桥、东方明珠电视塔、地铁工程、越江隧道、苏州河治理、燃料电池轿车研发、创建智能交通系统等重特大工程，锻炼了队伍，积累了经验。可以说，这一切，都为同济大学最早、最广、最深地参与上海世博会做了充分的人才和科技储备。

记：世博会对同济来说也是一个难得的机遇，充分展示了其服务社会的功能，也得到了各方面的认可和赞赏，对同济的社会影响力和学科实力的提升是一个极大的促进。

姜：同济大学参与世博、奉献世博，也极大地提升了学校的社会影响力。上海市政协副主席、2010 上海世博会执委会副主任周汉民教授说：“世界上没有一所大学，中国没有一所大学能够胜过同济大学对世博已经做出并将继续作出的贡献。”上海市政协组织代表团参观我校举办的“同济与世博”大型展览，市政协委员们对同济大学全方位地参与世博，并为世博作出如此重大的贡献表示了高度的赞赏。

当一个高校对一个区域的社会经济发展具有吸引力的时候，区域的发展反过来就会对高校有很大的支撑和促进。学校在奉献国家、服务社会的同时，也获得了自身的进步与发展。学校大规模、全方位、多层次参与世博的直接结果是极大地提升了学科内涵和科研水平。

具体地说：

第一，促进学科在更高层面上的集成、交叉和融合。在做世博会规划方案时，学校集成了10多个学科的200多位专家组成“集团军”。并联合国外和上海的知名设计机构，作出了跨国、跨学科、跨机构的合作尝试。这种以综合性重大项目为纽带的学科交叉和融合，建立起了产学研联盟，更有利于攻克国家战略与技术难关，解决区域经济社会发展的瓶颈制约，同时使学科得到更强的凝聚与提升。

第二，凝练了学科今后的发展方向。通过世博实践提出了学科需要研究的理论问题，再来指导实践。如建筑与城市规划学院，大部分教师参与了世博的研究工作，对学科的发展有了更加深刻、更加统一的认识。在这个基础上，学院提出了新的四大发展方向：生态城市规划、绿色节能建筑设计、数字设计技术和历史遗产保护，形成大学科团队的奋斗目标。经济与管理学院承担了世博会工程建设总体项目管理工作，通过研究与实践，丰富和发展了大型复杂群体工程的项目管理理论，获得了珍贵的第一手资料和数据，更新了工程建设管理教育理念，从实践回归理论，进行了学科调整，把城市建设与管理、可持续发展、低碳经济等领域的研究纳入了学科规划。从而使他们的研究成果和人才培养更直接地对接社会需求。

第三，培养了一批具有国际视野的、能够攻克重大关键技术问题的人才。世博会为同济大学提供了国际交流的平台。我们参与了一批外国馆的配合设计，我们的教授和国际一流大师交流、沟通和切磋，开阔了国际化视野。其中一些大师还应邀来到学校为师生作学术报告，带来了最前沿的知识和信息。世博会对于我校培养具有国际视野的学科带头人、领军人物、工程人才，起到了重要作用。

当同济这所百年学府的精神和世博会的理念密切交织在一起的时候，我们看到了如此多的努力，看到了如此多的智慧，也看到了如此多的追求，更体现了同济人对“城市，让生活更美好”这一世博会主题的美好期盼与无限梦想。让我们共同努力，为人类创造更为美好的城市生活。

（原文刊于《同济人》杂志2010年第1期《同济人与世博会特刊》，本书辑录时略有删节）

附录一：

“同济大学上海世博会研究中心”大事记

（2002 年 12 月—2010 年 4 月）

2002 年

12 月 16 日，同济大学上海世博会研究中心正式揭牌成立。上海市常务副市长蒋以任出席仪式，代表上海市政府对同济大学上海世博合研究中心的成立表示祝贺，并与校长吴启迪共同揭牌。

学校任命吴启迪校长兼任同济大学上海世博会研究中心主任，姜富明为常务副主任。

同济大学上海世博会研究中心（以下简称世博中心）将紧紧围绕 2010 年上海世博会主题，充分发挥学校学科优势和人才优势，开展科学研究、决策咨询和科技服务，为科技支撑上海世博会做贡献。

揭牌仪式上，共青团同济大学上海世博会志愿者服务队同时宣告成立，并向全市大学生发出为上海世博会做贡献的倡议。

2003 年

5 月 15 日—16 日，由上海市人民政府和国际展览局主办、我校等单位协办的“2010 年上海世博会论坛”在上海举行。这次会议是高水准的国际会议，有助于上海进一步学习各国举办世博会的先进经验和理念，扩大 2010 年上海世博会的影响，体现 2010 年上海世博会的开放度和包容性。

6 月，副校长万钢带队，向上海市市委副秘书长胡延照汇报我校对办好 2010 年上海世博会的战略思考。胡延照对我校提出的“和谐城市”理念给予了充分肯定。

10 月，上海市人民政府和国际展览局联合举办“2010 年上海世博会论坛”。我校郑时龄、彭运鹗、吴志强、唐子来、诸大建等十余名教授应邀参加。教育部副部长吴启迪作为大会主持人之一，主持了“世博会与科学创新和人类生活”专题的研讨。郑时龄院士和诸大建教授分别作了“上海世博会与未来人居环境”和“世博会对上海城市公共管理的挑战与对策”的大会主题发言。

11 月 19 日，在上海市政府召开的世博专题工作会议上，上海世博局副局长黄健之代表市政府宣布同济大学上海世博会研究中心列为上海市政府两个2010年上海世博会决策咨询研究机构之一。

12月2日，我校志愿者服务周正式启动，举办了世博志愿者“双百”工程暨世博志愿者形象大使选拔赛。

12月11日，世博中心与德国技术合作公司在上海共同举办“汉诺威世博会”学术论坛，副校长万钢、汉诺威市市长施马尔施蒂格博士、德国技术合作公司总裁出席。

12月29日，学校任命万钢副校长（主持工作）兼任同济大学上海世博会研究中心主任，增补徐迪民、丁洁民、唐子来为副主任。

2003年，世博中心联合相关学科专家，编辑出版了《世博会对上海发展的影响和对策》、《上海跨入新世纪的发展研究——2003年度上海重大决策咨询研究报告》等世博丛书。

2004年

3月，上海市科委副主任寿子琪带领科委有关职能部门负责人来校，与学校有关学科专家进行交流、沟通，勉励我校科技人员积极参与世博研究，争取做出更好成绩。

在上海世博局、上海市规划局组织举办的“2010年上海世博会规划设计国际研讨会”上，建筑与城市规划学院院长吴志强教授作专题发言；土木工程学院地下建筑与工程系举办了“上海世博会地下空间生命线研讨会”，李永盛副校长作为组长主持了“世博地下空间利用专题研讨会”，日本早稻田大学尾岛俊雄教授应邀作专题报告，并建立了双向合作。

世博中心副主任唐子来教授应上海世博局邀请，负责撰写《中国2010年上海世博会规划设计方案征集》中的《规划设计要求》部分。

4月，世博中心副主任唐子来教授被上海世博局聘任为向国际展览局提交书面报告中有关世博园规划的执笔人。

吴志强教授受上海世博局和上海规划局委托，承担世博园区总体规划深化方案修订。

5月8日，“世博会与上海法治化论坛”在上海举行，我校知识产权学院单晓光教授应邀出席，并就世博会知识产权保护作主题演讲。

5月20日，同济大学正式接受邀请参加“2010年世博会园区规划方案”竞赛。在校党委书记周家伦、校长万钢挂帅下，联合组成以同济大学建筑与城市规划学院为主体，上海同济城市规划设计研究院、同济大学建筑设计研究院、同济大学上海世博会研究中心合作参加的校内机构，建筑与城市规划学院院长吴志强教授为技术总负责人，同时联合上海市城市规划设计研究院、德国 AS&P 设计事务所和日本日建规划设计株式会社，组成“联合体”进行攻坚战。

“同济方案”最终在国内外 40 多个方案竞标中脱颖而出，成为三个入选的优秀方案之一，也是国内参赛单位唯一入选的方案。

6 月，上海世博局委托我校杨东援副校长牵头组织编写世博会交通规划。杨东援召集我校规划设计、地下工程、道路工程、交通工程等有关学科带头人组成联合攻关组，系统研究世博交通规划。

7 月，学校为“同济方案”入选“世博园区规划设计方案”优秀方案之一举行庆功会，校党委书记周家伦、校长万钢出席。

9 月 10 日，校党委书记周家伦、校长万钢联合署名致函上海市副市长、上海世博局局长周禹鹏，推荐我校建筑与城市规划学院院长吴志强教授为上海世博会园区总规划师候选人。

10 月 28 日，世博会园区总规划师人选确定并举行新闻发布会，吴志强教授被聘为 2010 年上海世博会园区总规划师。

11 月—12 月，校团委在全校范围内开展“青春同济、精彩世博”主题教育活动，邀请了上海世博局周汉民、黄健之副局长，我校郑时龄院士、彭运鹗教授等一批专家作报告。

12 月 22 日，世博中心组织召开上海世博会学术研讨会，世博中心主任万钢出席会议。会议总结了第一阶段工作，吴志强、杨东援、朱合华等教授分别介绍了世博园区规划、交通规划和地下空间利用等方面的研究成果。万钢在肯定世博第一阶段工作的同时，对下阶段的工作目标提出了新要求。

10 月—12 月，《理想空间》杂志分别出版两期“世博研究专辑”，全面、系统介绍了同济大学参与的“2010 年世博会园区规划方案”竞赛和获奖的“同济大学世博会园区规划方案”。

12 月，唐子来教授撰写的《世博经典案例研究》一书正式出版。

我校郑时龄院士、彭运鹗教授被上海世博局聘为首批专家顾问。

世博中心成立至 2004 年底，我校有 40 多位专家、教授分别参与了市人大、市政府、市科委、市教委、世博局等组织的上海世博会与上海新一轮发展大讨论。并在电视台、电台、文汇报、解放日报等新闻媒体发表了重要观点和建设性建议。

2005 年

3 月 22 日，世博中心组织召开“世博同济”第二阶段动员大会。党委书记周家伦、校长万钢等校领导和有关专家教授近 40 人参加会议。会议就如何进一步参与 2010 上海世博会各项工作展开了深入研讨。

5 月，世博中心主任万钢主持召开专题研讨会。会议达成共识，同济大学将积极参与上海世博会标志性建筑物——中国馆、主题馆、国际会议中心、演艺中心、标志性构筑物及世博园区内的历史建筑物保护等有影响的设计、规划项目竞争。会议确定 7 名教授分别牵头组建专题组，负责相关建筑物的前期研究，为积极投标作好前期准备。

建筑与城市规划学院院长、世博会园区总规划师吴志强教授陪同吴仪副总理访问日本爱知世博会。

6 月 17 日，上海市副市长周禹鹏率上海世博局领导来我校，就有关世博园区的建设问题进行调研。

8 月，世博中心组织召开世博会标志性建筑物设计、规划的我校各专题组负责人阶段工作研讨会，上海世博局副局长黄健之，我校党委书记周家伦、项海帆院士、范立础院士、吴志强教授等参加了研讨。

9 月，同济大学建筑与城市规划学院副院长吴长福教授向上海市领导周禹鹏、范德官、杨雄、沈骏汇报我校上海世博会园区主题馆设计的前期研讨工作。

10 月 2 日，校长万钢在上海教育电视台“世纪讲坛”栏目作了“绿色能源与未来交通”的演讲。

10 月 18 日，世博中心与德国西门子公司联合组织召开“同济-西门子”世博研讨会，校长万钢、副校长陈小龙、西门子公司博格总裁出席研讨会。双方就智能交通、轨道交通、照明与节能、安全保障以及水处理等问题进行了广泛交流，为双方的进一步合作奠定了基础。

11 月，在由科技部和上海市科委主办的《上海世博科技行动计划》新闻发布会上，由科技部和上海市科委联合组建的上海市世博科技促进中心正式揭牌。该中心设在同济大学。上海市科委计划处处长钮晓鸣（现任上海科学院党组书记、院长）任促进中心主任，同济大学上海世博会研究中心常务副主任姜富明任上海市世博科技促进中心副主任，同济大学环境与工程学院副院长李光明任上海市世博科技促进中心副主任兼办公室主任。

11月23日，同济大学教授、中科院院士郑时龄被上海世博局聘为中国2010年上海世博会主题演绎总策划师之一。

12月，“第二届世博会与法治化论坛”在上海举行。我校知识产权学院单晓光教授与博士研究生邓建志合作的论文《2010年上海世博会知识产权行政保护问题研究》获一等奖，知识产权学院陈东华老师的论文《浅析世界博览会标志保护中的法律问题》获三等奖。邓建志在论坛上作关于“世博会知识产权行政保护”主题演讲。

2006年

1月，上海世博局汪均益副局长带领相关职能部门负责人来世博中心调研考查，世博中心常务副主任姜富明介绍了研究中心的工作，莫天伟、钱锋、王璇等教授分别汇报了世博会后滩地区历史性工业建筑保护及后续利用、上海世界博览馆前期设计、世博园区地下空间的开发与利用以及世博庆典舟桥关键技术等方面的工作和已取得的成果。校党委书记周家伦出席会议。

2月，世博中心召开后滩规划专题研讨会。莫天伟教授汇报了世博园区老厂房改造及后滩地区历史建筑利用等方面的工作，并与郑时龄院士和校内相关专家教授进行了充分的研讨。

5月，世博中心办公室因工作出色获2006年同济大学校长奖。

9月，应世博中心主任万钢邀请，世博集团董事长戴柳来我校访问。在万钢陪同下，戴柳一行参观了汽车学院，并就世博园区零排放汽车和我校参与世博科技的总体情况进行了交流。

我校建筑设计研究院中标世博村总规划项目；在世博中心和公共活动中心的国内外公开招标竞争中，我校设计方案入围前三名；吴伟教授负责的上海世博会中心景观绿地国际招投标的标书编制工作通过验收，并获世博局直接采用，吴伟教授被世博局聘为2010年上海世博会景观规划设计高级技术顾问。

10月31日，世博中心和建筑与城市规划学院共同主办的世博会标志建筑——“和谐之塔”学生设计竞赛圆满结束。此次竞赛活动从6月开始面向全校征集方案，先后收到参赛作品300多件，经过严格筛选，最终评出优胜奖8名、佳作奖25名和优秀组织奖5名。校长、世博中心主任万钢出席颁奖活动并讲话。

11月，由市科委、市科技协会、上海世博局、同济大学、日本技术士会等单位主办的“中国工博会论坛——中日上海世博科技研讨会”在上海召开。我校环境学院副院长李光明教授作了“2010 年上海世博会科技保障”的主题报告。

郑时龄院士承担的世博科技专项课题“世博园区与世博场馆规划设计导则研究”正式结题，获得专家一致好评。成果在世博园区建设中被广泛应用。同济大学建筑设计研究院被聘为第一批上海世博会服务供应商之一。

12 月 26 日，我校与上海教育电视台“世纪讲坛”栏目合作举办了“城市·文化·生活”百年校庆系列讲座。围绕世博专题，陈小鸿教授作了“交通保障精彩世博，世博提升交通品质”第一讲，此后一个月时间里，吴志强教授、李永盛教授和任杰教授分别作了“世博与城市”、“世博会与大都市地下空间利用”、“新材料与能源”等主题演讲。

2007 年

3 月，世博中心主任万钢主持召开同济大学积极参与世博会重大项目投标动员会，相关学科的学术带头人参加会议。会议得出要求，明确目标、落实分工。在国内外激烈竞争中，同济大学力争在世博会中国馆、主题馆的设计方案投标中占有一席之地。

4 月，世博中心召集建筑与城市规划学院、建筑设计研究院等相关学科教授，就我校参与世博会的中国馆、主题馆方案投标事宜进行实质性策划与布置。

4 月—6 月，我校师生提交了 50 余件中国馆的设计方案，经世博中心组织部分院士及专家多次评议，遴选出 17 件作品，统一上报上海世博局参与竞争。我校徐风教授设计团队提交的中国馆设计方案，经国内外专家评审，被世博局认定为前五个优秀方案之一。

5 月 15 日，我校建筑系主任唐子来教授被聘为上海世博会城市最佳实践区总策划师。

7 月，上海世博会执委会专职书记钟燕群来我校视察工作。建筑与城市规划学院院长吴志强教授介绍了该学院承担世博科技项目概况和取得的成果。并参观了世博项目实验基地和我校节能建筑文远楼。

我校常务副校长李永盛，党委副书记兼世博中心副主任姜富明带队，率我校建筑与城市规划学院和建筑设计研究院专家、教授赴上海世博土地控股有限公司，就同济大学承担的世博项目的进展及进一步全面合作进行交流，世博土地控股有限公司董事长白文华及相关领导参加。

8 月，上海世博土地控股有限公司董事长白文华率相关领导赴我校参观、考察。我校丁洁民、黄一如等教授介绍承担世博项目的概况。双方就世博最佳城市实践区内的生态建筑进行详细讨论，为进一步深入研究奠定了基础。周家伦书记出席。

9月，同济大学建筑设计研究院曾群、陈剑秋设计团队提交的世博会主题馆设计方案夺标。作为上海世博会永久性保留建筑，世博会主题馆设计总面积12万平方米，其中地上建筑面积8万平方米，地下建筑面积4万平方米，是本届世博会单体面积最大的展览建筑。

世博会未来馆改造工程由同济大学建筑设计研究院中标。该改造工程的对象为规划保留的南市发电厂主厂房、烟囱及厂循环水泵和格栅井，改造前建筑面积23 477平方米。改造后将成为永久性建筑。

12月12日，学校任命裴钢校长兼任同济大学上海世博会研究中心主任。

2008年

5月，受上海世博会工程建设指挥部的委托，同济大学正式成为中国2010年上海世博会工程建设总体项目管理单位。

随着世博会各场馆及配套设施工程建设的全面展开，由世博中心牵头，我校工程管理专业团队积极参与世博会项目的工程管理，先后受委托承担了世博村总体项目管理、浦东A、B地块项目管理等项目，管理范围覆盖整个世博会占地面积5.28平方公里的一半以上。

7月，上海市政协“着力推进科技世博的若干建议”课题组一行10人，来我校进行调研和指导工作。校党委副书记、世博中心常务副主任姜富明主持汇报会，并介绍了同济大学与上海世博会深厚的渊源和近几年学校承担的一系列与世博会相关的科技工作。与会人员就世博科技成果推进应用过程中存在的问题和解决方法进行了交流和讨论。政协专题调研组希望通过此次调研活动形成书面意见向有关部门反映，以便采取有效措施确保世博会相关工作的顺利推进和落实。

上海世博土地控股有限公司与同济大学联合主办的“参与世博——2008学生设计竞赛”在世博土控公司开幕，我校建筑与城市规划学院2006级建筑学和历史建筑保护工程专业的全体学生参与设计竞赛。这次设计竞赛让学生有了一次施展艺术才能的机会，也检验了他们基础学习的成效

11月25日，我校首批40名世博志愿者获EXPO首批志愿者纪念证书。2008年6月20日，我校建筑与城市规划学院与上海世博会展示中心进行了志愿者实践基地签约。我校成为上海世博会展示中心签订的第一个志愿者实践基地，先后派出三批共150余名志愿者，参与世博知识的讲解和宣传工作。

12月30日，由同济大学和上海世博土地控股有限公司联合主办的“2008参与世博学生设计竞赛”颁奖典礼在我校举行。竞赛组委会从参赛的28个设计方案中分别评出金奖1名、银奖2名、铜奖3名以及优秀奖12名。

2008年，上海世博会进入全面施工建设阶段，世博中心积极组织我校相关优势学科师生参与世博会建设。并积极推进我校世博科技成果在上海世博会中的应用推广。

2009年

3月，我校世博志愿者在五角场参加了“迎世博倒计时400天”——上海市教育系统“六百”系列活动和杨浦区“三五”集中行动启动暨倒计时揭牌仪式。启动了“青春世博行动”系列活动之“迎世博集中行动周”活动，拉开了开展世博志愿者系列培训的序幕。

上海世博会重大工程建设建功立业劳动竞赛推进暨现场交流大会上，我校经济与管理学院世博村项目管理部荣获2008年度上海世博会工程建设“优秀集体”荣誉称号，经济与管理学院高显义老师、马亮博士生、吕永敏硕士生三位同志荣获上海世博会工程建设“优秀建设者”荣誉符号。

5月，上海世博会园区总规划师、同济大学校长助理、建筑与城市规划学院院长吴志强教授荣获2009年全国五一劳动奖章。

“同济与世博”大型展览在综合楼底楼大厅拉开帷幕。展览分九大版块，展出了110余幅展板，集中展现了同济人多年来发挥学科专长、勇担重责，主动服务、贡献世博的“同济世博足迹”。

全国政协副主席、科技部部长万钢，全国人大常委、教育部原副部长吴启迪，上海市政协副主席、上海世博局副局长周汉民，我校党委书记周家伦，校长裴钢等出席开幕式并共同为展览剪彩。

6月，我国自主研制的16辆帕萨特领驭氢燃料电池轿车出征美国，在加利福尼亚州开展为期半年的道路测试与示范运行服务，为燃料电池汽车在上海世博会期间的运行积累了宝贵经验。

“同济与世博”论坛系列报告在我校嘉定校区拉开帷幕，上海市政协副主席、上海世博局副局长周汉民作了第一场报告。在随后半年时间内，我校郑时龄院士、唐子来、彭运鹗、乐云、陈小鸿、曾群、李光明、姜富明等十余位专家、教授就世博理念和实践分别作了报告，推动同济学子更积极地了解世博，参与世博和奉献世博。

9月29日，上海市政协副主席钱景林率领30余位政协委员，来我校考察调研

“世博科技”专项课题落实情况，校长裴钢、校党委副书记姜富明、副校长蒋昌俊、校长助理吴志强等接待来宾。钱景林副主席一行参观了“同济与世博”展览，并召开了世博专题调研座谈会。考察团对同济大学服务世博的行动给予了高度评价。

12 月 13 日，真实记录我校各学科专家教授全面、深度参与中国 2010 年上海世博会筹办历程的《2010 设计世博城市》一书正式出版，并在我校综合楼举行首发仪式。全国政协副主席、科技部部长万钢，上海市政协主席冯国勤，全国人大常委吴启迪，市政协副主席吴幼英，我校党委书记周家伦、校长裴钢、常务副校长李永盛，副校长伍江、蒋昌俊，文新报业集团党委书记缪国琴，新民晚报党委书记吴芝麟、总编辑陈保平等出席仪式。党委副书记姜富明主持会议。

12 月 30 日，学校党委书记周家伦、副书记姜富明等一行来到正在建设中的上海世博会，慰问了坚守在现场的我校世博会工程建设总体项目管理、主题馆设计和城市最佳实践区规划等团队。

2010 年

3 月，在上海市人民政府新闻办公室牵头协同上海国际问题研究院、解放日报、文汇报和上海世博局等单位，共同举办的“世界百位名人谈上海世博”活动中，中科院院士、我校校长裴钢发表了《大学是城市生命的大脑》的谈话，中科院院士、建筑与城市规划学院郑时龄教授发表了《为美好生活，人们聚集在城市》的谈话。

4 月 8 日，“世博·同济·国家艺术杂志”图片展开幕式在文汇新民报业集团隆重举行。展览由新民晚报《国家艺术杂志》周刊“世博城市”栏目的报纸版面、我校设计和参与设计的世博场馆项目的效果图等组成，共展出一百多幅精美照片。

4 月 15 日，以“绿色出行，让世博更清洁”为主题的上海世博科技——新能源汽车交车仪式在世博园中国馆南广场举行，标志着中国 2010 年上海世博会新能源汽车示范运营正式启动。我校汽车学院团队研发完成的 173 辆燃料电池汽车投入示范运行。全国政协副主席、科技部部长万钢出席仪式。

4 月 20 日，在上海世博会倒计时十天之际，我校世博会志愿者代表近 3000 人宣誓出征。作为全市志愿者服务时间最早、参与人数最多、工作跨度最大的高校之一，我校近 6000 名青年志愿者于 4 月 21 日起陆续进驻园区，服务世博会。

4 月 21 日，校长裴钢、校党委副书记姜富明、副校长伍江等一行，赴世博园区慰问首批参与试运营服务的我校志愿者，了解师生们到岗后的工作情况，为他们加油鼓劲。

4 月 24 日，我校举办了以“同济与世博”为主题的媒体通气会，《人民日报》、《光明日报》、《中国新闻社》、《解放日报》、《文汇报》、上海电视台、上海广播电台、东方网等 20 余家中央及地方新闻媒体机构的记者出席。

4 月 29 日、30 日，我校吴志强教授、唐子来教授、郝洛西教授等参加中央电视台有关直播节目，介绍世博会筹备、建设有关情况。

4 月 30 日，同济师生喜迎中国 2010 年上海世博会隆重开幕。当晚，大学生活动中心广场大屏幕前人头攒动，众多师生期盼着世博会的盛大开幕。师生们纷纷表示一定要去世博会亲身感受各国文化、科技的精彩，以及凝聚着同济人心血的世博杰作。

4 月 30 日—5 月 2 日，上海东方卫视连续三天推出“大直播”节目。我校吴志强教授、唐子来教授、乐云教授、陈小鸿教授、郝洛西教授、莫天伟教授等应邀先后参与直播，从不同角度介绍中国 2010 年上海世博会建设的亮点和未来看点。

2004 年 5 月—2010 年 4 月期间，《国家艺术杂志》周刊利用一百多个版面刊登了我校有关上海世博会科研、规划、设计、理念等方面的文章。《新民晚报》于 2004 年 5 月创办《国家艺术杂志》周刊，随后开辟了“世博城市”专栏，第一期就刊登了我校建筑与城市规划学院院长吴志强介绍世博的文章与图片，从此与同济结下了不解之缘。

附录二：

同济大学承担上海世博会科技项目一览表

（2003 年 1 月—2010 年 4 月）

批准项目 179 项，获资助经费 2.174 5 亿元

序号	立项年份	项目名称	项目下达单位	项目承担单位	项目负责人
1	2003	上海世博会对城市生活质量的影响	上海市政府发展研究中心	经济与管理学院	诸大建
2	2003	上海世博会对地区经济发展的影响机理和运作模式分析	上海市政府发展研究中心	经济与管理学院	彭运鹗
3	2003	世博园水资源综合利用与城市雨水调蓄的研究	上海市建委	环境科学与工程学院	金兆丰
4	2003	世博会经济下上海制造业的定位与发展	上海市科委	机械工程学院	林建平
5	2003	上海世博会知识产权保护研究	上海市知识产权局	知识产权学院	单晓光
6	2003	世博会科技先期规划研究	上海市科委	环境科学与工程学院	李光明
7	2003	为世博会提供安全卫生优质农产品行动计划	上海市农林局	现代农业科学与工程研究院	徐立鸿
8	2003	世博会规划设计导则	上海市科委	建筑与城市规划学院	郑时龄
9	2004	世界博览会的国际比较研究和经验借鉴	教育部科技发展中心	建筑与城市规划学院	唐子来
10	2004	世博会经济评价准则与方法研究	同济大学建筑设计研究院	经济与管理学院	陶小马
11	2004	南京路外滩段近代建筑研究	上海市黄浦区南京路外滩段开发建设办公室	建筑与城市规划学院	常　青
12	2004	“东外滩”工业文明遗产保护性再生概念设计研究	杨浦区人民政府办公室	建筑与城市规划学院	常　青
13	2004	世博会对建材的需求及上海建材科技发展的研究	上海市建设技术发展基金会	材料科学与工程学院	蒋正武
14	2004	上海世博会综合交通规划设计方案研究	上海市城市规划管理局	交通运输工程学院	杨东援

续表

序号	立项年份	项目名称	项目下达单位	项目承担单位	项目负责人
15	2004	上海世博会园区地下空间综合开发利用研究	上海市政工程设计研究院	土木工程学院	李永盛
16	2004	黄浦江、苏州河受污染水体生态修复关键技术研究	上海市科委	环境科学与工程学院	周　琪
17	2004	《中国2010年上海世博会注册报告》（场地规划部分）编写和方案征集规划设计要求编写	上海世博会事务协调局	建筑与城市规划学院	唐子来
18	2004	地下空间防灾安全关键技术及其应用	上海市科委	土木工程学院	朱合华
19	2005	上海世博会场的低环境负荷能源基础设施的可行性调查	日本环境技研株式会社	建筑设计研究院	王　健
20	2005	绿色全降解包装材料的关键技术及产业化	科技部、上海市科委	材料科学与工程学院	任　杰
21	2005	世博园与世博场馆规划设计导则研究	科技部、上海市科委	建筑与城市规划学院	郑时龄
22	2005	城市交通信息服务应用网格研究	上海市城市交通信息中心	电子与信息工程学院	蒋昌俊
23	2005	重大突发事件的智能分析与控制	上海交通大学	电子与信息工程学院	蒋昌俊
24	2005	世博会园区公共配套服务设施系统研究	上海世博会事务协调局	建筑与城市规划学院	唐子来
25	2005	电子废弃物资源综合利用关键技术研究与示范	科技部、上海市科委	环境科学与工程学院	李光明
26	2005	世博会高强度客流集散的交通战略与关键技术研究	科技部、上海市科委	交通运输工程学院	陈小鸿
27	2005	上海世博会铁路客运预测应对措施研究	上海铁路局	交通运输工程学院	周立新
28	2005	上海世博会园区专业规划	上海世博会事务协调局	交通运输工程学院	陈小鸿
29	2005	世博会路网适应性研究	上海市政工程研究院	交通运输工程学院	孙立军
30	2005	世博园区屋面雨水收集利用方案研究	上海市水务规划设计研究院	环境科学与工程学院	李　田
31	2005	上海世博会交通组织与浦江两岸开发衔接研究	上海市房地产科学研究院	交通运输工程学院	张　婴

续表

序号	立项年份	项目名称	项目下达单位	项目承担单位	项目负责人
32	2005	城市生活垃圾生态填埋成套技术及示范	上海市科委	环境科学与工程学院	何品晶
33	2005	网格资源管理与主动服务的"超市"模型、机理与方法研究	上海市科委	电子与信息工程学院	蒋昌俊
34	2005	世博会近现代工业建筑调研及改造再利用研究	上海境融建筑设计有限公司	建筑与城市规划学院	吴志强
35	2005	世博园区建筑垃圾综合利用和处置方案研究	上海市废弃物管理处	环境科学与工程学院	何品晶
36	2005	上海城市轨道交通网络票务系统研究	上海申通轨道交通研究咨询有限公司	交通运输工程学院	张　戎
37	2005	中国 2010 年上海世博会园区控制性详细规划	上海世博会事务协调局	建筑与城市规划学院	吴志强
38	2005	世博场馆大空间结构安全保障关键技术	科技部、上海市科委	土木工程学院	李国强
39	2005	模型驱动的异构系统集成框架与基于 SOA 的数据交换平台技术	科技部、上海市科委	电子与信息工程学院	严隽薇
40	2005	世博园区废弃物循环利用成品制造集成技术与示范	科技部、上海市科委	环境科学与工程学院	徐迪民
41	2005	老港填埋场生态修复与土地资源环境循环利用技术与示范	科技部、上海市科委	环境科学与工程学院	赵由才
42	2006	世博会 500 kV 地下变抗拔桩基础数值模拟分析	华东电力设计研究院	土木工程学院	黄茂松
43	2006	世博会园区清洁能源利用与展示	上海市科委	机械工程学院	龙惟定
44	2006	世博会 500 kV 地下变电站三维数字化地下工程的研究与实现	华东电力设计研究院	土木工程学院	李晓军
45	2006	世博园区地下空间的综合利用和开发技术	上海市政工程设计研究院	土木工程学院	束　昱
46	2006	上海世博会规划建设全过程的控制管理	上海市科委	建筑与城市规划学院	吴志强
47	2006	世博园区历史产业建筑的保护与再利用研究	上海市科委	建筑与城市规划学院	岑　伟

续表

序号	立项年份	项目名称	项目下达单位	项目承担单位	项目负责人
48	2006	世博会庆典舟桥关键技术研究	上海市科委	建筑与城市规划学院	夏南凯
49	2006	世博园区景观光环境规划的新技术研究	上海市科委	建筑与城市规划学院	郝洛西
50	2006	世博园区地下空间的综合利用和开发技术	上海市政工程设计研究院	土木工程学院	朱合华
51	2006	上海世博会园区中心绿地规划与设计方案征集	上海世博土地控股有限公司	建筑与城市规划学院	吴　伟
52	2006	上海世博园区消防与紧急疏散系统导则研究	上海世博土地控股公司	建筑设计研究院	王　健
53	2006	世博园区地下空间的综合利用和开发技术	上海市政工程设计研究院	土木工程学院	袁　勇
54	2006	上海世博会交通需求管理研究	上海世博会事务协调局	建筑与城市规划学院	潘海啸
55	2006	上海世博会城市实验区可行性研究	上海世博会事务协调局	建筑与城市规划学院	夏南凯
56	2006	上海世博会园区规划建设三维仿真可视化控制管理系统	上海世博会事务协调局	建筑与城市规划学院	吴志强
57	2006	上海世博会对外宣传策划思路研究	上海市哲学社会科学规划办公室	传播与艺术学院	陈立生
58	2006	世博会的惯例和特殊制度安排研究	上海市哲学社会科学规划办公室	知识产权学院	单晓光
59	2006	世博会期间上海环境承载力调控研究	上海市哲学社会科学规划办公室	交通运输工程学院	陈小鸿
60	2006	上海世博会燃料电池汽车示范	美国兰月亮基金会	汽车学院	李理光
61	2006	世博地下空间环境生态化综合指标与技术集成研究	上海市科委	土木工程学院	束　昱
62	2007	世博园区典型设施仿真研究	上海市城市综合交通规划研究所	交通运输工程学院	孙　剑
63	2007	面向世博会的紧急交通事件动态处理关键技术研究	上海市科委	交通运输工程学院	吴志周
64	2007	世博园区氢能燃料电池汽车运营规划研究	上海市科委	汽车学院	余卓平

续表

序号	立项年份	项目名称	项目下达单位	项目承担单位	项目负责人
65	2007	三林世博功能区域环境卫生专业规范研究	上海市浦东新区三林城市管理署	环境科学与工程学院	何品晶
66	2007	上海世博会城市最佳实践区半导体照明技术的集成应用研究	科技部	建筑与城市规划学院	吴志强
67	2007	中国古代模型机械展示集成技术	同济联合建设技术有限公司	机械工程学院	林建平
68	2007	世博会科研成果新媒体展示	上海市世博科技促进中心	新媒体艺术国际中心	王小慧
69	2007	世博会“城市实验区”建设规划关键技术研究	科技部	建筑与城市规划学院	吴志强
70	2007	上海世博会场馆及配套项目建设管理研究	上海世博土地控股有限公司	经济与管理学院	何清华
71	2007	基于高科技时代的世博会主题演绎研究	上海市科委	建筑与城市规划学院	郑时龄
72	2007	世博园区雨水收集利用关键技术研究	上海市政工程设计研究总院	环境科学与工程学院	李　田
73	2007	世博园区工程废弃物资源化利用	科技部	环境科学与工程学院	何品晶
74	2007	中国电信上海世博会企业馆评估研究	上海埃培智市场咨询有限公司	城市规划设计研究院	周玉斌
75	2007	上海世博会智能公共交通系统研究	意大利环境土地与海洋资源部	交通运输工程学院	杨　超
76	2007	上海世博会城市最佳实践区宣传册	上海市科委	建筑与城市规划学院	朱钟炎
77	2007	上海世博园区火灾风险评估研究	上海市科委	环境科学与工程学院	李伟英
78	2007	上海世博园区地下大空间结构技术	上海市科委	土木工程学院	袁　勇
79	2007	世博会园区综合管沟建设技术标准	上海市政工程设计研究总院	土木工程学院	薛伟辰
80	2007	三林世博会功能区公共交通规划与道路交通组织规划	浦东新区三林世博功能区域管理委员会	交通运输工程学院	陈小鸿
81	2007	上海世博会园区商业和服务设施需求专项设计	上海世博会事务协调局	建筑与城市规划学院	夏南凯

续表

序号	立项年份	项目名称	项目下达单位	项目承担单位	项目负责人
82	2007	上海世博会项目展馆技术方案研究	上海汽车股份有限公司	汽车学院	马　钧
83	2007	城市最佳实验区规划与适用技术研究	上海市科委	建筑与城市规划学院	唐子来
84	2007	上海世博会标识系统总体框架研究	上海世博会事务协调局	建筑与城市规划学院	朱钟炎
85	2007	世博会主体馆空调方案 CFD 模拟优化	同济大学建筑设计研究院	机械工程学院	谭洪卫
86	2007	世博会公共活动中心智能化生态建筑技术集成研究	上海世博（集团）有限公司	环境科学与工程学院	李　田
87	2007	世博轴屋顶膜结构缩尺比例模型试验研究	上海世博土地控股有限公司	土木工程学院	张其林
88	2007	世博轴屋顶结构体系计算审核	上海世博土地控股有限公司	土木工程学院	张其林
89	2007	世博轴及地下综合体工程抗风研究	上海世博土地控股有限公司	土木工程学院	顾　明
90	2007	世博园区废弃物循环利用技术与对策研究	上海市废弃物管理处	环境科学与工程学院	何品晶
91	2007	世博会城市最佳实践区上海人居馆设计研究	上海世博土地控股有限公司	建筑与城市规划学院	黄一如
92	2007	世博会交通紧急事件处理预案仿真分析与评估系统研究	上海市交通信息中心	电子与信息工程学院	王　坚
93	2007	“世博优先”的道路交通协调管理系统研发及工程示范	上海市交通信息中心	交通运输工程学院	孙立军
94	2007	世博会主题馆高新技术集成研究	上海市科委	建筑设计研究院	王　健
95	2008	先进材料膜生物反应器用于污水处理的性能和经济指标研究	上海市科委	环境科学与工程学院	夏四清
96	2008	世博会交通紧急事件处理联动机制研究	上海市交通信息中心	交通运输工程学院	吴志周
97	2008	世博会期间轨道交通运营组织与仿真计算	上海地铁运营有限公司	交通运输工程学院	徐瑞华
98	2008	世博会场馆重要建筑规划设计导则研究	上海世博会事务协调局	建筑与城市规划学院	吴志强

续表

序号	立项年份	项目名称	项目下达单位	项目承担单位	项目负责人
99	2008	世博轴深大基坑工程及环境保护综合技术研究	上海市第二市政工程有限公司	交通运输工程学院	周顺华
100	2008	上海市新能源汽车“世博专项”计划实施研究	上海市新能源汽车推进办公室	汽车学院	马 钧
101	2008	世博会综合信息服务平台技术研究	上海世博网络信息服务有限公司	电子与信息工程学院	严隽薇
102	2008	世博园区景观水体生物生态修复技术研究与示范应用	科技部	环境科学与工程学院	杨 健
103	2008	世博会管控区交通管理模式与交通组织方案	上海世博会事务协调局	交通运输工程学院	陈小鸿
104	2008	世博园区零排放微型场馆车研究与示范应用	科技部	汽车学院	张立军
105	2008	上海世博会园区再生混凝土结构性能试验研究	上海市第五建筑有限公司	土木工程学院	肖建庄
106	2008	上海世博会工程建设总体项目管理	上海世博土地控股有限公司	经济与管理学院	乐 云
107	2008	迎世博上海市旅游景区（点）道路交通指引标志研究	上海市旅游事业管理委员会	交通运输工程学院	方守恩
108	2008	上海世博会展示策划方案研究	上海市建筑科学研究院	建筑与城市规划学院	黄一如
109	2008	基于社交网络的世博会移动综合信息服务系统	微软（中国）有限公司	电子与信息工程学院	张亚英
110	2008	集成式分质供排水及资源化技术在上海世博会的应用研究	科技部	环境科学与工程学院	周 琪
111	2008	世博会公交优先示范工程控制策略的仿真评价研究	上海市城市综合交通规划研究所	交通运输工程学院	孙 剑
112	2008	世博园区出入口客流集散对策研究	上海市城市综合交通规划研究所	交通运输工程学院	徐瑞华
113	2008	上海世博中心屈曲约束支撑低周反复荷载试验研究	上海市机械施工有限公司	土木工程学院	李国强
114	2008	上海世博轴 17M. 36M 桅杆试验研究	上海机械施工有限公司	土木工程学院	童乐为
115	2008	上海世博会中国馆结构模拟地震震动台试验研究	上海世博会有限公司	土木工程学院	吕西林

续表

序号	立项年份	项目名称	项目下达单位	项目承担单位	项目负责人
116	2008	世博轴超长地下结构关键技术研究	上海市政工程设计研究总院	土木工程学院	袁　勇
117	2008	上海世博会与长三角健康城市建设研究	上海市人民政府发展研究中心	经济与管理学院	周向红
118	2009	上海世博会中国船舶馆钢结构厂房改建抗震研究	江南造船集团有限责任公司	土木工程学院	韩兵康
119	2009	世博会大型群体复杂项目系统性控制关键技术研究	上海市科委	经济与管理学院	何清华
120	2009	世博园区半导体照明示范性应用研究	上海市科委	建筑与城市规划学院	郝洛西
121	2009	世博会停车换乘服务导则研究	上海市科委	交通运输工程学院	吴志周
122	2009	世博会停车换乘运行机制与F1停车换乘场所设计研究	上海市科委	交通运输工程学院	张　戎
123	2009	综合文化设施的运营管理研究	上海市科委	经济与管理学院	金福安
124	2009	世博会工程建设项目群管理技术与方法研究	上海世博土地控股有限公司	经济与管理学院	李永奎
125	2009	上海世博中心钢结构抗火验算研究	上海泰孚建筑安全咨询公司	土木工程学院	李国强
126	2009	上海世博主题馆钢结构抗火验算研究	上海泰孚建筑安全咨询公司	土木工程学院	李国强
127	2009	上海世博会中国馆钢结构抗火安全性评估与防火保护设计研究	上海世博会有限公司	土木工程学院	李国强
128	2009	世博轴阳光谷悬吊楼梯钢结构数据分析及评估研究	上海市政工程设计研究院	土木工程学院	李国强
129	2009	上海世博会工程建设VIK材料设备管理模式研究	上海世博土地控股有限公司	经济与管理学院	高显义
130	2009	上海世博会和谐塔风荷载试验及风效应计算	上海世博土地控股有限公司	土木工程学院	顾　明
131	2009	世博轴超大跨度索膜及单层复杂壳体结构专项技术研究	上海市科委	土木工程学院	张其林
132	2009	上海世博会期间道路交通组织实施方案和管理系统研究	上海市公安局交通警察总队	交通运输工程学院	孙立军
133	2009	重大工程集成技术综合研究	上海市科委	经济与管理学院	张玉臣

续表

序号	立项年份	项目名称	项目下达单位	项目承担单位	项目负责人
134	2009	世博轴地源热泵桩基埋管热响应测试及模拟研究	华东建筑设计研究所有限公司	机械工程学院	张　旭
135	2009	上海世博会演艺中心钢结构抗火安全性评估与防火保护设计研究	华东建筑设计研究院有限公司	土木工程学院	李国强
136	2009	上海世博会外国自建馆建设项目管理模式研究	上海世博土地控股有限公司	经济与管理学院	何清华
137	2009	世博轴及地下综合体工程屋顶结构健康监测	上海世博土地控股有限公司	土木工程学院	张其林
138	2009	世博园区客运码头区域高密度人流交通组织研究	上海世博土地控股有限公司	交通运输工程学院	吴娇蓉
139	2009	“城市创新与可持续发展”世博会高峰论坛议题研究	上海世博会事务协调局	经济与管理学院	诸大建
140	2009	“世博会中国馆综合建筑技术”研究	上海第四建筑有限公司	土木工程学院	袁　勇
141	2009	世博园区直饮水安全保障及优化布局研究	上海城市水资源开发利用国家工程中心有限公司	环境科学与工程学院	李伟英
142	2009	上海世博会主题馆深化设计阶段人流管理等研究	上海世博会事务协调局	交通运输工程学院	吴娇蓉
143	2009	世博会“科技创新与城市未来”国际会议方案研究	上海世博会事务协调局	环境科学与工程学院	陆志波
144	2009	上海世博会 UAE 馆表面风压分布数值模拟研究	华东建筑设计研究院有限公司	土木工程学院	李元齐
145	2009	世博轴雨水处理试验研究	华东建筑设计研究院有限公司	环境科学与工程学院	吴　敏
146	2009	世博轴膜顶排水系统试验研究	华东建筑设计研究院有限公司	航空航天与力学学院	朱立明
147	2009	上海世博会主题馆人流性能化分析	中国美术学院	交通运输工程学院	吴娇蓉
148	2009	世博园区国家电网馆室外空间的环境舒适度改善设计研究	中建国际（深圳）设计顾问有限公司上海分公司	机械工程学院	张　旭
149	2009	世博会主题论坛议题“城市更新中的文化传承”研究	上海世博会事务协调局	城市规划设计研究院	周　俭

续表

序号	立项年份	项目名称	项目下达单位	项目承担单位	项目负责人
150	2009	上海世博会演艺中心照明设计研究	上海世博演艺中心有限公司	建筑与城市规划学院	郝洛西
151	2009	世博会管控区慢行交通环境研究	上海市城市综合交通规划研究所	交通运输工程学院	吴娇蓉
152	2009	世博会演艺中心主体结构TMD减轻人致振动的理论分析	华东建筑设计研究院有限公司	土木工程学院	吕西林
153	2009	上海世博会入馆人流运营组织方案研究	广东省集美设计工程有限公司	交通运输工程学院	陈小鸿
154	2009	上海世博会挪威馆膜结构材料试验研究	上海太阳膜结构有限公司	土木工程学院	吴明儿
155	2009	以世博会为契机有效传播上海城市形象及中国国家形象研究	上海市政府发展研究中心	传播与艺术学院	万　珂
156	2009	世博会游客数量短期预报技术研究	上海市城市综合交通规划研究所	交通运输工程学院	刘灿齐
157	2009	世博会运行综合信息系统研究	上海世博会运营有限公司	环境科学与工程学院	廖振良
158	2009	黄浦江水温分布特性实测及世博轴江水源热泵应用条件研究	华东建筑设计研究院有限公司	机械工程学院	谭洪卫
159	2009	世博会园区西藏南路出入口行人仿真研究	上海市城市综合交通规划研究所	交通运输工程学院	孙　剑
160	2009	世博会土控知识产权法律问题研究	上海世博土地控股有限公司	知识产权学院	陶鑫良
161	2009	面向世博燃料电池汽车示范运行关键技术研究	上海市科委	汽车学院	张立军
162	2009	V2G在世博智能电网中的应用展示研究	上海电力物资有限公司	汽车学院	戴海峰
163	2009	上海市民世博会意识调查研究	上海市人民政府发展研究中心	人文学院	黄昌勇
164	2010	上海世博会周边越江桥隧机动车交通量预测技术研究	上海市城市综合交通规划研究所	交通运输工程学院	杨晓光
165	2010	世博会交通微观仿真、评估和三维仿真再现系统研究	上海市交通信息中心	电子与信息工程学院	王　坚
166	2010	世博轴阳光谷旋转坡道堆载试验研究	上海市机械施工有限公司	土木工程学院	李国强

续表

序号	立项年份	项目名称	项目下达单位	项目承担单位	项目负责人
167	2010	城市最佳实践区“沪上生态家”展示研究	上海现代建筑设计（集团）有限公司	建筑与城市规划学院	姚　栋
168	2010	通信用燃料电池备用电源系统关键技术研究与运行考核	科技部	汽车学院	马天才
169	2010	乳蛋白及相关因子快速特异性定量测定试剂盒的研究	科技部	医学院	戴秋萍
170	2010	世博会新媒体展示异型巨幕实时交互关键技术研究	科技部	新媒体艺术国际中心	王小慧
171	2010	世博会燃料电池汽车示范运行	科技部	汽车学院	魏学哲
172	2010	智能交通感知与协同信息服务技术及世博会应用	科技部	电子与信息工程学院	陈闳中
173	2010	上海世博会主题馆规划运营阶段人流管理研究	上海世博会事务协调局	交通运输工程学院	陈小鸿
174	2010	上海世博会论坛议题委托研究	上海世博会事务协调局	建筑与城市规划学院	吴志强
175	2010	上海世博会能源展示方案策划研究	上海市建筑科学研究院（集团）有限公司	机械工程学院	龙惟定
176	2010	可循环利用材料在世博样板组团建筑中的应用分析	上海建筑设计研究院有限公司	建筑与城市规划学院	涂慧君
177	2010	智慧之光——世博会展馆深入考察研究	上海市人民政府发展研究中心	交通运输工程学院	李　晔
178	2010	上海世博会参展证明的系列文件研究	上海世博会事务协调局法律事务部	法学院	单晓光
179	2010	上海市民对上海世博会上海城市管理看法的调查	上海市人民政府发展研究中心	人文学院	夏洁秋

后记

因为同济与世博的深厚渊源，才催生了这本报告文学集。

城市孕育了大学，大学滋养着城市。大学因为学科和人才高地的优势，顺应国家、区域和城市的需要，提供智力支援，责无旁贷。回想2007年5月，同济大学建校百年庆典，时任校长万钢以全体同济人的名义，向社会庄严承诺：学科链与产业链紧密结合，以更加积极的态度，融入社会，服务国家。以“城市，让生活更美好”为主题的中国2010年上海世博会，为同济师生提供了践行承诺的极好机会。

如今，世博会已揭开神秘的面纱。世博会作为全球创意的大舞台，建设过程已然实现了第一个高潮。同济人怀揣一颗感恩的心，以积极的实际行动和卓越的工作实效，回馈国家和社会的信任，在世博园区随处留下的“同济痕迹”，使我们在此时此刻可以自豪地说一声：同济，无愧于当初的承诺。

总有一份情怀令人难忘，总有一份真情让人感动。在撰写书稿的过程中，每一次与采访对象的谈话，了解愈深入、愈全面，我们内心感受到的震撼就愈深刻、强烈。从而也敦促我们，不容丝毫懈怠，要把故事表述得更加真切、更加生动。

缘定世博，因为同济传统的学科优势；牵手世博，因为同济不尚空谈的文化传承。历史的渊源，现实的写照，在服务世博的过程中，同济的办学理念得到进一步弘扬，综合实力得到全方位展示，学科水平得到进一步提升，人才培养也有了更加鲜活的事例和平台。

“同心同德同舟楫，济人济事济天下”，作为一种精神禀赋和同济文化的核心，已经深深融入每一位师生的血液里。回顾最近几年来，国家和地方经济社会建设发展过程中的几件大事，包括2008年北京奥运会、2010年上海世博会，还有2008年5·12汶川地震之后的抗震救灾和灾后重建，同济师生均立足学科和人才优势，做出了不可磨灭的贡献，这都不是一件件孤立的事情，而是“同舟共济”精神在一次次机遇和挑战面前的持续闪光。

当然，不同的大事件，所提出的要求不同，同济人作为的深度、广度和体现的精神实质也有所不同。但不变的是，每一次“大作为”对于“同舟共济，自强不息”的精神内涵都是一次丰富和升华。有鉴于此，学校对本书的撰写给予了充分重视，并列入学校党委2009、2010年度的工作要点。

本书实际的撰稿工作，启动于2009年9月。每一位作者因为同时承担了本职岗位的其他工作，而采访对象在当时无一不是进入到世博筹备的关键阶段。为了一次深入采访，总要经过几次反复约定，也正因此，采写过程也克服了种种困难。

当本书的编撰工作完成之际，有许多的感谢需要表达。感谢学校党政领导对于本书编撰工作的持续关心和支持，感谢采访对象及其团队成员对采写过程的支持与配合，感谢同济大学出版社有关领导对于本书编撰、出版工作的大力支持。

据不完全统计，为了世博筹备，前前后后参加的各类专家近2 000人，加上其他师生，这一数字超过2 800人。限于编排体例的考虑，本书中所涉及具体人名的数量不足百人，不能不说是一个遗憾。在此对那些为世博会筹备作出卓越贡献、但本书未能详述的师生表示歉意。

由于编著者水平所限，写作中难免存在种种不足，恳请读者批评指正。

编委会

2010年5月